商周青铜礼器
定名与自名研究

李树浪　郭　凯　孙海宁　向　野◎著

SHANGZHOU QINGTONG LIQI
DINGMING YU ZIMING YANJIU

项目策划：袁　捷
责任编辑：袁　捷
责任校对：张伊伊
封面设计：墨创文化
责任印制：王　炜

图书在版编目（CIP）数据

商周青铜礼器定名与自名研究 / 李树浪等著. 一 成都：四川大学出版社，2018.11
ISBN 978-7-5690-2558-3

Ⅰ. ①商… Ⅱ. ①李… Ⅲ. ①青铜器（考古）－定名－研究－中国－商周时代 Ⅳ. ① K876.414

中国版本图书馆 CIP 数据核字（2018）第 254851 号

书　名	商周青铜礼器定名与自名研究
著　者	李树浪　郭　凯　孙海宁　向　野
出　版	四川大学出版社
地　址	成都市一环路南一段 24 号（610065）
发　行	四川大学出版社
书　号	ISBN 978-7-5690-2558-3
印前制作	四川胜翔数码印务设计有限公司
印　刷	郫县犀浦印刷厂
成品尺寸	148mm×210mm
印　张	10.25
字　数	276 千字
版　次	2021 年 7 月第 1 版
印　次	2021 年 7 月第 1 次印刷
定　价	68.00 元

版权所有 ◆ 侵权必究

◆ 读者邮购本书，请与本社发行科联系。
　电话：(028)85408408/(028)85401670/
　(028)86408023　邮政编码：610065
◆ 本社图书如有印装质量问题，请寄回出版社调换。
◆ 网址：http://press.scu.edu.cn

四川大学出版社
微信公众号

前　言

　　商周青铜礼器是一类非常特别的器物，一方面，它们代表了先秦时期社会生产技术的最高水平，另一方面，它们是先秦时期社会礼制的一种非常重要的物化形式，"器以藏礼"，在世界范围内可谓独一无二。我们要认识、解析商周社会，研究那一时期的青铜礼器是必不可缺的一环，目前，学界对青铜礼器的研究角度虽然是多方面的，诸如历史、考古、语言、工艺、美术等，但无论从哪一方面入手，认识青铜礼器自身之名称则是根本前提，这是学界的共识。

　　青铜礼器的名称，可以分为两个层次：其一，青铜礼器的专名；其二，青铜礼器的自名——其或由专名单独构成，或在专名基础上添缀各种性质的修饰词构成。① 商周青铜器迄今所存有十余万件，它们不像社会中的人，每个人都有一个专属于自己的名字，而是数十、数百甚至上千件器物使用一个共同的专名，这种专名是一种分类学上的概念，但仍然具有一定的排他性，一个专名往往代表一类器物。这好比在生物界，"猫"是猫类动物的专名，"兔"是兔类动物的专名，"猫"与"兔"各自代表一类动物，二者是两个相互排斥的动物专名。青铜礼器中，不是每件器

---

① 这些修饰词，或表示器物的大小，或表示器物的使用场所，或表示器物的使用仪节，或表示器物的具体功能，等等。如自名"馈簋"，修饰词"馈"表示簋的具体功用。

物都有铭文,在有铭文的青铜礼器中,不是每件器物都会自带专名。那么,对于这些不自带专名的青铜礼器,如何才能判别它们所属哪一种专名,这就涉及青铜礼器的定名问题。

所谓青铜器定名,就是确定一件青铜器所属的最基本的分类名(专名)。客观上讲,商周古人对当时青铜礼器的分类名是很清楚的,不存在现在所谓"定名"之说。但是,由于历史环境的不断变化,商周时期的人们对青铜礼器的分类概念不但没有原封不动地传承下来,相反,关于分类的大量信息已经缺失,今人为了了解古代社会文化、认识自身的历史,有必要通过一定的方法和手段重建商周青铜礼器的分类体系,也就是商周青铜礼器定名研究。后人进行商周青铜礼器定名,都不可避免地带有主观性因素,但有一条原则理应遵守,即定名必须尽可能地接近商周时期青铜礼器的分类原貌。因此,这一研究从逻辑上讲,首先,必须在自带专名的青铜礼器材料的基础上重建商周青铜礼器分类系统;其次,归纳出不带专名的商周青铜器的定名标准和原则。

诚然,一个青铜礼器专名往往可以代表一类器物,但这并不绝对,商周社会是一个时空跨度较大的社会,由于时间变化、地域差异等因素的影响,数个专名有可能只代表同一类器物,这好比犬类动物,其专名在古代中国为"犬",当代中国一般称之为"狗",西方英语世界称之为"dog"。商周青铜礼器定名力求准确、简便,遇到这种同一青铜礼器类别拥有数个专名的情况,我们需要从中筛选出一个专名作为这类礼器代表性的类别名。关于筛选标准,我们设定为四条:(1)出现时间最早;(2)使用时间最长;(3)使用频次最高;(4)见于后世字书。其中,前三条是最基本的标准。

青铜礼器专名在反映其所属类别上虽然具有排他性,但也并不绝对，即同一个专名有可能使用于两类、三类甚至四类礼器中①，因此，青铜礼器的定名似乎变得非常复杂和困难。其实不然，青铜礼器的定名仍然有规律可循，前述这类专名，他们在某一类礼器中使用的频次非常高，使用时间往往也较长；而使用于其他几类礼器时，使用频次都很低，使用时间很短暂，从而形成鲜明对比，这类专名实际所代表的礼器类别就是使用频次非常高的那一类礼器。当然，做出这样的判断是以正文中的量化分析为前提的，兹不详论。

历史上，对商周青铜礼器系统性的定名有两次。第一次发生在宋代，其代表作有二，即《考古图》《博古图》。《考古图》确立的商周青铜礼器名称有鼎、鬲、甗、鬹（甑）、敦、簋、匜、匡、铺、彝、卣、尊、壶、罍、爵、豆、盉、瓿、盨、盘、匜、盂。②其中，鬹、彝、卣、尊、爵、瓿6个名称皆非青铜礼器自带之专名，而是来源于文献典籍的记载。匡与匜，在今天看来当属于同一类器物。《博古图》确立的商周青铜礼器名称有鼎、尊、罍、彝、卣、瓶、壶、爵、斝、觚、觯、角、敦、簋、簠、豆、铺、甗、鬲、镬、盉、盦、瓿、匜、盘、洗、杅（盂）。③《博古图》确立的礼器名称较《考古图》有所增加，其中，尊、彝、卣、瓶、爵、斝、觚、觯、角、镬、盦、瓿、洗13个名称来源于文献典籍的记载。另外，《续考古图》设有"兕觥"一类的别名。④就今日研究水准来看，宋人对具体某件青铜礼器的定名错

---

① 关于这一现象，已经有学者进行了相关论述，参见赵平安：《铭文中值得注意的几种用词现象》，《古汉语研究》1993年第2期。陈剑：《青铜器自名代称、连称研究》，载《中国文字研究》，南宁：广西教育出版社，1999年。张懋镕：《试论青铜器自名现象的另类价值》，载《古文字与青铜器论集》（第三辑），北京：科学出版社，2010年。
② 吕大临：《考古图》，文渊阁《四库全书》影印本。
③ 王黼等：《重修宣和博古图》，文渊阁《四库全书》影印本。
④ 赵九成：《续考古图》，文渊阁《四库全书》影印本。

误较多①，但他们确立的一系列类别名，却为日后的青铜礼器定名研究奠定了基础，宋人在这方面确实具有开创之功，而且现今常用的青铜礼器名称，大多数都确定于宋代。

第二次对商周青铜礼器系统性的定名是在民国时期。容庚先生在总结学界过去对青铜礼器定名之得失的基础上推出了许多新认识，尤其是廓清了尊、方彝、觚等器类的界线。这既得益于当时新材料的积累和古文字研究的进步，同时可能也受到了西方考古学的影响。容庚先生所确立的每一类青铜礼器，比以往任何一部金石著录书籍都要严谨。② 容庚先生重建的商周青铜礼器名称系统，至今仍被学界奉为圭臬，后来的学者对青铜礼器的定名都是建立在其研究基础上的。容庚先生之后，对青铜礼器做系统性定名研究的主要有林巳奈夫（日）、马承源、朱凤瀚先生等几位学者。③ 张懋镕先生指导的多篇博士、硕士论文也对诸多器类名

---

① 参见容庚：《商周彝器通考》第三章，上海：上海人民出版社，2008年。
② 容庚：《殷周礼乐器考略》，《燕京学报》1927年第1期。容庚：《商周彝器通考》，上海：上海人民出版社，2008年。
③ 林巳奈夫：《殷周青铜器综览一》，东京：吉川弘文馆，1984年。马承源：《中国青铜器》（修订本），上海：上海古籍出版社，2003年。朱凤瀚：《古代中国青铜器》，天津：南开大学出版社，1995年；朱凤瀚：《中国青铜器综论》，上海：上海古籍出版社，2009年。

称进行了专门探讨。① 此外，何頔先生对商周青铜酒器自名也进行了研究。②

学界以往的青铜礼器定名研究的确取得了很大的成绩，但仍然存在一些共同性的缺陷。首先，在原材料的选择上，混入了不少类型特征并不明显的无自名青铜礼器，致使后来面世的同类无自名青铜礼器在定名时可参照的标准不够典型，甚至发生参照标准错误从而引起定名失误的现象；其次，在西方考古学传入中国多年的背景下，仍没有学者对自带专名的青铜礼器进行系统的类型学研究，以便推动青铜礼器的定名研究；再次，学界对青铜礼器专名原篆字形及其演变缺乏系统而详细的排比、论述③；其

---

① 梁彦民：《商周青铜鼎研究》，陕西师范大学博士学位论文，2012年。任雪莉：《商周青铜簋整理与研究》，陕西师范大学博士学位论文，2014年。曹斌：《商周青铜觯研究》，陕西师范大学硕士学位论文，2007年。谷朝旭：《东周青铜敦研究》，陕西师范大学硕士学位论文，2010年。胡嘉麟：《两周时期青铜簠研究》，陕西师范大学硕士学位论文，2007年。李娟利：《商周方彝的整理与研究》，陕西师范大学硕士学位论文，2011年。李云朋：《商周青铜盉整理与研究》，陕西师范大学硕士学位论文，2011年。马军霞：《出土商周青铜卣研究》，西北大学硕士学位论文，2006年。齐耐心：《东周青铜匜的整理与研究》，陕西师范大学硕士学位论文，2011年。乔美美：《商周青铜鬲研究》，陕西师范大学硕士学位论文，2008年。孙妙华：《青铜瓿的整理与研究》，陕西师范大学硕士学位论文，2012年。王宏：《商周青铜罍研究》，陕西师范大学硕士学位论文，2010年。王文娟：《商周青铜觚研究》，西北大学硕士学位论文，2005年。吴伟：《铜斝研究》，陕西师范大学硕士学位论文，2009年。阴玲玲：《两周青铜匜研究》，陕西师范大学硕士学位论文，2008年。张翀：《商周时期青铜豆综合研究》，西北大学硕士学位论文，2006年。张静：《商周青铜甗初论》，西北大学硕士学位论文，2002年。张婷：《商周青铜盘的初步研究》，西北大学硕士学位论文，2004年。张小丽：《出土商周青铜尊研究》，西北大学硕士学位论文，2004年。刘莹莹：《商周青铜觥的整理与研究》，陕西师范大学硕士学位论文，2011年。海宁：《试论青铜盆、盂、敦的关系》，西北大学硕士学位论文，2005年。

② 何頔：《先秦青铜酒器自名研究》，河南大学硕士学位论文，2013年。按：作者定义的"自名"与本书的"自名"不同，前者将青铜礼器的共名也包含在内。

③ 这一点对专门从事古文字研究的学者来说，也许并不那么重要甚至没有必要，但对一般的考古文物研究者而言，对青铜礼器专名原篆字形进行排比和论述是有必要的。

四，缺乏对自带专名的青铜礼器器型与专名字形之间对应关系的研究。

　　针对前述缺陷，本书对青铜礼器的定名和自名研究，首先，在原材料上仅选择自带专名的青铜礼器；其次，对自带专名的青铜礼器引入考古类型学分析，以明确哪些专名实属于同一器类并确定代表性的器类名；再次，对青铜礼器专名字形进行较为详细的排比、分析，以便于古文字学基础薄弱甚至未学过古文字的人对青铜器自名的理解；其四，加强对自带专名的青铜礼器器型与专名字形之间对应关系的研究，并检视以往对部分专名字形的考释问题；其五，在确定青铜礼器最基础的分类名之后，从整体上对自名中的专名修饰词作出解释。从新中国成立至今，随着考古材料的不断增多，自带专名的青铜礼器材料已经积累得比较丰富，从青铜礼器定名研究历程来看，对前述材料进行严格的类型学分析的条件已经成熟，这是本书的研究基础。关于专名与器型之间的对应关系，本书通过系统的量化统计，以确定哪些属于名实相符，哪些属于名实不符，哪些专名属于同一器类之共名。总之，本书对青铜礼器的定名和自名研究，综合了考古类型学、古文字学、历史文献学、统计学四个方面的方法和技术，至少能达到两个基础性的目标：（1）为将来出土的无自名商周青铜礼器之定名确立更为严谨、准确的参考标准；（2）让一般考古文物研究者更深入地了解青铜礼器定名的"原理"，以及器类名称缘何而来。此外，通过系统的整理和研究，我们对涉及青铜礼器名称的部分古文字的训释也有所创获。而本书这两个基础目标的达成，无疑将有利于推动对商周时期丧葬礼器组合的研究、商周社会礼制文化的认识，等等，兹不过多强调。

凡 例

一、原材料采用范围

本书采用的商周青铜礼器资料，为考古报告、简报、青铜器图录、学术性网络数据库等公开发表的相关材料，截至时间为2015年12月。对于其中的传世器材料，凡有学者疑伪或本书作者疑伪者，一概不采用；对于仅见诸网络而未经专家亲临鉴定的传世器材料，即使被一些影响力较大的青铜器著录书收录，亦不采用。

二、原材料信息校勘

本书采用的商周青铜礼器材料，同一件器物的具体信息如尺寸大小在原初发表的考古报告或简报等与后来刊布的青铜礼器图录之间或存在不一致的情况时，原则上依从原初公布的数据。

三、古文字隶定

本书涉及金文或其他古文字的隶定，一般采用宽式，对于青铜礼器专名用字的隶定，根据分析和研究的需要，或同时采用严式。一般情况下，我们主要依从《商周青铜器铭文暨图像集成》

或《商周青铜器铭文暨图像集成续编》的隶定结果，部分则依从作者自己的判断。正文其他文字，一般采用简体，如果涉及字形分析，酌情使用繁体。

四、图与表的编制

除正文之外，本文另有图与表。图、表与正文内容直接相关并对后者起着说明作用，安插于正文之中。图或表编号由章、节和顺序号构成，如"图2-2-1，1"，表示第二章第二节第一幅插图的第一张图片；"表3-1-2"，表示第三章第一节第二张表。

五、注释方式

本文采用脚注，每页重新编号。出于统一体例和行文简洁的考虑，对原材料的文献来源，原则上只括注《商周青铜器铭文暨图像集成》或《商周青铜器铭文暨图像集成续编》的简称及器物编号，由此即可进一步查询最初发表这些材料的考古报告或简报等。例如，"庚儿鼎（《铭图》2326）"，表示庚儿鼎著录于《商周青铜器铭文暨图像集成》第2326号，由此可以进一步查询到最初发表这件器物的考古简报——《山西侯马上马村东周墓葬》，《考古》1963年第5期。如果《商周青铜器铭文暨图像集成》或《商周青铜器铭文暨图像集成续编》公布的相关青铜器材料信息不全或关键信息失误较大，则直接引注最初发表这些材料的考古报告或简报等。本书采引的青铜器图片，皆与正文内容相对应，由于正文已经标注其所刊文献，故图片下方一般不再另行标注。

六、时间简称

本书正文插入的表格中使用的时间名词普遍采用简称方式。其中,"殷"指殷墟文化分期,具体如"殷四"指殷墟文化四期;"西早"指西周早期,"西中"指西周中期,"西晚"指西周晚期;"春早"指春秋早期,"春中"指春秋中期,"春晚"指春秋晚期;"战早"指战国早期,"战中"指战国中期,"战晚"指战国晚期。

七、书目简称

对于一些反复引用的工具书或资料著录,为行文方便,本文采用简称方式,简称书目如下:

《铭图》——《商周青铜器铭文暨图像集成》,上海古籍出版社,2012年。

《铭续》——《商周青铜器铭文暨图像集成续编》,上海古籍出版社,2016年。

《集成》——《殷周金文集成》,中华书局,1989—1994年。

《新收》——《新收殷周青铜器铭文暨器影汇编》,艺文印书馆,2006年。

《资料库》——《殷周金文暨青铜器资料库》,http：//bronze. asdc. sinica. edu. tw/qry_bronze. php。

《说文》——《说文解字》,中华书局,1963年。

《青全》——《中国青铜器全集》,文物出版社,1997年。

《缀遗》——《缀遗斋青铜器考释》,台联国风出版社,1976年。

《呦呦鹿鸣》——《呦呦鹿鸣——燕国公主眼中的霸国》,科学出版社,2014年。

目 录

第一章 食 器··（ 1 ）
  第一节 鼎的定名与自名··（ 1 ）
  第二节 鬲的定名与自名··（ 33 ）
  第三节 甗的定名与自名··（ 47 ）
  第四节 簋的定名与自名··（ 59 ）
  第五节 簠的定名与自名··（101）
  第六节 匜的定名与自名··（116）
  第七节 盆的定名与自名··（128）
  第八节 敦/盏的定名与自名··（137）
  第九节 豆的定名与自名··（145）
  第十节 铺的定名与自名··（152）
  第十一节 镐的定名与自名··（158）

第二章 酒 器··（159）
  第一节 罍的定名与自名··（159）
  第二节 壶的定名与自名··（168）
  第三节 缶的定名与自名··（188）
  第四节 鉇的定名与自名··（193）
  第五节 卮的定名与自名··（200）
  第六节 其他酒器的定名与自名····································（203）

第三章　水　器···(216)
第一节　盂的定名与自名······································(216)
第二节　鉴的定名与自名······································(228)
第三节　盉的定名与自名······································(233)
第四节　匜的定名与自名······································(244)
第五节　盘的定名与自名······································(257)

第四章　礼器附属物的定名与自名·······························(277)
第一节　匕的定名与自名······································(277)
第二节　斗的定名与自名······································(278)

第五章　专名修饰字词解释·······································(280)
第一节　第一类专名修饰字词··································(280)
第二节　第二类专名修饰字词··································(291)

参考文献···(304)

第一章 食 器

第一节 鼎的定名与自名

一、器型分析

据我们目前搜集的材料，商周时期自带专名"鼎"的青铜礼器733件，其中193件器形不明，1件残，3件仅有盖，其余536件器物，根据其器身形态的差异，可分为12型。

A型：盆形腹。本书主要根据其器身及其他部位的形态差异分为4个亚型。

Aa型：185件。腹为普通盆形，或为敛口垂腹，或为敛口鼓腹，颈腹分界不明显，平底或浅圜底。标本一：陕西长安花园村M17：37伯作鼎（《铭图》0995），属于西周中期前段。立耳，高10.5厘米、长26.4厘米、口径13.0~13.4厘米。腹内铸铭3字："伯作鼎。"（图1-1-1，1）标本二：1973年陕西蓝田草坪村出土歔叔信姬鼎（《铭图》2407），属于西周晚期。附耳，通高51.0厘米、口径49.0厘米。铸有铭文47字："……歔叔信姬作宝鼎，其用享……"（图1-1-1，2）

Ab型：9件。颈、腹连接处外折，形成较陡的窄肩。标本一：1954年陕西长安普渡村长甶墓出土作宝鼎（《铭图》1024），属于西周中期前段。立耳，通高37.2厘米、口径31.2厘米、腹径32.6厘米。铸有铭文3字："作宝鼎。"（图1-1-1，3）标本二：1961年山西侯马市上马村M13庚儿鼎（《铭图》2326），属于春秋中期。附耳，通高43.0厘米、口径48.0厘米。铸有铭文29字："唯正月初吉丁亥，徐王之子，自作飤繇，用征用行……"（图1-1-1，4）

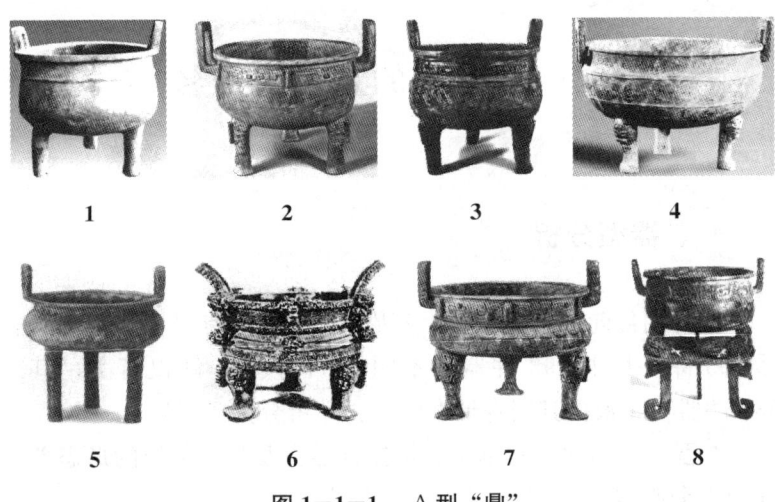

图1-1-1　A型"鼎"

1. Aa型（长安花园村M17：37伯作鼎）　2. Aa型（虢叔信姬鼎）
3. Ab型（长甶墓作宝鼎）　4. Ab型（庚儿鼎）　5. AcⅠ型（南宫姬鼎）　6. AcⅡ型（王子午鼎）　7. AcⅡ型（伯归埶鼎）　8. Ad型（北赵晋侯墓地M13：103晋侯鼎）

Ac型：15件。腹中部内束，平底。可再分为2个次亚型。

AcⅠ型：3件。立耳，浅腹，腿细长。标本：1984—1989年山西曲沃天马—曲村M6081：88南宫姬鼎（《铭图》1698），属于西周早期，绹索耳，通高16.4厘米、口径14.4厘米。铸有铭文7字："南宫姬作宝尊鼎。"（图1-1-1，5）

AcⅡ型：12件。腹相对较深，鼎腿较粗短。标本一：1979年河南淅川下寺春秋墓M2∶32王子午鼎（《铭图》2472），属于春秋晚期前段。立耳外撇，通高61.3厘米、口径58.0厘米。盖铭4字："佣之遄鉟。"器铭84字："唯正月初吉丁亥，王子午择其吉金，自作𬊈彝遄鼎，用享以孝……"（图1-1-1，6）标本二：1976年湖北随县万店公社周家岗春秋墓葬出土伯归墅鼎（《铭图》2217），属于春秋早期。附耳，通高25.5厘米、口径27.0厘米。铸有铭文21字："𰀋季之伯归墅，用其吉金，自作宝鼎，子子孙永宝用之。"（图1-1-1，7）

Ad型：2件。鼎腿上安装炭盘。标本：山西曲沃北赵晋侯墓地M13∶103晋侯鼎（《铭图》1429），属于西周中期前段。附耳，浅腹，长扁腿。通高23.7厘米、口径16.4厘米。铸有铭文5字："晋侯作旅鼎。"（图1-1-1，8）

B型：2件。整体形态像无圈足盂，皆附耳，敞口，收腹，平底，可称之为盂形鼎。标本：传世大鼎（《铭图》2466），年代为西周晚期，口部较外侈，腿稍细长。通高31.6厘米、腹深19.5厘米、口径38.0厘米。铸有铭文81字："……大拜稽首，对扬天子丕显休，用作朕烈考己伯盂鼎，大其子子孙孙万年永宝用。"（图1-1-2，1）

C型：3件。腹部与家用圜底锅相似，夔形扁状腿，鼎腿上或安设炭盘。由于此类鼎总体数量少，暂不划分亚型。标本一：2011年湖北随州叶家山M65∶41作宝鼎（《铭图》1022），属于西周早期前段。立耳，通高16.9厘米、口径13.2厘米、腹深6.2厘米。铸有铭文3字："作宝鼎。"（图1-1-2，2）标本二：姬鼌母鼎（《铭续》0153），属于西周早期。立耳，通高16.0厘米、耳距13.5厘米。铸有铭文13字："姬鼌母作鲻鼎，用旨尊厥公厥姊。"（图1-1-2，3）

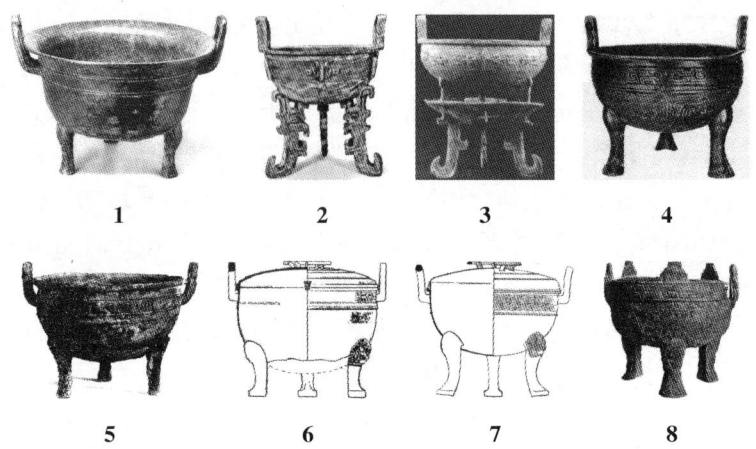

图 1-1-2 B、C、D、Ea、Eb 型"鼎"

1. B 型（大鼎） 2. C 型（随州叶家山 M65：41 作宝鼎） 3. C 型（姬兔母鼎） 4. Da 型（尹小叔鼎） 5. Da 型（晋侯苏鼎） 6. Da 型（淅川下寺 M2：44 倗鼎） 7. Db 型（淅川下寺 M3：12 倗鼎） 8. Ea 型（杞伯每刃鼎）

D 型：209 件。半球形腹，或腹深略超过半球，或稍浅于半球。根据口沿形态及承盖方式之差异可分为 2 个亚型。

Da 型：185 件。侈口或口部稍内敛，口沿圆转外翻或为折沿，一般无盖。标本一：1957 年三门峡虢国墓地 M1819：5 尹小叔鼎（《铭图》1655），属于春秋早期。立耳，折沿，通高 15.7 厘米、腹径 16 厘米。铸有铭文 6 字："尹小叔作饙鼎。"（图 1-1-2，4）标本二：1992 年山西曲沃北赵村晋侯墓地 M8：28 晋侯苏鼎（《铭图》1993），属于西周晚期。附耳，折沿，通高 21.3 厘米、口径 24.8 厘米、腹深 13.25 厘米。附耳，折沿。铸有铭文 13 字："晋侯苏作宝尊鼎，其万年永宝用。"（图 1-1-2，5）标本三：1978 年河南淅川下寺 M2：44 倗鼎（《铭图》1335），属于春秋晚期前段。附耳，折沿，有辐轮状捉首盖。通高约 45.0 厘米、口径 46.0 厘米。铸有铭文 4 字："倗之飤繁

(图1—1—2，6)

Db型：24件。侈口或微敛口，口下设一周凸箍，以承鼎盖。皆为附耳。标本：1979年河南淅川下寺M3：12佣鼎（《铭图》1331），属于春秋晚期前段。腹深不及半球，敞口，口下有一周凸箍，有辐轮状捉手盖。通高27.0厘米、口径26.0厘米、腹深14.5厘米。盖、器同铭4字："佣之飤鼎。"（图1—1—2，7)

E型：45件。形制与Cb型大略相似，皆附耳，子口。口下外折并与上腹连接，以承鼎盖，个别有颈和窄肩，窄肩亦用于承盖。根据整体形态不同分为3个亚型。

Ea型：11件。腹较浅，收腹或鼓腹，平顶盖。标本：清末山东新泰出土杞伯每刃鼎（《铭图》2062），属于春秋早期。折沿，颈下有窄肩以承盖，平顶盖。通高28.6厘米、口径23.8厘米。盖、器同铭，16字："杞伯每刃作邾曹宝鼎（鼎），子子孙孙永宝用。"（图1—1—2，8）

Eb型：28件。腹较浅，鼓腹，弧顶盖，盖、器扣合后成稍瘪的球形。标本：1977年河北平山县七汲村中山王墓XK：1中山王䇎鼎（《铭图》2517），属于战国中期后段，通高51.5厘米、口径42.0厘米、最大径65.8厘米。铸铭469字："唯十四年，中山王䇎作鼎，于铭曰……"（图1—1—3，1）

Ec型：6件。深鼓腹，似截卵形，弧顶盖或平顶盖。标本：1986年临淄区齐鲁石化公司乙烯厂区M5：84宋左太师䍃鼎（《铭图》1923），属于春秋晚期。子口，口下外折，弧顶盖，通高32.0厘米、口径19.0厘米。铸铭10字："宋左太师䍃左庖之饙鼎。"（图1—1—3，2）

F型：4件。有盖，小直口并兼作子口，广肩，收腹，平底或浅圜底，耳部形态以立耳为主，少量为附耳、半环耳。标本：1978年河南淅川下寺M2：56佣鼎（《铭图》1843），属于春秋晚期前段。立耳外撇,通高41.5厘米、口径22.2~23.0厘米。盖、器同铭,各8字:"楚叔之孙佣之䁆鼎。"(图1-1-3,3)

G型:5件。分裆鼎。立耳,底部分裆,柱形腿。标本:传世杨男係鼎(《铭图》1898),属于西周早期前段。折沿,方唇,通高23.0厘米、口径18.5厘米。铸有铭文12字:"杨男係作父丁宝尊彝鼎。子窾。"(图1-1-3,4)

H型:7件。匜形鼎。形态似青铜匜,有流,立耳或附耳,无半环形鋬。标本:1933年安徽寿县朱家集李三孤堆楚王墓出土楚王畬肯鈍鼎(《铭图》1980),属于战国晚期。附耳、平底,通高38.5厘米、口径67.5厘米、腹深14.0厘米。铸有铭文12字:"楚王畬肯作铸鈍鼎,以供岁尝。"(图1-1-3,5)

图1-1-3 Eb、Ec、F、G、I型"鼎"

1. Eb型(中山王𰾹鼎) 2. Ec型(宋左太师墨鼎) 3. F型(淅川下寺M2:56佣鼎) 4. G型(杨男係鼎) 5. H型(楚王畬肯鈍鼎) 6. I型(随州叶家山M27:23曾侯方鼎) 7. I型(婴父方鼎)

I型:25件。方鼎,腹部横截面为矩形。标本一:湖北随州叶家山M27：23曾侯方鼎（《铭图》1571），属于西周早期。立耳，有盖。通高20.3厘米、口13.3×16.9厘米、腹深8.5厘米。盖铭："曾侯作宝鼎。"器铭："曾侯作宝尊彝鼎。"（图1-1-3，6）标本二：1976年陕西扶风云塘M10：4父方鼎，属于西周中期前段。附耳，子口，口下有一周箍棱。铸有铭文5字："婴父作旅鼎。"（图1-1-3，7）

J型：22件。鬲形器，绝大部分为立耳，个别为附耳。标本：1980山西洪洞永凝堡M14：11叔鬲（《铭图》2664），属于西周早期后段。立耳、分裆，通高15.5厘米、口径13.6厘米。铸有铭文3字："叔作鼎。"（图1-1-4，1）

K型：1件。甗形器。标本：陕西长安出土王人甯辅甗（《铭图》3350），属于西周中期。立耳，上甑下鬲，甑鬲连铸，通高39厘米。铸有铭文21字："王人甯辅归观，铸其宝……其永宝用鼎。"（图1-1-4，2）

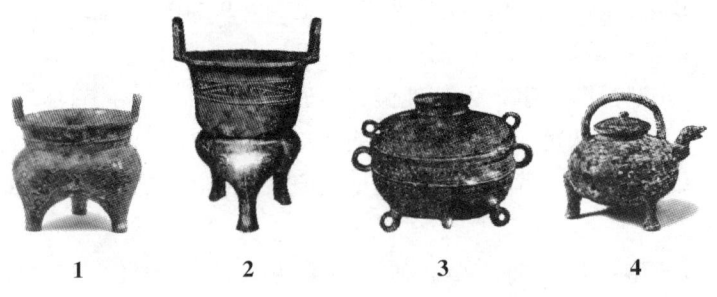

图1-1-4 J、K、L型"鼎"
1. J型（洪洞永凝堡M14：11叔鬲） 2. K型（王人甯辅甗） 3. L型（羛子皺盏） 4. M型（洛阳针织厂M5269：4公盉）

L型：1件。盏形器，形制属于本书划分的A型青铜盏（参见"敦/盏的定名与自名"一节）。标本：羛子皺盏（《铭图》6075），属于春秋早期。通盖高19.0厘米、腹深10.6厘米、口径21.6厘米。盖铭32字："唯八月初吉乙亥，羛子皺择其吉金，

自作鎓鼎，其眉寿……"① （图 1-1-4，3）

M 型：1 件。盉形器，属于本书划分的 BaⅡ型盉。标本：河南洛阳市唐宫西路北侧洛阳市针织厂战国墓葬 M5269∶4 公赐鼎（《铭图》14669），属于战国中期。通高 21.0 厘米、口径 8.8 厘米，口沿、盖内各刻铭 3 字："公赐鼎。"（图 1-1-4，4）

二、"鼎"字构形分析与解释

作为青铜礼器专名的"鼎"字，其构形可分为 A、B、C 三型，A、C 型中又分若干亚型，其代表性字形如表 1-1-1·1-15 所示。

A 型：径作"鼎"或以"鼎"为声符，可分两个亚型。
Aa 型：即象形"鼎"字，原篆见表 1-1-1·1-7。
Ab 型：从鼎、皿，原篆见表 1-1-1·8，隶定为䀇。
B 型：从鼎、卜，原篆见表 1-1-1·9-10，即鼏字。
C 型：从贞之字。可分四个亚型。
Ca 型：即贞字，无其他偏旁，原篆见表 1-1-1·11-12。
Cb 型：从贞、金，原篆见表 1-1-1·13，隶定为鎭。
Cc 型：从贞省、皿，原篆见表原篆见表 1-1-1·14，隶定为䀇。
Cd 型：从贞省、金、皿，原篆见表 1-1-1·15，隶定为鎭。

---

① 器铭与盖铭基本相同，唯前者无"自"字。

表1-1-1 青铜礼器专名"鼎"字形表

字形								
序号	1	2	3	4	5	6	7	8
字形								
序号	9	10	11	12	13	14	15	16
字形								
序号	17	18	19	20	21	22	23	24
字形								
序号	25	26	27	28	29	30	31	32
字形								
序号	33	34	35	36	37	38	39	40

续表

字形								
序号	41	42	43	44	45	46	47	48
字形								
序号	49	50	51	52	53			

1. 晋侯苏鼎（《铭图》1989） 2. 伯鼎（《铭图》1251） 3. 猷鼎（《铭图》1401） 4. 芮太子白鼎（《铭图》2007） 5. 儿庆鼎（《铭图》1947） 6. 遹亥鼎（《铭图》2179） 7. 盠方鼎（《铭图》2364） 8. 彭子射鼎（《铭图》1667） 9. 攸鼎（《铭图》1287） 10. 公赐鼎（《铭图》1092） 11. 晋侯邦父鼎（《铭图》2075） 12. 邵之飤鼎（《铭图》1338） 13. 禀里鼎（《铭图》1472） 14. 楚王酓朏鼎（《铭图》2165） 15. 鄬子昃鼎（《铭图》1665） 16. 嬭鼎（《铭图》2101） 17. 郑勇句父鼎（《铭图》2085） 18. 堇鼎（《铭图》2290） 19. 有正嬰鼎（《铭图》2257） 20. 戍嗣子鼎（《铭图》2320） 21. 臤父丁鼎（《铭图》1164） 22. 黹鼎（《铭图》1525） 23. 哀成叔鼎（《铭图》2435） 24. 连迂鼎（《铭图》1469） 25. 蔡侯申鼎（《铭图》1578） 26. 王子午鼎盖（《铭图》2473） 27. 克黄鼎（《铭图》1328） 28. 莱歕鼎（《铭图》1441） 29. 鄬子受鼎（《铭图》1662） 30. 丁儿鼎（《铭图》2351） 31. 蔡侯申鼎（《铭图》1579） 32. 䢵侯之孙赒鼎（《铭图》1745） 33. 彭子射鼎（《铭图》2264） 34. 楚叔之孙佣鼎（《铭图》1844） 35. 䣄公鼎（《铭图》2417） 36. 楚王鼎（《铭图》2318） 37. 乂子曰鼎（《铭图》2310） 38. 邓公乘鼎（《铭图》2093） 39. 罗子龙鼎（《铭续》0111） 40. 阳羋子扬（《铭图》2319） 41. 皇毃鼎（《铭续》0192） 42. 邓子午鼎（《铭图》1659） 43. 鈚孙宋鼎（《铭图》1658） 44. 襄鼎（《铭图》2065） 45. 邓尹疾鼎（《铭图》1661） 46. 钟伯侵鼎（《铭图》

2263) 47. 楚子敡咎鼎（《铭图》2242） 48. 樊季氏孙仲羋鼎（《铭图》2240） 49. 景之塍鼎（《铭续》0178） 50. 旁鼎（《铭图》1411） 51. 襄腄子汤鼎（《铭图》2039） 52. 连迁鼎（《铭图》1466） 53. 楚叔之孙倗鼎（《铭图》2221）

Aa 型：1—7 Ab 型：8 B 型：9—10 Ca 型：11—12 Cb 型：13 Cd 型：14

A 型中，Aa 亚型（鼎）见于字书，《说文·鼎部》："三足两耳，和五味之宝器也。昔禹收九牧之金，铸鼎荆山之下，入山林川泽，螭魅蝄蜽，莫能逢之，以协承天休。《易》卦：巽木于下者为鼎，象析木以炊也。籀文以鼎为贞字。"Aa 型为象形字，见表 1—1—2，其出现时间最早，使用时间最长，使用时间下限也是最晚的亚型之一，与使用频次总比重中的主导地位，无疑是所有"鼎"字亚型，或型之正体。

Ab 型（鼑）不见于字书，乃春秋晚期以后象形字普遍形声化的趋势下出现的，"皿"为后添加的义符，"鼎"成为声符，兼有表意功能。Ab 型一方面使用频次极低，另一方面与 Aa 型字共同用作前文划分的 F 型鼎的专名，其显然为鼎字之异体。汉代青铜鼎专名"鼎"字还有一个异体字——鏪[①]，从"金"，这种字形暂未见于商周青铜礼器，不排除将来会有所发现。

B 型（鼑），《集韵·迥韵》："鼑，古作鼎。"准此，"鼑"为"鼎"的异体字，二者并非通假关系。如表 1—1—3 所示，B 型字与 Aa 型字共同用作前文划分的除 AcⅠ、Ad 型鼎外的所有亚型器物的专名。援引 Aa、Ab 型字关系之例，B 型不排除为"鼎"字之异体。作为青铜礼器专名，如表 1—1—2 所示，B 型与 Aa 型几乎同时并存，使用时间长度基本相同，使用频次虽然

[①] 徐正考：《汉代铜器铭文文字编》，长春：吉林大学出版社，2005 年，第 283 页。

比 Aa 型相差较远,但明显高于 Ab 型和 C 型的所有亚型,如果认为 B 型不是"鼎"字之异体而是"鼎"字的假借字,则前述现象难以理解。此外,自清代以来,不少学者认为"鼒"乃"贞"字别体。① "鼒"字见于殷墟甲骨文和周原甲骨文②,从辞例推导,似应为"贞"字别体。就字形而言,鼒所从之"卜"明示其与卜事有关,若再将其本义视为表示器物的"鼎"字,似不合理。要之,"鼒"到底是"鼎"字异体还是"贞"字异体,目前未得定论,本书倾向于为小篆"贞"字的古体。

C 型中,Ca 型(贞)见于字书。《说文·卜部》:"贞:卜问也。从卜,贝以为贽。一曰鼎省声。京房所说。"郭沫若《卜辞通纂·数字》:"古乃假鼎为贞,后益之以卜,遂成鼑(贞)字,以鼎为声。金文复多假鼑为鼎……鼎贝形近,故鼑乃讹变为贞也。"③ 从表 1-1-2 可知,Ca 型字出现时间晚于 Aa 型字,从西周晚期一直使用到战国晚期,其使用时间不可谓短,但使用频次非常低。此外,见表 1-1-3,Ca 型与 Aa 型字共同用作前文划分的 Aa、Da、Db、Ea、Eb 型鼎的专名,因此我们认为 Ca 型字为"鼎"的假借字。

Cb 型(鎮)亦见于字书。《集韵·耕韵》:"鎮,《博雅》:'銁鎗,声也。'或从坚,亦作鎮。"字书中的"鎮"字比较晚出,其来源已不可考。青铜鼎专名之"鎮"是在"贞"的基础上添加义符"金"而成,与青铜鼎的材质相契合,又 Cb 型字与 Aa 型字共同用作前文划分的 Eb 型青铜礼器的专名,故 Cb 型应当是

---

① 周法高主编:《金文诂林》,香港:香港中文大学,1974 年,第 4422~4430 页。

② 刘钊主编:《新甲骨文编》(增订本),福州:福建人民出版社,2014 年,第 207 页。

③ 郭沫若:《卜辞通纂》(《郭沫若全集·考古编》第二卷),北京:科学出版社,1983 年,第 225 页。

"鼎"字之异体，而不再是假借字。

Cc型（盁）和Cd型（鎑）均不见于字书，从"皿"者，乃表示器物类别属性。与Cb型字相似，前述二者也是"鼎"字异体。

表1－1－2 各型"鼎"字出现频次及年代表

型别	频次	比重	年代	型别	频次	比重	年代
Aa	545	74.352%	西早前段—战晚	Ca	21	2.865%	西晚—战晚
Aa/鼒	636	0.819%	战晚	Cb	3	0.409%	战国
Aa/鬺	1	0.136%	西晚	B/Cc	1	0.136%	战晚
Ab	1	0.136%	春晚	Cd	2	0.273%	春晚
B	153	20.873%	西早前段—战晚	—	—	—	—

注：部分器物专名虽可判别为"鼎"字，但因字形残泐无法进一步分析型别者，不计入本表内。"Aa/鬺"中，"鬺"属于殷墟文化四期，"Aa（鼎）"属于后刻，年代为西周晚期。

表1－1－3 器型与"鼎"字类型对应表

器物类型	专名			器物类型	专名		
	类型	频次	比重		类型	频次	比重
Aa	Aa	159	85.484%	Eb	Aa	5	17.857%
	Aa/鬺	1	0.538%		B	14	50.000%
	B	24	12.903%		Ca	5	17.857%
	Ca	1	0.538%		Cb	2	7.143%
	B/Cc	1	0.538%		Cd	2	7.143%
Ab	Aa	5	55.556%	Ec	Aa	1	16.667%
	B	4	44.444%		B	5	83.333%

续表

器物类型	专名			器物类型	专名		
	类型	频次	比重		类型	频次	比重
AcⅠ	Aa	3	100.000%	F	Aa	1	25.000%
AcⅡ	Aa	3	25.000%		Ab	1	25.000%
	Aa/甗	6	50.000%		B	2	50.000%
	B	3	25.000%	G	Aa	4	80.000%
Ad	Aa	2	100.000%		B	1	20.000%
B	Aa	2	100.000%	H	Aa	5	71.429%
C	Aa	2	66.667%		B	2	28.571%
	B	1	33.333%	I	Aa	24	96.000%
Da	Aa	150	81.081%		B	1	4.000%
	B	33	17.838%	J（鬲）	Aa	20	90.909%
	Ca	2	1.081%		B	2	9.091%
Db	Aa	5	20.833%	K（甗）	B	1	100.000%
	B	13	54.167%	L（盨）	Aa	1	100.000%
	Ca	6	25.000%	M（盂）	B	1	100.000%
Ea	Aa	6	0.667%	—	—	—	—
	B	3	0.333%	—	—	—	—
	Ca	2	—	—	—	—	—

注：本表"专名"栏下的"比重"是指在一个不再细分的亚型或次亚型的器物类型单位内，某亚型专名字形出现频次在这个亚型或次亚型器形中所使用的专名总频次中的比重。若专名字形因泐损而无法进一步分型或区分亚型者则不计算频次和比重。同一件器物，若盖、器专名字形属同一亚型，频次按1次计算；若盖、器专名字形属于不同亚型，则用"某/某"表示，并独立计算频次和比重。

三、类别名的确立与判别标准

如本节开篇所述,自带专名"鼎"的商周青铜礼器共722件,这一数量仅次于"簋",足以说明先秦青铜礼器中确实存在"鼎"这一器类。然而,青铜礼器中,一些功用相近或存在派生关系的不同器类之间存在专名互用或连用的现象[①],故专名为"鼎"的青铜礼器未必皆可定名为鼎,所以我们需要确定上文所划分的各型自带专名"鼎"的青铜器中哪些型才是真正的青铜鼎,哪些型只是其他器类借用了鼎的专名。

(一)器型与专名使用频次的关系

我们将前文各型、亚型或及次亚型的自带专名"鼎"的青铜器之数量及其总比重数据汇入表1-1-4,相关数量即代表使用专名"鼎"的频次。

表1-1-4 自带专名"鼎"的各型、亚型青铜器数量及总比重表

型	亚型	数量	亚型比重	型比重	型	亚型	数量	亚型比重	型比重
A	Aa	185	34.515%	39.366%	E	Ea	11	2.052%	8.411%
A	Ab	9	1.679%	39.366%	E	Eb	28	5.224%	8.411%
A	AcⅠ	3	0.560%	39.366%	E	Ec	6	1.119%	8.411%
A	AcⅡ	12	2.239%	39.366%	F		4	0.746%	0.746%
A	Ad	2	0.373%	39.366%	G		5	0.933%	0.933%
B		2	0.373%	0.373%	H		7	1.306%	1.306%
C		3	0.560%	0.560%	I		25	4.664%	4.664%

---

① 陈剑:《青铜器自名代称、连称研究》,《中国文字研究》,南宁:广西教育出版社,1999年。

续表

型	亚型	数量	亚型比重	型比重	型	亚型	数量	亚型比重	型比重
D	Da	185	34.515%	38.993%	J（鬲）		22	4.104%	4.104%
	Db	24	4.478%		K（甗）		1	0.187%	0.187%
M（盂）		1	0.187%	0.187%	L（盏）		1	0.187%	0.187%

注：两周时期自带专名"鼎"的青铜礼器733件，其中193件器形不明，1件残，3件仅有盖，其余536件器物，各型或亚型器物数量的总比重计算以536件为总数基准。

从表1-1-4数据不难看出，各型器物数量总比重可以分为四个梯次：第一梯次，总比重超过38%，包括A、D型；第二梯次，总比重略超过8%，仅含E型；第三梯次，总比重在4%~5%之间，包括I、J型；第四梯次，总比重低于1.4%，包括B、C、F、G、H、K、L、M型。其中，第一、二梯次比重较高，且几乎不使用其他器类的专名（鼎之别除外），无疑是青铜鼎的标准形制。第三、四梯次比重很低，其中，B、C、F、G、H、I型不使用其他器类专名，故也是青铜鼎的形制标准；J型常用的专名是"鬲"，K型常用的专名是"甗"，L型常用的专名是"盏"[1]，M型常用的专名是"盂"，四者分别属于青铜鬲、甗、盏、盂使用专名"鼎"的情况。

（二）鼎与其他器类形制的区分

先秦时期，青铜鼎使用时间长、数量多，使用地域广阔，其形制发展演变过程中或多或少受到其他器类的影响，定名时需要慎重对待，下面逐一进行分析。

（1）鼎与盂的区分，具体指B型鼎（盂形鼎）与Aa型盂（详后文）的区分。二者形制相似，但明显的区别在于：青铜盂

---

[1] 参见本书"鬲的定名与自名""甗的定名与自名""盏/敦的定名与自名"相关章节。

通常有圈足，个别虽无圈足，但器底之三腿较短，这与它作为盛水器的功能相适应；相反，盂形鼎皆无圈足，底部鼎腿较长，这与它作为烹饪器的功能相适应。①

（2）鼎与匜的区分，具体指 H 型鼎（匜形鼎）与青铜匜的区分。二者形制相似，但明显的区别在于：匜形鼎体量较大，器身中部有立耳或附耳，流口对面无鋬，器腿较长；青铜匜体量小，器身无耳，但流口对面常安装一个半环形鋬，器腿较短，或为圈足，或平底无足。② 同样，匜形鼎与青铜匜之间的器形差异也是二者功用不同所造成的。

四、自名与器型

含带专名"鼎"的青铜礼器自名约有 89 种形式，各种自名形式与器物类型的对应关系见表 1-1-5。

表 1-1-5 含带"鼎"的自名青铜器与器型对应表

序号	自名形式	器物型式	器例	频次	年代跨度
1	鼎	Aa、Ab、Da、Db、Eb、I、鬲、盂	《铭图》0994	86	殷四—战晚
2	鼎彝	Aa、无图	《铭图》1394	2	西早后段
3	彝鼎	Aa	《铭图》1628	1	西中后段
4	鼎簋	Aa	《铭图》1735	3	西中前段
5	鼎尝	Eb	《铭图》1673	1	战早

---

① 盂形鼎腿部设计得较长，是为了抬高外底，从而方便在下面放置炭火。盂为大型水器，为了平稳，故常设计圈足，即使有器腿也无需设计得较长，而且还可节省铜料。

② 参见本书"匜的定名与自名"节内容。

续表

序号	自名形式	器物型式	器例	频次	年代跨度
6	宝鼎	Aa、Ab、AcⅡ、C、Da、Ea、G、H、I、鬲、甗、无图	《铭图》1018	191	西早前段—春晚
7	宝旅鼎	Aa、无图	《铭图》1821	3	西早—西中前段
8	保旅鼎	无图	《铭图》01549	1	西中
9	宝鷰尊鼎	I	《铭图》2448	1	西中前段
10	宝用鼎	Aa、无图	《铭图》1557	6	西中—春早
11	宝鼎用	Da	《铭图》2060	1	春早
12	宝䤾鼎	Da、鬲	《铭图》2715	3	西早后段—西中后段
13	宝尊鼎	Aa、AcⅠ、Da、I、鬲、无图	《铭图》1234	41	西早前段—西晚
14	宝尊彝鼎	G、I	《铭图》1572	3	西早
15	宝尊彝鼎/宝鼎	I	《铭图》1571	1	西早
16	宝尊䤾鼎	B	《铭图》2441	1	西中
17	宝方鼎	I	《铭图》1641	2	西早后段
18	宝鬲鼎	无图	《铭图》2169	1	西早后段
19	大宝鼎	Aa	《铭图》2498	1	西晚
20	比鼎	Aa、无图	《铭图》1235	2	西早—西晚
21	厨鼎	Db、Eb、无图	《铭图》1847	10	春晚
22	从鼎	Aa、Da	《铭图》1879	2	春早
23	登鼎	AcⅡ、Db	《铭图》1842	3	春中—战早

续表

序号	自名形式	器物型式	器例	频次	年代跨度
24	鯥鼎	AcⅡ、Db、Ea、盏	《铭图》2288	7	春中—春晚
25	馈鼎	Aa、Ab、Da、Ec、鬲、无图	《铭图》1923	18	西中—春晚
26	馈盂鼎	盖	《铭图》1846	1	春晚
27	鬻鼎	Aa、Da	《铭图》2123	4	春早—春晚
28	蕭彝鬻鼎	AcⅡ	《铭图》2468	6	春晚前段
29	宫鼎	Ea	《铭续》0142	1	战晚
30	宫尊鼎	Da	《铭图》2480	1	西中后段
31	盥鼎	Da	《铭图》2121	1	春早
32	行鼎	Aa、AcⅡ、Da、Db、无图	《铭图》1743	11	西晚—战早
33	盍鼎	无图	《铭图》2037	1	春早
34	会鼎	Ea	《铭图》2179	1	春中
35	膳鼎	Da、Ea、Eb、H、无图	《铭图》2195	6	春早—春晚
36	膳会鼎	Ea	《铭图》2311	1	战早
37	煋鼎	Aa	《铭图》2047	1	西中前段
38	荐鼎	Da	《铭图》2333	1	春早
39	馈鼎	Eb、无图	《铭图》1486	2	战晚
40	脔鼎	Da	《铭图》1655	2	春早
41	旅鼎	Aa、Ab、Ad、Da、I、无图	《铭图》1044	67	战早前段—春晚
42	旅鼎用	Da	《铭图》1598	1	西中后段

续表

序号	自名形式	器物型式	器例	频次	年代跨度
43	旅尊鼎	Aa、I、无图	《铭图》1554	3	西中前段—春早
44	旅宝鼎	无图	《铭图》1454	1	西中前段
45	弄鼎	无图	《铭图》1474	1	战早
46	庖鼎	Da	《铭图》1988	1	西中后段
47	鮨鼎	C、Ec	《铭续》0153	2	西早—春早
48	鐈鼎	Aa	《铭图》2359	2	战晚
49	鼒鼎	Da、无图	《铭图》2236	3	西晚—春早
50	鼒牛鼎	无图	《铭图》2515	1	西中后段
51	鼒彝尊鼎	Aa	《铭图》2447	1	西晚
52	升鼎	Da、无图	《铭续》0079	4	春晚—春早
53	馈鼎	无图	《铭图》1748	1	春晚
54	杠鼎/鐈鼎	Aa	《铭图》2165	1	战晚
55	私鼎	无图	《铭图》1764	1	战国
56	飤鼎	Aa、Da、Db、Ea、Eb、Ec	《铭图》1848	25	西中—战国
57	飤繇鼎	Ea	《铭续》0219	1	春早
58	汤鼎	F、无图	《铭图》1843	4	春晚前段—战早
59	鷸鼎用	无图	《铭图》1949	1	春早
60	小鼎	Aa、Da	《铭续》0220	2	西早—春晚
61	小盨鼎	Aa	《铭图》1782	1	西早
62	羞鼎	Da、无图	《铭图》2091	7	春早
63	㝬鼎	Ad	《铭图》1736	1	西中前段

续表

序号	自名形式	器物型式	器例	频次	年代跨度
64	辻鼎	F	《铭图》2425	1	春晚
65	羊鼎	无图	《铭图》2109	1	西晚
66	匜鼎	H	《铭图》1947	3	春早—战晚
67	煉宜鼎	Da	《铭续》0191	1	春晚
68	塍宝鼎	Aa	《铭续》0207	1	春中
69	塍鼎	Aa、Da、无图	《铭图》2036	14	西中—春早
70	塍盂鼎	Da	《铭图》2356	2	春早
71	塍尊鼎	Da	《铭图》2076	1	西晚
72	用宝鼎	H	《铭图》1994	1	西晚
73	用鼎	Aa、Eb、I、无图	《铭图》1536	9	西中前段—战中
74	盂鼎	B、Da、无图	《铭图》2206	9	西早—春中
75	载鼎	无图	《铭图》1762	1	战早
76	造鼎	Da	《铭图》2350	1	春晚
77	偖（造?）鼎	Db、Ec	《铭续》0224	3	战早
78	则鼎	Db	《铭续》0141	1	战早
79	贞（?）鼎	Eb	《铭图》1774	1	战晚
80	簫鼎	Da	《铭续》0155	3	西晚
81	佳鼎	Da	《铭续》0151	1	西晚
82	鬲/馈鼎	Aa	《铭图》2101	1	殷四/西周
83	盨从鼎	Aa	《铭图》2055	1	西晚
84	盨鼎	H	《铭图》1971	13	西早前段—西晚

续表

序号	自名形式	器物型式	器例	频次	年代跨度
85	尊鼎	Aa、Ac Ⅰ、Da、G、H、I、无图	《铭图》1413	107	西周前段—春早
86	尊鼎/宝鼎簠	Aa	《铭图》02104	1	西中前段
87	尊复鼎	Da	《铭图》2332	1	西晚
88	尊兔鼎	Da	《铭图》2111	1	西晚
89	尊彝簟鼎	Aa	《铭图》2105	1	西晚

表1-1-5所列89种含"鼎"的青铜礼器自名形式中，有6种确定为其他器类（鬲、甗、盉）的自名，但这6种自名同时也为青铜鼎所使用，故青铜鼎使用含带专名"鼎"的自名仍然有89种，按其内容结构，又可以分为两类。

1. 甲 类

此类仅含专名"鼎"，有85例。这种自名的使用频次仅次于"宝鼎""尊鼎"，但其出现时间最早[①]，使用时间最长。

2. 乙 类

此类专名由"鼎"加上前缀词或后缀词形成自名。其中，大部分为"前缀+鼎"的形式。有4种为"鼎+后缀"的形式，即"鼎彝""鼎尝""鼎簠""宝鼎簠"；有3种为"前缀+鼎+后缀"形式，即"宝鼎用""旅鼎用""鵗鼎用"。前缀或后缀使用的字有"宝""保""係""尊""彝""盨""載""登""升""荐""用""比""厨""会""馈""饎""饙""庖""鬵""宫""旅""行"

[①] "鼎"最早出现于殷墟文化四期，如传世丰鼎（《铭图》2200）；"宝鼎"最早出现于西周早期前段，如湖北随州叶家山M65：41作宝鼎（《铭续》0064）；"尊鼎"亦最早出现于西周早期前段，如北京房山琉璃河M54：27史鼎。

"从""盍""煋""弄""簟""羞""牛""羊""兔""佳""鷦""鮨""复""簫""造""塍""宜""燎""灾""盥""让""汤""私""社""大""小""方""鬲""簋""匜""尝""盂""鑐""鯀"。关于这些字的含义，我们将在最后一章进行解释说明。

乙类自名中，需要指出的是，"鼎簋""宝鼎簋""宝鬲鼎"这类自名中包含其他器类的专名，这属于青铜器自名中的"连名"（或谓"连称"）现象，并非青铜鼎借用簋或鬲的专名。同样，青铜簋中存在"鼎簋""宝鼎簋"自名形式，青铜鬲中存在"飤鼎鬲"，暗示这样的鼎与簋、鼎与鬲是同时铸造的，甚至在使用过程中构成配套组合。"登""升""盂""鑐""鯀"长期修饰"鼎"，从而逐渐形成鼎的一部分别名（详下文）。部分乙类自名与相关青铜鼎器型形成稳定的对应关系，"宝方鼎"与Ⅰ型（方鼎）对应，"登鼎"主要与AcⅡ型鼎对应，"匜鼎"与H型（匜形鼎）对应。

五、其他专名与自名

经过前文分析，判别青铜鼎的形制及体量是前文划分的自带专名"鼎"的A、B、C、D、E、F、G、H、Ⅰ型青铜礼器的标准。由此，我们可以系联一批青铜鼎使用的其他专名。这些专名分为两类：其一，使用频次非常少，使用它们的器形不出A-Ⅰ型，即各自不能单独构成当时的一种通用的器类名，因此这些专名可以认为是鼎的别名；其二，使用频次较高，使用它们的器形绝大部分在A-Ⅰ型鼎之外，各自可单独构成一种通用的器类名，这样的专名有"鬲""簋"2种。第一类专名，有的可能是鼎的方言名，有的可能是鼎类之下的子类名称。第二类专名所代表的那一类礼器，与青铜鼎在功用上存在比较密切的关系，后者使用它是属于青铜器名称中的代称现象。下面，我们进一步分析鼎的别名及其自名。

（一）别名字形、字义分析

青铜鼎的别名，其代表性字形如表 1-1-1·16-53，根据所从声符之差异，主要分为 10 类，各类之下分为若干型，别名字形与青铜鼎器型之对应关系如表 1-1-6 所示。

1. 甲 类

此类为从"才/兹"声之字。此类字根据偏旁的不同可分为两型。

A 型：从"鼎""才"，原篆见表 1-1-1·16，即"鼒"字。
B 型：从"鼎""兹"，原篆见表 1-1-1·17，隶定为"鼒"。

甲类二型中，A 型见于字书，《说文·鼎部》："鼒，鼎之圜掩上者。从鼎，才声。《诗》曰：'鼐鼎及鼒。'镃，俗鼒。从金，从兹。"《说文系传·鼎部》作"镃，俗鼒。从金，兹声。"可知，B 型（鼒）可释为"镃"，也即"鼒"字别体。所谓"鼒"之俗体——"镃"字，当渊源有自。

2. 乙 类

此类为从"鼒""匕"，"量"声之字。其中，"鬲"或存在省形。原篆见表 1-1-1·18，隶定为"鬻"。此字学界通常释"煴"[①]，《改并四声篇海·火部》引《类篇》："煴，火煴。"可备一说。表 1-1-1·19 金文左上部构形不太清晰，学者亦释"煴"，姑且从之。

3. 丙 类

此类为从"鼎""火"，"束"声之字，原篆见表 1-1-1·20，隶定为"爇"。此字，学者亦认为是"鬻"字[②]，或释为"餗"。《说文·鬲部》："鬻，鼎实。'惟苇及蒲'，陈留谓键为鬻。

[①] 黄德宽：《古文字谱系疏证》，北京：商务印书馆，2007 年，第 1887 页。
[②] 高明、涂白奎：《古文字类编》（增订本），上海：上海古籍出版社，2008 年，第 1389 页。

从鬲，速声。餗，鬵或从食，束声。"对比乙类原篆字形可知，将丙类释为"鬻"字的前提是"朿"为"叀"之省形，但是目前尚未发现这方面较坚实的证据，本书暂从释"餗"之说。

4. 丁类

此类为从"隻"或"隻"省之字。根据偏旁不同可分为三型。

A型：从"專"，"隻"省声，原篆见表1-1-1·21，隶定为"鬻"。

B型：从"隹""又"，原篆见表1-1-1·22，即"隻"字。《说文·隹部》："隻，鸟一枚也。从又，持隹。持一隹曰隻，持二隹曰雙。"李孝定《甲骨文集释》按语曰："卜辞隻字字形与金文小篆并同，其义则为获（按：简体为获），捕鸟在手，获之义也，当为获之古文。小篆作获者，后起形声字也。'鸟一枚'者，隻之别义也。"

C型：从"金""蒦"。原篆见表1-1-1·23，即"镬"字。《说文·金部》："镬，鑴也。从金，蒦声。""隻"为"镬"字的基本声符，罗振玉《增订殷虚书契考释·镬》："（甲文）从鬲，隻声，殆即许书之镬。……隻即获字。"《广雅·释器》："鑴，鼎也。"《玉篇·金部》："鑴，大镬。"

5. 戊类

此类为从"升"之字。根据偏旁不同可分为三型。

A型：即字书中的"升"字，原篆见表1-1-1·24。

B型：从"鼐"，"升"声，原篆见表1-1-1·25-26，隶定为"鼽"，由于"鼐"与"鼎"为异体字，B型又可隶定为"鼽"。

C型：从"弜""皿"，"升"声，原篆见表1-1-1·27，隶定为"盨"。当为"鼽"之别体。

戊类三型中，仅A型见于字书，《说文·斗部》："升，十龠也。从斗，亦象形。"据此，"升"为量具。学者又或认为"升"

字本义属于动词，高鸿缙《中国字例》："此升起之升字，倚斗画其已挹取有物，而升上倾注之形，托以寄升起之意。"要之，"升"之本义与鼎无关，其用作鼎之别名，显系假借字。B 型和C 型是在 A 型基础上添加义符而成，作为鼎的专名用字，为异体字。《仪礼·士冠礼》："若杀，则特豚，载合升"，胡培翚《仪礼正义》："凡牲煮于爨上之镬，谓之亨；由镬而实于鼎，谓之升；由鼎而盛于俎，谓之载。"高明先生据此推论，"䚢"即升牲之鼎的专名①，可从。

6. 己 类

此类为从"登"声之字。根据偏旁不同可分为两型。

A 型：从"鼎"，"登"声，原篆见表 1-1-1·28，隶定为"䁬"。

B 型：从"皿"，"𤼪（登）"声，原篆见表 1-1-1·29，隶定为"䀇"。

上述 A、B 两型皆未见于字书。B 型所从之"𤼪"为"登"字异体，《说文·癶部》："登，上车也。从癶、豆，象登车形。𤼪，籀文登从収。"学者普遍认为己类字为"䚢"字别体，我们疑其为字书中的"镫"字。《说文·金部》："镫，锭也。从金，登声。"《尔雅·释器》："瓦豆谓之登。"陆德明《经典释文》："登，本又作镫。"《仪礼·公食大夫礼》："大羹湆不和，实于镫。"郑玄《注》："瓦豆谓之镫。"据汉儒解释，礼书中的"镫"皆指豆类器物，但考之商周青铜豆及其形制相似的器类专名字形，皆未有从"登"字的。我们认为，"镫"用作豆类器物名，最初可能属于一种后起的方言名，待其盛行之后，原先用作鼎之别名这一功能遭到废弃、遗忘。

---

① 高明、俞伟超：《周代用鼎制度研究》（上），《北京大学学报（哲学社会科学版）》1978 年第 1 期。

7. 庚 类

此类为从"于"声之字。根据偏旁不同可分为两型。

A 型：从"鼎"，"于"声，原篆见表 1-1-1·30，隶定为"鄌"。

B 型：从"鼎"，"于"声，原篆见表 1-1-1·31，隶定为"鄌"。

C 型：从"鼎"，"雩"声。雩从于声，故 C 型的基本声符仍然为"于"。原篆见表 1-1-1·32，隶定为"鷱"。

D 型：从"皿"，"于"声，原篆见表 1-1-1·33，即"盂"字。

E 型：从"鼎""皿"，"于"声。原篆见表 1-1-1·34，隶定为"甈"。

F 型：从"金""皿"，"于"声。原篆见表 1-1-1·35，隶定为"鋘"。

庚类六型字中，除了 D 型外，其余皆不见于字书。D 型（盂）与本书青铜盂的专名"盂"字相同，但二者性质不同。D 型字作鼎的专名，仅用于春秋战国时期的楚文化区，但在这一特定时空内恰巧又未出现青铜盂标准器，而与青铜盂的形制、体量接近的礼器为青铜鉴，与前述二者专名之"盂"字无内涵上的联系，属于同字异词关系。从义符的使用来看，A、B、C、E 型皆从"鼎（鼑）"，直接表明其与青铜鼎的内在联系，它们显然都是同字异体的关系。F 型目前仅见于用为鼎之专名，暂可视为前述 4 型的异体字。关于庚类字形的考释尚无定论，学界主要存在两种意见，一以陈梦家先生为代表，认为"盂"有大义，盂鼎是指一种形体较大的特鼎[①]；二是以高明先生为代表，认为该字应读

[①] 陈梦家：《寿县蔡侯墓铜器》，《考古学报》1956 年第 2 期。

作"鑊",指的是专用作炊器的鑊鼎。①

8. 辛 类

此类为从"緐"声之字。

A型：即"緐"字，原篆见表1-1-1·36，俗体写作"緐"。

B型：从"勹"，"緐"声，原篆见表1-1-1·37，隶定为"匔"。

C型：从"鼎"，"緐"声，原篆见表1-1-1·38，隶定为"鼒"。

D型：从"金"，"緐"声，原篆见表1-1-1·39，隶定为"鐇"。

E型：从"金""皿"，"緐"声，原篆见表1-1-1·40，隶定为"鑑"。

辛类五型字中，除了A型外，其余皆不见于字书。《说文·系部》："緐，马髦饰也。从糸，每声。《春秋传》曰：'可以称旌緐乎。'繣，緐或从弁。弁，籀文弁。""緐"之本义与鼎无关，其用作鼎之专名，显然系假借字。B型（匔）所从之"勹"，学者或认为系叠加音符②，我们从其说。后来，古人在假借的"緐"字基础上添加义符"鼎""金""皿"等，遂成为鼎的一种专名用字。"鼎""金""皿"作为青铜鼎专名的义符，义近相通，可互作无别，故C、D、E型属于异体字。

9. 壬 类

此类为从"喬"声之字。根据偏旁不同可分为两型。

A型：从"鼎"，"喬"声，原篆见表1-1-1·41，隶定为

---

① 高明、俞伟超：《周代用鼎制度研究》（上），《北京大学学报（哲学社会科学版）》1978年第1期。

② 黄德宽：《古文字谱系疏证》，北京：中华书局，2007年，第2821页。

"鬴"。

B 型：从"金","乔"声，原篆见表 1-1-1·42 和 43，即"鐈"字。

壬类两型中，A 型不见于字书。B 型（鐈），《说文·金部》："鐈，似鼎而长足。从金，乔声。"A、B 型为异体字，由于 B 型见于字书，可统一写作"鐈"。

10. 癸 类

此类为双音词，声符分别为"石""它"，原篆见表 1-1-1·44—48，前一个词素用字有"石""䃣""沰""橐"，后一个词素用字有"沱""宐""盌"，组合之后有 5 种写法，即"石沱""沰盌""䃣馟""石宐""橐沱"。从使用频次和时间长度来看，都无法确定前述 5 种写法中哪一种为正体。由于癸类字为鼎的一种专名，姑且以"䃣馟"作为其统一的隶定写法。"䃣馟"，有学者释为"庶铊"，亦即"煮匜"①，单字上虽然"䃣""馟"可分别通"庶"和"匜"，但"庶铊"或"煮匜"之词文献无征，而且专名是单音词"铊（匜）"，我们不赞同此说。另有学者认为"䃣馟"为联绵词，与典籍中"橐驼"有关，用作形制如橐袋状的鼎的专名②，目前来说，这是相对合理的解释。

11. 其 他

此外还有 5 个字疑为青铜鼎之别名，即"諆"（《铭图》1411）、"鼉"（《铭图》2039）、"尧"（《铭图》1466）、"瓮□"（《铭图》2221）、"壘盘"（《铭续》0178），原篆见表 1-1-1·49—53，由于它们目前都尚属孤例，我们姑且存疑，不做进一步分析。

---

① 赵平安:《金文"䃣馟"解——兼及它的异构》,《中山大学学报（哲学社会科学版）》1990 年第 4 期。

② 张世超:《"䃣馟""橐驼"考》,《江汉考古》1992 年第 2 期。黄锦前:《东周金文"石沱"正解》,《江汉考古》2016 年第 1 期。

表 1-1-6　青铜鼎器型与别名对应关系表

鼎器型	别名类型	频次	鼎器型	别名类型	频次
Aa	鬲	1	Db	鎜	3
Aa	鸞	5	Db	鍚	6
Aa	鍊	1	Db	簫	2
Aa	鬻	1	Db	鐮	1
Aa	隻	1	Db	驕	1
Aa	鏧	1	Db	鐈	3
Aa	諆	1	Db	礍鼎	4
AcⅡ	升	3		尭	1
AcⅡ	鈃	7		羞盘	1
AcⅡ	盤	2	Eb	鑊	1
AcⅡ	鏊	2	Ec	礍鼎	2
C	鸞	1	F	鈃	1
C	鈃	1	F	瓮	1
C	鐈	1	F	鬻	1
C	盂	2	H	蘆	1
C	醯	3	I	鸞	1
C	鎜	2	—	—	—
C	礍鼎	1	—	—	—

（二）别名构成的专名

如表 1-1-7 所示，青铜鼎由别名构成的自名约有 35 种形式，其结构也可以分为两类：甲类，单纯的别名，共有 6 种；乙类，前缀词＋别名形式。其中，前缀词用字大部分都见于"鼎"的前缀词，仅有盟、湆、黄、浴、御、将 6 个为别名所独有。别名构成的自名中，大多具有明显的时代性，如"某＋爨"，不见于西周中期及以后，"某齝""某鼒""某鋕""某鑐""碚馎"等不见于春秋之前。就时代而言，东周时期，鼎的别名数量最多，使用频次也大大高于商和西周时期的别名，这一方面反映了区域文化的兴盛，一方面反映了鼎的功能进一步细化。

表1-1-7 青铜鼎别名构成的自名表

序号	自名形式	器物型式	器例	频次	年代跨度
1	鼐	Aa	《铭图》2101	1	殷墟四期
2	宝尊鼐	无图	《铭图》1718	1	西早
3	饮鼐	H	《铭图》2085	1	春早
4	煋	Aa	《铭图》1731	1	西早
5	尊煋	I	《铭图》2257	1	殷墟四期
6	宝煋	Aa	《铭图》1701	2	殷四—周初
7	宝尊煋	Aa	《铭图》2290	1	西早前段
8	宝淅煋	Aa	《铭图》1924	1	殷墟三、四期
9	宝鍊	Aa	《铭图》2320	1	殷墟四期
10	镬	C	《铭图》1164	1	西早前段
11	煋镬	Aa	《铭图》1777	1	商末周初
12	盟镬	Aa	《铭图》1525	1	西早
13	饮器黄镬	Eb	《铭图》2435	1	春晚
14	鼒	AcⅡ	《铭图》1328	2	春中
15	行鼒	AcⅡ	《铭图》1469	3	春中
16	饮鼒	AcⅡ	《铭图》1578	2	春晚后段
17	鬻鼒	AcⅡ	《铭图》2468	6	春晚前段
18	宝鐙	Aa	《铭图》1441	1	西中
19	鬻鐙	AcⅡ	《铭图》1662	2	春中

续表

序号	自名形式	器物型式	器例	频次	年代跨度
20	鈈	Da	《铭图》1745	1	春早
21	尊鈈	无图	《铭图》2417	2	春早
22	宝鈈	Da	《铭续》0171	1	春早
23	飤鈈	Da、F、无图	《铭图》1335	9	春晚
24	行𩰮	Db	《铭图》1666	1	春晚
25	飤𩰮	Da、Db、无图	《铭图》1332	20	春中—战早
26	食𩰮	无图	《铭图》1747	1	春秋
27	飤鎬	Db	《铭图》1659	4	春晚
28	䃣䭅	Da、Db、Ec	《铭图》1470	5	春晚—战晚
29	宝䃣䭅	无图	《铭图》2215	1	春早
30	飤䃣䭅	Db、Ec	《铭图》2065	2	春早—战早
31	尊淇	Aa	《铭图》1411	1	西中前段
32	鬻	F	《铭图》2039	1	春晚
33	浴瓮	F	《铭图》2221	1	春晚前段
34	御尧	Db	《铭图》1466	1	春中
35	将彝䍩鼎	Db	《铭续》0178	1	战早

注：自名"䍩鼎"皆见于淅川下寺M2出土佣鼎盖，配套之王子午鼎器身皆自名"蕭彝䍩鼎"。

第二节 鬲的定名与自名

一、器型分析

据我们目前搜集的材料，两周时期自带专名"鬲"的青铜礼器254件，其中63件具体器形不明①，其余191件器物，根据器身形态差异可分为二型。

A型 横截面为圆形，款足，足一般有三只。根据器耳有无可分为两个亚型。

Aa型有耳，再根据耳的形态分为两个次亚型。

AaⅠ型：1件。立耳。标本：郑国师原父鬲（《铭图》2978），属于春秋早期。宽平沿，直颈，弧裆较平。高14.3厘米、腹深8.3厘米、口径18.5厘米。铸有铭文17字："唯五月初吉丁酉，郑师原父作荐鬲，永宝用。"（图1-2-1，1）

1　　　2　　　3　　　4

---

① 根据铭文行款特征仍可辨别为后文划分的A型鬲，但具体属于哪一亚型及次亚型，则不清楚。

图 1-2-1 A-D 型"鬲""鬻"

1. AaⅠ型（郑国师原父鬲） 2. AaⅡ型（窬妞鬲） 3. AaⅡ型（吕雔齏鬲） 4. Ab 型（微伯鬲） 5. AbⅠ型（繁伯武君鬲） 6. AbⅡ型（杞伯鬲） 7. B 型（季真鼎） 8. C 型（江小仲母生鼎） 9. D 型（郸孝子鼎） 10. 师趛鬻（《铭图》2317）

AaⅡ型：3 件。附耳。标本一：陕西出土窬妞鬲（《铭图》2860），属于西周晚期。宽平沿，直颈，分裆较高。高 18.5 厘米、口径 19.5 厘米。铸有铭文 11 字："窬妞作尊鬲，其万年永宝用。"（图 1-2-1, 2）标本二：陕西永寿好畤河村出土吕雔齏鬲（《铭图》2878），属于西周晚期。宽平沿，直颈，弧裆较低平。高 13.3 厘米、口径 17.1 厘米。铸有铭文 13 字："吕雔齏作齍鬲，其子子孙孙宝用。"（图 1-2-1, 3）

Ab 型无耳，可分两个次亚型。

AbⅠ型：183 件。单体鬲。标本一：1976 年陕西扶风庄白 H1:48 微伯鬲（《铭图》2702），属于西周中期后段。宽平沿，直颈，弧裆较平。高 10.5 厘米、口径 14.1 厘米、腹深 6.1 厘米。铭文："微伯作齍鬲。"（图 1-2-1, 4）标本二：1987 年安徽宿县谢芦村出土繁伯武君鬲（《铭图》2944）。宽沿，束颈，分裆较高。高 13.0 厘米、口径 15.6 厘米。铸有铭文："繁伯武君媵口厶（姒）宝鬲，子子孙孙永宝用。"（图 1-2-1，5）

AaⅡ型：1件。双联鬲，即由两件 AbⅠ型鬲连铸而成。标本：杞伯鬲（《铭续》0262），宽平沿，陡肩，分裆较高。高 10.5 厘米、长 26.4 厘米、口径 13.0～13.4 厘米。铸有铭文："杞伯作车母媵鬲，用享孝于其姑公，万年子子孙孙永宝用。"（图 1-2-1，6）

B型　1件。器形实为带炉膛的方形鼎。标本：福格美术博物馆藏季真鼎（《铭图》2717），属于西周晚期。附耳，虎形四足。高 17.0 厘米、口径 11.7×9.1 厘米。铸有铭文 5 字："季真作尊鎘。"（图 1-2-1，7）

C型　1件。器形实属于本书划分的 Da 型鼎。标本：1953 年河南郏县太仆乡出土江小仲母生鼎（《铭图》1882），属于西周早期。立耳，敛口，鼓腹，通高 24.5 厘米、口径 23.5 厘米。铸有铭文 9 字："江小仲母生自作用鬲。"（图 1-2-1，8）

D型　1件。器形实属于本书划分的 Eb 型鼎。标本：故宫博物院藏郼孝子鼎（《铭图》2098），属于战国中期。附耳，卧牛钮盖。通高 23.6 厘米、口径 21.0 厘米。盖、器同铭，各 16 字："王四月，郼孝子以庚寅之日，命铸飤鼎鬲。"（图 1-2-1，9）

二、"鬲"字构形分析与解释

作为青铜礼器专名的"鬲"字，其构形可分为以下五型，代表性字形如表 1-2-1 所示。

A型：即"鬲"字，原篆见表 1-2-1·1～11。

B型：从"鬲""皿"，原篆见表 1-2-1·12，隶定为"盄"。

C型：从"鬲""臼"，原篆见表 1-2-1·13-15，隶定为

"鬲"。

D型：从"鬲""廾"，原篆见表1-2-1·16，隶定为"𠬞"。

E型：从"鬲""金"，原篆见表1-2-1·17，隶定为"鎘"。

F型：从"鬲""鼎"，原篆见表1-2-1·18，隶定为"𩰲"。

表1-2-1 青铜器专名"鬲"字形表

字形								
序号	1	2	3	4	5	6	7	8
字形								
序号	9	10	11	12	13	14	15	16
字形								
序号	17	18	19	20	21	22	23	24
字形								
序号	25	26	27	28				

1. 召仲作生妣鬲（《铭图》2911） 2. 虢季鬲（《铭图》2946） 3. 仲姞鬲（《铭图》2749） 4. 微伯鬲（《铭图》2703） 5. 吕王鬲（《铭图》2877） 6. 仲柟父鬲（《铭图》3029） 7. 江叔鬲（《铭图》2930） 8. 仲生父作丼孟姬鬲（《铭图》3005） 9. 郑登伯鬲（《铭图》

2794） 10. 樊夫人龙嬴鬲（《铭图》2890） 11. 鲁伯愈作邾姬仁鬲（《铭图》2901） 12. 芮太子鬲（《铭图》2896） 13. 虢季氏子组鬲（《铭图》2886） 14. 郳始遟母鬲（《铭图》2813） 15. 郳庆作秦妊鬲（《铭图》2868） 16. 曾卿事寏鬲（《铭续》0251） 17. 季真鼎（《铭图》2717） 18. 国子硕父鬲（《铭图》3024） 19. 子范鬲（《铭图》2727） 20. 芮太子白鬲（《铭图》2980） 21. 淅川下寺 M2：59□□荐（《铭图》2931） 22. 樊君作叔嬴鬲（《铭图》2839） 23. 邍子受鬲（《铭图》2764） 24. 珊生鬲（《铭图》3031） 25. 量肇家鬲（《铭图》2847） 26. 师趛鬲（《铭图》3025） 27. 长社鬲（《铭图》2806） 28. 水姬鬲（《铭续》0247）

A 型：1～11　B 型：12　C 型：13～15　D 型：16　E 型：17　F 型：18

表 1－2－2　各型"鬲"字出现频次及年代表

型别	频次	比重	年代	型别	频次	比重	年代
A	232	91.339%	西早后段—战中	䵼	1	12.500%	春晚
B	4	1.585%	春早	䥯	1	12.500%	西晚
C	11	4.331%	西晚—春早	鏧	1	12.500%	春晚
D	2	0.787%	春早	鬵	1	25.000%	西中后段
E	1	0.394%	西晚	䰙	1	25%	西中前段
F	4	1.585%	西晚—春早	犀	2	50.000%	西中
䵼	1	12.500%	春秋中期	尺	1	—	西晚
鬶	4	50.000%	春早	—	—	—	—

注：为便于比较，我们将青铜的别名或方言名用字亦列入表内。䵼、鬶、䵼、䥯、鏧作为一个字的不同型别（详后文分析）单独计算出现频次总比；鬵、䰙、犀亦作为一个字的不同型别（详后文分析）单独计算出现频次总比。

上述"鬲"字构形的 5 个型别之出现频次、流行年代如表 1－2－2 所示，其中仅有 A 型见于字书。A 型（鬲）最初像带盖鬲之纵剖面形，后来下半内侧讹变为"羊""羔""井"。《说文·鬲部》："鬲，鼎属。实五觳，斗二升曰觳。象腹交文，三足。䰩，鬲或从瓦。䰛，汉令鬲，从瓦，厤声。"杨树达《积微居小学述林·释甬》："鬲为纯象形文，䰩为加义旁字，䰛则纯形声字也。"B型从"皿"，乃言其类。C型像双手揭鬲盖之形，D型像双手奉鬲之形，其中的"臼"旁、"廾"旁很可能属于构字要素中的非必需性义符①，即包含这种义符的字并非会意字，可以视为与E、F型相类的形声字。如表1-2-3所示，作为器物专名用字，A、B、C、D型字存在共同使用于上文划分的Ab型鬲的现象，故我们认为A、B、C、D型是同字异体关系。A型字在甲骨文中已经出现②，作为器名也在金文中出现时间最早，使用时间最长、使用频次最高，远远超过B—E型使用频次总和，毫无疑问是"鬲"字正体。

E型仅出现1次，使用该字形的B型"鬲"的形制，从目前材料来看，应归为方鼎类别比较妥当。从其他器类专名字形结构的发展演变规律来看③，E型字应当是"鬲"字异体，从"金"者，乃言其质地。

F型字，仅从字形结构来看，释"鼎"、释"鬲"皆有其合理之处，当然也可能是不同于"鼎"和"鬲"字的另外一个字。但是，以F型字作为专名的器形只有本节前文划分的Ab型鬲，又从《说文解字》对鬲字的解释可知，汉代人将鬲视为鼎的一个

---

① 金文"鬲"字中的"臼"旁，或有学者认为是受金文"铸""眉"等字类化而成（参见张世超等：《金文形义通解》，东京：中文出版社，1996年，0485号），可备一说。

② 刘钊编：《新甲骨文编》（增订本），福州：福建人民出版社，2014年，第154页。

③ 青铜礼器的专名用字普遍存在着一种现象，即在专名的常用字形上增益"金""木""皿""斗"等义符，形成不同的异体，这些异体往往使用时间短暂、使用频次不高。

类别，这种分类观念很可能是更早的时代产生的，F 型字的偏旁结构正是这种分类观念渊源的表征。因此，我们认为 F 型字释"鬲"比较妥当，即"鼐"是"鬲"字之异体，其中的"鼎"是义符而非声符。

表 1-2-3 器型与"鬲"字类型对应表

器物类型	专名			器物类型	专名		
	类型	频次	比重		类型	频次	比重
AaⅠ	A	1	100.000%	AbⅠ	鯩	1	—
AaⅡ	A	3	100.000%		鼶	4	—
AbⅠ	A	164	89.617%		䵼	1	—
	B	4	2.186%		鬵	1	—
	C	9	4.348%		鬹	1	—
	D	2	1.093%		鬲	1	—
	F	4	4.918%		爩	1	—
AbⅡ	A	1	100.000%		羿	1	—
B（鼎）	E	1	100.000%	AbⅠ	尺	1	—
C（鼎）	A	1	100.000%	Aa 型鼎	羿	1	—
D（鼎）	A	1	100.000%	—	—	—	—

三、类别名的确立与判别标准

如本节开篇所述，自带专名"鬲"的两周青铜礼器共 252 件，这一数量足以说明两周青铜礼器中确实存在"鬲"这一器类。当然，专名为"鬲"的青铜礼器未必皆可定名为鬲。前文提到，B 型"鬲"在形制上属于带炉膛的方形鼎，是因为它不含任何款足、分档特征，而鬲的基本特征是有款足或具有部分款足因素，《尔雅·释器》："鼎绝大，谓之鼐。圜弇上，谓之鼒。附耳外，谓之釴。款足者，谓之鬲。"邢昺《疏》："款，阔也。谓鼎足相去疏阔者名鬲。"《汉书·郊祀志上》："禹收九牧之金，铸九鼎……其空足者曰鬲。"颜师古《注》引苏林曰："足中空不实者，名曰鬲也。"款足即足之上阔、中空者。另外，如表1-2-4所示，B型鬲总比重极低，符合其他器类使用"鬲"这一专名的数量特点。我们认为，上文划分的AaⅠ、AaⅡ、AbⅠ、AbⅡ型鬲是青铜鬲的形制标准，AbⅡ型鬲形制虽然罕见，但它是在常见的AbⅠ型鬲的基础上组合而成，故也可以作为青铜鬲的形制标准。

表1-2-4　自带专名"鬲"的各型、亚型青铜器数量及总比重表

型	亚型	数量	亚型比重	型比重
A	AaⅠ	1	0.524%	98.429%
	AaⅡ	3	1.581%	
	AbⅠ	183	95.812%	
	AbⅡ	1	0.524%	
B		1	0.524%	0.524%
C		1	0.524%	0.524%
D		1	0.524%	0.524%

两周时期的青铜鬲在形制上几乎不受其他器类形制的影响，容易跟其他器类区别开来。与青铜鬲形制稍接近的只有分裆鼎，但后者具有较长的柱形腿，二者之间形制差异仍然比较明显。我们目前尚未发现自带专名"鬲"的商代青铜礼器，商代早中期流行一种形制界于后来发展成熟的青铜鬲和分裆鼎形制之间的无自名青铜礼器，但学界对其定名比较混乱，一般有"鼎""鬲""鬲形鼎"三种名称。针对这一问题，张懋镕先生系统地总结了几条界定鬲的标准：款足与否，腹足分界与否；鬲通常有颈部，作束

颈状，甚至有一段较长的颈部，而鼎通常没有颈部；鬲因为颈部收束从而导致腹部鼓起，而鼎由于通常没有颈部，如果鼓腹，即从口沿下就开始外鼓，与鬲腹的外鼓不同。① 对这类器物的定名，最近有学者提出"分裆鼎母型"这一概念，这是一个比较新颖的思路。②

四、自名与器型

含带专名"鬲"的青铜礼器自名约有 17 种形式，各种自名形式与器物类型的对应关系如表 1-2-5 所示。其中，仅有 3 种确定为青铜鼎的自名，即"尊鬲""用鬲""飤鼎鬲"，但"尊鬲"这一自名也使用于青铜鬲，故青铜鬲的自名总共有 15 种。下面我们具体来分析这 17 种自名特征。

表 1-2-5 含带"鬲"的自名与器型对应表

序号	自名形式	器物型式	器例	频次	年代跨度
1	鬲	AbⅠ	《铭图》2671	29	西早后段—春早
2	宝鬲	Ab、无图	《铭图》2946	40	西中前段—春早
3	尊鬲	AaⅡ、AbⅠ、B	《铭图》2914	100	西中—春中
4	宝尊鬲	AbⅠ	《铭图》3010	5	西中—西晚
5	齍鬲	AaⅡ、AbⅠ、无图	《铭图》2745	22	西中—春早
6	饙鬲	无图	《铭图》2809	2	春早
7	飤鼎鬲	D（鼎）	《铭图》2098	1	战中
8	豊鬲	无图	《铭图》2883	1	西晚

---

① 张懋镕：《试论中国古代青铜器器类之间的关系》，《古文字与青铜器论集》（第二辑），北京：科学出版社，2006 年，第 137 页。

② 郭军涛：《商周时期青铜分裆鼎初探》，《文物》2017 年第 10 期。

续表

序号	自名形式	器物型式	器例	频次	年代跨度
9	鬻鬲	AbⅠ	《铭图》2764	1	春晚
10	荐鬲	AaⅠ、AbⅠ、无图	《铭图》2978	6	西晚—春早
11	羞鬲	AbⅠ、无图	《铭图》2762	28	西晚—春早
12	用鬲	C（鼎）	《铭图》1882	1	春早
13	行鬲	Ab、无图	《铭图》2889	6	春早—春晚
14	旅鬲	AbⅠ、无图	《铭图》2708	6	西中—西晚
15	哑鬲	无图	《铭图》2935	1	西晚
16	媵羞鬲	AbⅠ、无图	《铭图》2901	6	春早
17	媵鬲	AbⅠ、AbⅡ、无图	《铭图》2743	10	西晚—春晚

表 1-2-5 中的 17 种含专名"鬲"的自名形式，按内容结构可以分为两类。

甲类，仅含专名"鬲"，有 29 例。"鬲"这种自名的使用频次仅次于"尊鬲""宝鬲"，其出现于西周早期后段，春秋中期及以后几乎不再使用，存在时间较长。

乙类，专名"鬲"加上前缀词形成自名。乙类前缀词使用的单字有"宝""尊""馈""飤""丰""鬻""行""荐""旅""盥""哑""羞""媵"，关于这些字的含义，我们将专辟一章进行解释说明。

从表 1-2-5 中的数据来看，青铜鬲的自名与器型普遍不存在太强的关联性。全部自名中，"尊鬲"出现频次总比为 37.594%，"旅鬲""行鬲""哑鬲"出现频次比重之和为 4.887%，说明青铜鬲很少用于行旅与征伐[①]，主要用于宗庙祭

---

① 黄盛璋：《释旅彝——铜器中"旅彝"问题的一个全面考察》，《历史地理与考古论丛》，济南：齐鲁书社，1982 年。

祀、居所宴飨。

五、其他专名与自名

经过前文分析，AaⅠ、AaⅡ、Ab型鬲为判别青铜鬲的形制标准。由此，我们可以系联一批使用其他专名和自名的青铜鬲，其专名和自名见表1-2-6。这些专名分为两类：其一，使用频次非常低，使用它们的器形皆不出青铜鬲标准形制之外，即各自不能单独构成当时的一种通用的器类名，表1-2-6之"䰞""鬻""𩰣"属于此类；其二，使用频次较高，使用它的器形绝大部分在青铜鬲标准形制之外，可单独构成一种通用的器类名，表1-2-6之"鼎""甗"即属于此类。因此，第一类是鬲的别名或方言名，第二类是其他器类专名。下面，我们重点分析鬲的别名及其相关自名形式。

表1-2-6　青铜鬲使用的其他专名与自名表

自名形式	器物型式	器例	频次	年代跨度
宝䰞	AbⅠ	《铭图》2898	5	春早—春中
荐䰞	AbⅠ	《铭图》2931	1	春晚
媵器宝䰞	AbⅠ	《铭图》2839	1	西晚
鬲鬻	AbⅠ	《铭图》2764	1	春晚
鬻	AbⅠ	《铭图》2847	1	西中前段
尊鬻	AbⅠ、鼎	《铭图》3013	2	西中后段
宝𩰣	AbⅠ	《铭图》2806	1	西晚
鼎	AaⅠ、无图鬲	《铭图》2682	4	西早—春早
宝鼎	AaⅠ、AbⅠ、无图鬲	《铭图》2977	8	西早—春早

续表

自名形式	器物型式	器例	频次	年代跨度
盨鼎	AaⅠ鬲	《铭图》3039	4	西早前段—西晚
宝齐（盨）鼎	AaⅠ鬲	《铭图》2715	1	西早后段
宝尊鼎	AaⅠ鬲	《铭图》2846	2	西早
旅鼎	AaⅠ鬲	《铭图》2700	2	西早前段
□鼎	AaⅠ鬲	《铭图》2634	1	西晚
甗	AaⅠ鬲	《铭图》2689	1	西中前段
腠甗	AbⅠ鬲	《铭图》2909	2	西晚

鬲的别名用字，根据声符差异可分为以下两类。

1. 甲类

此类为从"圭"得声之字。根据偏旁不同可分为五型。

A型：从"鬲""圭"，原篆见表1-2-1·19，即"䵼"字。

B型：从"鬵""圭"，原篆见表1-2-1·20，隶定为"鬵䵼"。

C型：从"鬴""圭"，原篆见表1-2-1·21，隶定为"鬴䵼"。

D型：从"弜""羔""圭"，原篆见表1-2-1·22，隶定为"鬶"。

E型：从"皿""弜""圭"，原篆见表1-2-1·23，隶定为"盬"。①

以上五个字形均从"圭"声，作为器物专名，仅使用于青铜鬲，又，"鬵""鬴"为"鬲"字别体，"䵼""鬵䵼""鬴䵼"三个字形显然是同字异体关系，"鬶"字在义符上与前三者存在一定差

---

① 该型专名字形分析详见禤健聪：《释莲子受鬲的自名"盬"》，《华夏考古》2018年第1期。

异，但在现有材料基础上将它与前三者视为同字异体关系不失为一种稳妥办法。前述四个字形中，除了"䰜"字外，其余三个字形不见于字书。《玉篇·鬲部》："䰜，甑下空。"《广韵·齐韵》："窒，甑下孔。䰜，同窒。"《说文》有"窒"字而无"䰜"字，《说文·穴部》："窒，空也。从穴，圭声。""䰜"字在先秦时期用作鬲的专名，词义可能在后来发生了变化，"鬴""䰜""䰝""䥁"皆为"䰜"字别体，它们显然是鬲的别名或方言名。

2. 乙 类

此类为从"辰"得声之字。根据偏旁不同分为三型。

A 型：从"鬲""辰"，字形见表 1-2-1·24，隶定为"鬵"。

B 型：从"辱""弜""火"，字形见表 1-2-1·25，隶定为"爩"。

C 型：从"晨""廾"，字形见表 1-2-1·26，隶定为"䦼"。

以上三个字形，作为器物专名，几乎都使用于青铜鬲，唯独 C 型字（䦼）存在使用于本书划分的 Aa 型鼎的情况，但目前仅发现师趛鼎（《铭图》2317）1 例（图 1-1-1·10），又师趛所作另一件专名为"䦼"的礼器属于前文划分的 AbⅠ型鬲，因此，我们认为乙类三型专名都是鬲的别名或方言名，"䦼"不是鼎的别名。乙类三型字皆不见于字书，援引"䰜"及其异体字的偏旁结构特征，它们是以"辰"为声符的。需要说明的是，"䦼"字从"䝿"声，《说文·晨部》："晨，早昧爽也。从臼、从辰。辰，时也，辰亦声。""爩"字之"弜"部像上腾的蒸汽，与字中的"火"旁互应，"辱"部之"寸"（实为"又"）与"䦼"字所从之"廾"同意，"辰"应为该字基本声符。这三个字形很可能是同字异体关系，也即字书中的"鬵"字，通常认为通"鬻"。《广雅·释器》："鬵，鼎也。"王念孙《广雅疏证》："《玉篇》：'鬵，大鼎也。'"《玉篇·鬲部》："鬵，大鼎也。"《字汇补·鬲部》："鬵，与鬵同。"《广雅》不收"鬻"字，《玉篇》不收"鬵"字，再结合上述三个鬲的专名字形关系，我们认为字书中的"䰜""䰝"应当是同字异体关系而非通假关系。

3. 其　他

"◯"，原篆见表1-2-1·27，其所在之器长社鬲的铭文可能不清晰，所以仅刊载摹本。"◯"该字未识，初步推定是鬲的别名或方言名。

"◯"，原篆见表1-2-1·28，从"金""夾"。此字未识，《商周青铜器铭文暨图像集成续编》释为"銼"，恐不确。此外，该字仅出现1例，其所在之水姬鬲又为近年出现的来源不明的器物，水姬鬲不排除属于伪器、伪铭的可能，姑且存疑。

青铜鬲使用其他器类的专名中，可以确定的有"鼎""甗"，本节不做详述。需要指出的是，《商周青铜器铭文暨图像集成续编》收录1件使用专名"罍"的青铜鬲——齐侯子仲姜鬲（《铭图》0260），照片显示的专名字形模糊难辨，推想作者应当见过原器，姑且相信其释字不误。一般来说，一种器类使用另一种器类的专名是有限制条件的，即两种器类功用相近，或组合上存在较稳定的搭配关系，或发展演变上存在派生关系①，从这一角度而论，鬲与罍的关系比较疏远，其中一方不太可能使用另一方的专名。又因为这件鬲是近年出现的来历不明的传世器，我们不得不考虑它是伪器或真器伪铭的可能，姑且存疑。

含专名"䰜"的自名有4种形式，皆为"前缀词+䰜"结构，前缀词有"宝""荐""媵器宝""鬲"。含专名"䰝"的自名有2种形式，一种是单独的"䰝"，一种是带有前缀词——"尊"。含专名"◯"的自名只有1种形式，带有前缀词——"宝"。这些前缀词中，只有"媵器宝"不见于"鬲"的前缀词，

---

① 张懋镕：《试论青铜器自名现象的另类价值》，《古文字与青铜器论集》（第三辑），北京：科学出版社，2010年。

如果将"媵器"与"宝甗"视为同位语，则青铜鬲别名的前缀词皆不出"鬲"的前缀词之外。

第三节 甗的定名与自名

一、器型分析

据我们目前搜集的材料，商周时期自带专名"甗"的青铜器共 87 件。[①] 其中，器影不详者 25 件，其余 62 件器物，可根据器体结构的不同，分为二型及其若干亚型。

A 型 器体由上下两部分组成，上部通常称为"甑"，下部为鬲或鼎形器。其中，根据器体横截面形状的不同，又可分为两种亚型。

Aa 型：器体横截面为圆形。

Aa①型：甑下为鬲形器。根据甑、鬲连接方式的差异，可再分为两个次亚型。

Aa①Ⅰ型：甑、鬲连体，皆立耳。标本：1958 年陕西宝鸡五里庙西周墓出土伯甗（《铭图》3229），年代为西周早期后段。甑部设绹索耳，敞口深腹，鬲部分裆。通高 42.0 厘米，口径 26.0 厘米，腹深 28.4 厘米。铸有铭文 4 字："伯作旅甗。"（图 1-3-1，1）

Aa①Ⅱ型：甑、鬲分体，皆附耳。标本：1994 年山东海阳县嘴子前 M4：87 陈乐君歈（《铭图》3343），年代为春秋晚期。

---

① 专名字形残泐不辨、释读存疑、铭文真伪存疑者皆不计入，后面各钟器类自名与定名研究亦循此例。

甗、鬲皆设附耳，甗部侈口、束颈、收腹，鬲部溜肩、平裆。通高 35.4 厘米，口径 30.0 厘米。铸有铭文 17 字："陈乐君歌作其旅甗，用祈眉寿无疆，永用之。"（图 1-3-1，2）

Aa②型：甗下为圜底鼎形器。甗、鼎分体，几乎都设附耳，三条腿。标本：1994 年湖北随州义地岗 M1：3 曾少宰黄仲酉甗（《铭图》3313），年代为春秋晚期。甗部有附耳，侈口、束颈、收腹；鼎部无耳，鼓腹、圜底，形制颇似楚式汤鼎。通高 24.6 厘米，甗口径 18.1 厘米、腹深 11.0 厘米。铸有铭文 9 字："曾少宰黄仲酉之行甗。"（图 1-3-1，3）

Ab 型：器体横截面为方形，下半为鬲部，四条腿。Ab 型器根据甗、鬲部连接方式的不同，又可分为两个次亚型。

AbⅠ型：甗、鬲连体，皆立耳。标本：1976 年陕西扶风庄白 2 号窖藏 H2：3 舁仲雩父甗（《铭图》3295），属于西周晚期。甗部侈口，深腹内收，鬲部分裆。通高 47.5 厘米、口纵 23.2×31.5 厘米、腹深 21.5 厘米。铸有铭文 7 字："舁仲雩父作旅甗。"（图 1-3-1，4）

AbⅡ型：甗、鬲分体。甗部有立耳或附耳、半环耳，鬲部皆设附耳。标本一：1948 年洛阳马坡拦驾沟出土师趚甗（《铭图》3273），属于西周早期。甗腹有半环形兽首耳，侈口，收腹；鬲部分裆。铸有铭文 6 字："师趚作旅甗尊。"（图 1-3-1，5）标本二：1993 年山西曲沃北赵晋侯墓地 M64：120 叔钊父甗（《铭图》3335），属于西周晚期。甗部立耳，侈口，腹内收；鬲部分裆，裆较高。通高 37.2 厘米，口径 24.5 厘米。铸有铭文 15 字："叔钊父作柏姞宝甗，子子孙孙永宝用。"（图 1-3-1，6）

B 型　3 件。形制属于本书界定的青铜鬲。标本一：1974 年陕西宝鸡茹家庄 M1 乙：33 强伯鬲（《铭图》2689），属于西周中期前段。立耳，侈口，分裆，通高 13.8 厘米、口径 13.1 厘米、腹深 7.4 厘米，铸有铭文："强伯作甗。"（图 1-3-1，7）

标本二:传世郏伯鬲(《铭图》2909),属于西周晚期。无耳,宽斜沿,分裆,尖锥足。高11.3厘米、口径15.0厘米。铸有铭文15字:"郏伯作媵甗,其万年子子孙孙永宝用。"(图1-3-1,8)

图1-3-1 A、B型甗

1. Aa①Ⅰ型(宝鸡出土伯甗) 2. Aa①Ⅱ型(陈乐君歔) 3. Aa②型(曾少宰黄仲西甗) 4. AbⅠ型(畀仲雩父甗) 5. AbⅡ型(师趛甗) 6. AbⅡ型(叔钊父甗) 7. B型(彊伯鬲) 8. B型(郏伯鬲)

二、"甗"字构形分析与解释

作为青铜礼器专名的"甗"字,其构形可分为以下5型及其若干亚型,代表性字形如表1-3-1所示。

A型 包含一个义符与"虍""犬"双重声符。

Aa型:从"鼎""虍""犬",原篆见表1-3-1·1-3,隶定为"獻"。"鼎"旁有时讹写为"贝",暂不据此划分亚型。

Ab 型：从"鬲""虍""犬"，原篆见表1-3-1·4，即"獻"（简体"献"）字。

Ac 型：从鼎与鬲之结合形，从"虍""犬"，原篆见表1-3-1·5-6，隶定为"獻"。"鼎"与"鬲"旁相融，"鼎"在上、"鬲"在下，二者共用部分笔画结构。

Ad 型：从"且""虍""犬"，原篆见表1-3-1·7，隶定为"獻"。

B 型　包含一个义符和一个声符——"虍"。

Ba 型：从"鼎""虍"，原篆见表1-3-1·8-9，隶定为"虝"。

Bb 型：从鼎与鬲之结合形、"虍"，原篆见表1-3-1·10，隶定为"虠"。

C 型　包含一个义符和一个声符——"犬"。

Ca 型：从"鼎""犬"，原篆见表1-3-1·11-12，隶定为"猷"。

Cb 型：从"鬲""犬"，原篆见表1-3-1·13，隶定为"猷"。

Cc 型：从鼎与鬲之结合形、"犬"，原篆见表1-3-1·14，隶定为"猷"。本亚型仅有1例，"鬲"之构形与金文"黽"字下半部构形近似，可能受后者类化影响所致。

D 型　仅包含两个不同的声符。

Da 型：从"虎""犬"，原篆见表1-3-1·15-17，隶定为"獻"。

Db 型：从"虍"、二犬（"狱"），原篆见表1-3-1·18，隶定为"䖘"。

E 型　仅包含一个声符。

Ea 型：单从"虍"声，原篆见表1-3-1·19。

Eb 型：单从"犬"声，原篆见表1-3-1·20-21。

表1-3-1 青铜器专名"簋"字形表

字形								
序号	1	2	3	4	5	6	7	8
字形								
序号	9	10	11	12	13	14	15	16
字形							—	—
序号	17	18	19	20	21	22	—	—

1. 伯簋(《铭图》3229) 2. 作父癸簋(《铭图》3290) 3. 异仲霝父簋(《铭图》3295) 4. 鲁仲齐簋(《铭图》3345) 5. 尌仲簋(《铭图》3337) 6. 陈乐君歊簋(《铭图》3343) 7. 郑邢伯寿父簋(《铭图》3333) 8. 师趛簋(《铭图》3273) 9. 鱼强伯鬲(《铭图》2689) 10. 曾伯孙国簋(《铭续》0277) 11. 霆簋(《铭图》3235) 12. 邿伯鬲(《铭图》2909) 13. 驭麤塵簋(《铭续》0273) 14. 伯真簋(《铭图》3247) 15. 克簋(《铭图》3227) 16. 叔钊父簋(《铭图》3335) 17. 郑太师小子侯父(《铭图》3334) 18. 鱼强伯簋(《铭图》3293) 19. 仲姜簋(《铭图》3300) 20. 仲姞簋(《铭图》3317) 21. 单叔鬲(《铭图》2957) 22. 甲骨文簋字(后上27.10)

Aa型：1—3　Ab型：4　Ac型：5—6　Ad型：7
Ba型：8—9　Bb型：10　Ca型：11—12　Cb型：13
Cc型：14　Da型：15—17　Db型：18　Ea型：19
Eb型：20—21

表 1-3-2　各亚型"甗"或通假字出现频次及时间表

型别	频次	比重	年代	型别	频次	比重	年代
Aa	38	46.914%	西早前段—春晚	Cb	1	1.235%	西早
Ab	2	2.469%	西中前段—春早	Cc	1	1.235%	西早
Ac	7	8.642%	西中—春晚	Da	4	4.938%	西早后段—西晚
Ad	1	1.235%	西晚	Db	1	1.235%	西中前段
Ba	5	6.173%	西早前段—西晚	Ea	1	1.235%	春早
Bb	6	7.407%	春早—春晚	Eb	10	12.346%	西中前段—西晚
Ca	4	4.938%	西早—西晚	—	—	—	—

按：专名虽可辨别为"甗"字，但字形残泐无法分型者不计入。

《说文·瓦部》："甗，甑也。一穿也。从瓦，䖒声，读若言。"《说文·瓦部》："甑，甗也，从瓦，曾声。🕮，籀文甑从䰟。"《说文·鬲部》："䖒，鬳属，从鬲、虍声。"

Aa 型（獻）不见于字书，学者对其考释基本分为两种意见，一是释为"獻"（从"䖒"声）字，读作"甗"；二是直接释为"甗"字。鼎与鬲两种器物都是饪食器，同时，在古人的器物分类观念里，鼎与鬲属于同一大类，故在用作一些形声字的义符时，"鼎"旁与"鬲"旁可以互作无别。在实物上，鼎、鬲属于甗的一部分结构，加之它们功用相近，故前二者也可以跟"甗"字的象形构形互换。我们认为，Aa 型字直接释"甗"更为合适，"甗"字从最初的象形字演变为后来的形声字，象形构形的一部分因素仍然保留在形声字结构中，表示器名时显然是用其本义，故"虍""犬"应当是声符，否则我们无法解释其他亚型字形中为何都具备"虍"或"犬"形部件，而剩余部分变化多样或也可完全省略。要之，Aa 型字是"甗"字的古体，而非通假字。甲骨文中，存在用作器物名的"甗"字象形初文（见表 1-3-1·22），金文中则全为形声字或省去义符的通假字。从表 1-3-2 来看，Aa 型出现时间较早（目前不能确定哪一亚型出现最早），使用时间最长，使用频次最高，占有绝对优势，这很可能是形声化之后的"甗"字正体，字书中的"甗"字可能是青铜时代结束之后才出现的。其余各亚型字，都与 Aa 型字共同使用于前文器物类型学划分中的某一亚型甗的专名（参见表 1-3-3），除了 Da、Db 型和 Ea、Eb 型字外，其余都明显是 Aa 型的异体字。

Ab 型（獻），为字书中的"獻"字构形的直接来源。《说文·犬部》："獻，宗庙犬名。羹獻，犬肥者以獻之。从犬，鬳声。"我们认为，"獻"字本义并非《说文》所言宗庙犬名，"獻"的本义是"甗"，由于长久被假借，其别体"鬳"又不太常用，随着青铜时代式微，人们于是别造从瓦之"甗"字表示其本义。有学者指出，许慎《说文》将"鬳""甗""獻"析为三字是错误的做法①，我们赞同。Ab 型字出现时间相对较晚且较短暂，出现频次很低，可见当时不太常用，乃 Aa 型异体字。

Ac 型（獻），不见于字书。该亚型所从义符与"甗"字最初象形字构形比较接近，前者可能是后者的直接演变形式。Ac 型出现时间较晚，使用频次较低，也是 Aa 型的异体。

Ad 型（獻），所从之"且"与青铜礼容器造型或器类性质显然不存在某种关联，故我们认为"且"可能受金文"虘"字构形类化而致，也可能是铭文书写者一时疏忽，写了"甗"字的一

---

① 张世超、孙凌安、金国泰等：《金文形义通解》，东京：中文出版社，1996年，第 488 页。

个错别字,这可以由 Ad 型字与 Aa 型字都用作前文划分的 Aa I 型甗的专名(参见表 1-3-3)推断而出。要之,Ad 型字应当释为"甗",然而这种写法并不为当时社会普遍认可,故极少重复出现(参见表 1-3-2)。

Ba 型(鬳)不见于字书,是 Aa 型省去声符"犬"的简化形式,Bb 型(鑢)不见于字书,是 Ac 型省去声符"犬"的简化形式,这两个亚型的本义仍然表示器物甗,是"甗"字的异体字。当然,Ab 型若省去声符"犬",则成为字书"鬳"字构形的直接来源。前文已经说明,有学者指出"鬳"与"甗""獻"三字属于同字异体的关系。《说文》"鬳"字构形必然有其直接来源,我们相信未来出土青铜甗专名字形中很可能存在省去声符"犬"的 Ab 型的简化形式。

Ca 型(獻)不见于字书,是 Aa 型省去声符"虍"的简化形式,也是 Aa 型的异体字。① Cb 型(獻),不见于字书,金文中出现频次也极少,由于只用作青铜甗的专名,其释"甗"是相对稳妥的。Cc 型(獻),不见于字书,"鼑"为"鼎"的异构,故该亚型也可视为 Ac 型省去声符"虍"的简化形式,是 Aa 型的异体字。

Da 型(獻)不见于字书,"虎"与"虍"古音相近、义相因,故可以相通。Da 型目前仅见于用作青铜甗的专名,如果排除其为假借字的可能,则应视为 Aa 型的异体字,因为字形中无义符,故纯属于一个双声字。Db 型(甓)不见于字书,"狀"与"犬"古音相近、义相因,故可以相通。Db 型字目前也仅见于用作

---

① 其中,邾伯鬲专名用字中的义符(见表 1-3-1·12),陈英杰先生认为是甗形器的象形表现 [参见陈英杰:《谈金文中一种长期被误释的象形"甗"字——兼论"鬲""甗"的形体结构》,载《简帛》(第七辑),上海:上海古籍出版社,2012 年],准此,Ac 型、Bb 型、Cc 型专名用字的义符都应是甗形器的象形表达。陈先生的观点可备一说,但邾伯鬲专名用字中的义符,我们仍倾向于是"鼎"字。

青铜甗的专名,亦可将其视为 Aa 型的异体字,也纯属一个双声字。

Ea 型(虍),《说文·虍部》:"虍,虎文也,象形。""虍"用作青铜礼器专名,显然系假借字,同时也可证 A、B、Db 型中的"虍"旁是声符。Eb 型(犬),《说文·犬部》:"犬,狗之有县蹄者也。象形。孔子曰:'视犬之字,如画狗也。'""犬"用作青铜礼器专名,显然为假借字,同时也可证 A、C、Da 型中"犬"旁为声符。Ea、Eb 型字都应读作"甗"。关于 B 型甗(即本书划分青铜鬲)中的专名"犬",《殷周金文暨青铜器资料库》《商周青铜器铭文暨图像集成》《陕西金文集成》等诸家著录皆释"器",《金文常用字典》与《金文形义通解》"犬"字义项中仅列"狗"与"族氏名"二项,而"器"和"甗"之金文字形下不录 Eb 型字(犬)。我们认为,将青铜鬲中的器物名"犬"释为"器"是错误的,应当释为本字而读作"甗"。"器"是青铜礼器的一种常见的共名,几乎使用于全部青铜礼容器类别,假设前述之"犬"释为"器"成立,则无法解释为何只有青铜鬲使用省作"犬"的共名——"器",同时也无法解释青铜甗中的器名"犬"为何不是"器"的省形?当然,也可能有人认为"犬"与"器"字在古音上相近,采用通假关系曲为解说,但是"犬"与"器"二字上古韵部相隔较远,《说文》也明确指出"器"为象形字,故可以排除通假的可能。若诚如本书主张的青铜甗和鬲自名中的"犬"读作"甗",则一切矛盾可以消除。青铜鬲与甗的功用相近,甗的下半部通常也是鬲的造型,所以青铜鬲使用"甗"这一专名并不奇怪,这种现象在其他青铜礼器之间也较为常见。青铜鬲除了使用 Eb 型字,也使用 Ba 型和 Ca 型字,后二者也为 Aa ①Ⅰ型甗(青铜甗的标准形制之一)之专名字形,可以直接释为"甗"字。

表 1-3-3 器型与"甗"字类型对应表

器物类型	专名			器物类型	专名		
	类型	频次	比重		类型	频次	比重
Aa①Ⅰ	Aa	15	57.692%	AbⅠ	Aa	4	80.000%
	Ad	1	3.846%		Ea	1	20.000%
	Ba	2	7.692%	AbⅡ	Aa	2	40.000%
	Ca	2	7.692%		Ac	1	20.000%
	Cb	1	3.846%		Ba	1	20.000%
	Da	2	7.692%		Da	1	20.000%
	Db	1	3.846%	B	Ba	1	8.333%
	Eb	1	3.846%		Ca	2	16.667%
Aa①Ⅱ	Aa	3	27.273%		Eb	9	75.000%
	Ac	4	36.354%	—	—	—	—
	Bb	4	36.354%	—	—	—	—
Aa②	Aa	1	33.333%	—	—	—	—
	Ab	1	33.333%	—	—	—	—
	Ac	1	33.333%	—	—	—	—

三、类别名的确立与判别标准

如本节开首所述,自带专名"甗"的两周青铜礼器共 87 件,这一数量虽然不算多,但从使用的时间长度也足以说明商周青铜礼器中确实存在"甗"这一器类。当然,专名为"甗"的青铜礼器未必皆可定名为甗。

如表 1-3-4 所示,前文划分的各型或亚型甗中,Aa 型甗总比重超过 62%,只有 1 件属于本亚型的青铜礼器专名为"鼎",故 Aa 型甗毫无疑问可以定名为甗。Ab 型甗和 B 型甗总比重接近，都低于20%，但也都超过17%，从其他器类标准器的确立情况来看，二者达到这一总比值时，定名为甗似都不成问题。较之B型甗，Ab型甗在形制上更接近Aa型甗，故后二者可以归并为A型甗，以区别于B型甗。又在商周青铜礼器中，没有形制属于Ab型甗者以其他器类名作为自己的专名，故于Ab型甗理应为青铜甗的标准器型之一。

关于B型甗，既然其形制属于青铜鬲，那么A型与B型甗是否都可以划入青铜鬲类别，而将甗作为鬲的一个别名？我们认为这种做法不符合实际。首先，A型甗与B型甗形制差异非常明显，功用虽然相近但存在着明确的差异——前者可以蒸，后者只能煮。其次，一方面A型与B型甗的数量比例为4.167∶1，需要指出的是，A型甗中不存在同人所做的两件甗，B型甗中有一组9件编鬲，其形制、纹饰、铭文基本相同，如果B型甗以4件计算，则二者数量比例为12.500∶1；另一方面，B型甗与标准形制的青铜鬲数量之比为1∶15.667。这种数据反差可以说明，A型甗与B型甗不属于同一类器物，B型甗应当归属于青铜鬲类，A型甗应当独立于青铜鬲之外，为青铜甗的标准形制。

青铜甗的形制独特，目前没有发现某一器类与它的形制相近从而造成专名混用的情况。

表1-3-4 自带专名"甗"的各型、亚型青铜器数量及总比重表

型	亚型	次亚型	数量	次亚型比重	亚型比重	型比重
A	Aa	Aa①Ⅰ	26	41.935%	62.903%	80.645%
		Aa①Ⅱ	10	16.129%		
		Aa②	3	4.839%		
	Ab	AbⅠ	5	8.065%	17.742%	
		AbⅡ	6	9.677%		
B			12	19.355%	19.355%	19.355%

四、自名与器型

含带专名"甗"的青铜礼器自名有 14 种形式,各种自名形式与器物类型的对应关系见表 1-3-5。青铜甗的自名,按内容结构分为两类。

1. 甲类

此类仅含专名"甗"。此类共 6 例,使用频次不高,但存在时间较长。

2. 乙类

此类专名由"甗"加前缀词或后缀词形成自名,以前缀词多见。前缀词使用的单字有"宝""尊""飤""登""从""行""旅""用""鑐""礎""朕",关于这些字的含义,我们将专辟一章进行解释说明。

从表 1-3-5 所载数据来看,青铜甗的自名与器型不存在太强的关联性。在所有自名中,"旅甗"出现频次最高,总比为 40.230%,为出现频次居于第二位者之"宝甗"的 1.75 倍、出现频次居于第三位者之"尊甗"的 2 倍。如果在"旅甗"的基础上加上"从甗""行甗""旅甗尊"的出现频次,则其总比达到 44.828%。这说明,青铜甗常用于行旅与征伐[①],而青铜鬲恰好与之相反,很少用于行旅与征伐(参见本书"鬲的定名与自名"节)。尽管青铜甗体量比鬲庞大,在携带上不如鬲方便,但前者是甑、鬲结合体,集炊、蒸功能于一体,出行在外时,反而比鬲更为实用,故多用于行旅与征伐。

根据青铜甗的标准形制系联,可知甗极少使用其他器类的专

---

① 黄盛璋:《释旅彝——铜器中"旅彝"问题的一个全面考察》,《历史地理与考古论丛》,济南:齐鲁书社,1982 年。

名，目前仅发现1例——王人否辅甗（《铭图》3350）——使用鼎的专名，自名为"宝鼎"。

表1-3-5 含"甗"的自名与器型对应表

序号	自名形式	器物型式	器例	频次	年代跨度
1	甗	AaⅡ、鬲、无图	《铭续》0283	6	西早—春早
2	宝甗	AaⅠ、AaⅡ、AbⅡ、无图	《铭图》3364	20	西早前段—春早
3	尊甗	AbⅡ、鬲	《铭图》3300	10	西晚—春早
4	宝尊甗	AaⅠ	《铭图》3290	1	西早
5	飤甗	AaⅡ、无图	《铭续》0285	3	春早—春晚
6	登甗	AaⅡ	《铭续》0280	1	春晚
7	从甗	AbⅡ	《铭图》3354	1	春早
8	行甗	AaⅡ	《铭图》3313	2	春晚
9	旅甗	AaⅠ、AaⅡ、AbⅠ、AbⅡ、无图	《铭图》3343	35	西早前段—春晚
10	旅甗尊	AbⅡ	《铭图》3273	1	西早
11	鎣甗	AaⅡ	《铭图》3362	1	春晚
12	磃甗	AaⅡ	《铭续》0281	1	春中
13	媵甗	鬲、无图	《铭图》2909	3	西晚
14	用甗	AaⅠ	《铭图》3278	2	西中前段

第四节 簋的定名与自名

一、器型分析

据我们目前搜集到的材料，商周时期自带专名"簋"的青铜器共1035件。① 其中，器影不详者240件，仅保存器盖者74件，其余器盖与器身形制明确或器身形制明确者721件。这721件青铜器，总体数量非常可观，是我们确立"簋"这一青铜器分类名及其形制标准的基石。下面，我们按照器腹、耳部形态及方座的有无将其分为八型。

A型：敞口，收腹。根据耳的形态差异可分为三亚型。

Aa型：2件，仅见于西周中、晚期。无耳，圈足或高或矮。标本一：山西曲沃县北赵村晋侯墓地M13∶98晋姜簋（《铭图》4233），年代约为西周中期前段。口沿较外侈，束颈，折肩，矮圈足、较外撇。腹饰W形粗线纹与V形细线纹。通高（无盖）15.6厘米、口径24.2厘米。内底铸铭1行5字："晋姜作宝簋。"（图1-4-1，1）标本二：传世季姒簋（《铭图》4323），年代为西周中期前段。口沿较外侈，圈足较高，足缘外撇幅度大、形成平阶。颈部饰一周垂冠鸟纹，圈足饰两周弦纹。通高（无盖）17.5厘米、口径23.6厘米、底径15.1厘米。内底铸铭1行6字："季姒作用簋。◫。"（图1-4-1，2）

Ab型：7件，见于西周早期至西周晚期。半环兽首耳，矮圈足。标本一：1964年洛阳北窑庞家沟M37∶3所出王妊簋（《铭图》4074），年代为西周早期前段。口沿外侈，圆唇，深腹，圈足斜直外撇，耳下有钩状垂珥。颈和圈足饰鱼尾状兽面纹，腹饰由云雷纹构成的兽面纹。通高（无盖）14.5厘米、腹深12.0厘米、口径20.2厘米、圈足径13.3厘米。内底铸铭1行4字："王妊作簋。"（图1-4-1，3）标本二：妣理母簋（《铭图》4802），年代为西周晚期。窄沿、方唇，耳下有钩状垂珥，通身饰瓦棱纹。通高（无盖）14.5厘米、口径10.1寸（32.3厘米）。

---

① 专名字形残泐不辨、释读存疑、铭文真伪存疑者皆不计入，后面各钟器类自名与定名研究亦循此例。

内底铸铭2行16字:"妣瞏(理)母作南旁宝/簋,子子孙孙其永宝用。"(图1—4—1,4)

Ac型:1件,属于西周中期后段。套环小耳,高圈足。标本:河南禹县吴湾M2:1所出谏簋(《铭图》4528),年代约为西周中期后段。宽折沿,腹较浅,足缘较外撇,颈和圈足各饰一周窃曲纹。通高(无盖)16.7厘米、腹深10.4厘米、口径23.8厘米。内底铸铭2行8字:"谏作宝簋,/用日飤宾。"(图1—4—1,5)

Ad型:附耳,矮圈足。根据支足的有无可分为2个次亚型。

AdⅠ型:13件,见于西周中期。无支足。标本:陕西扶风庄白(伯)㦰墓出土㦰簋(《铭图》4226),年代约为穆王时期。附耳顶端高出口沿,颈饰长鸟纹、腹饰瓦棱纹,圈足饰两周弦纹。通高(无盖)15.5厘米、腹深12.2厘米、口径23.9厘米。内底铸铭1行5字:"白(伯)㦰作旅簋。"(图1—4—1,6)

AdⅡ型:3件,见于西周早、中期。有支足。标本一:作旅簋(《铭图》3890),附耳顶端低于口沿,腹下端伸出三根象首形长支足,通体素面,通高6寸(19.2厘米)、腹深3.9寸(12.5厘米)、口径6.5寸(20.8厘米)。内底铸铭1行3字:"作旅簋。"(图1—4—1,7)标本二:趞簋(《铭图》4419),附耳顶端超出口沿,圈足下接三根兽形短支足,颈部饰长鸟纹。通高(无盖)20.0厘米、口径21.0厘米、耳间距24.5厘米。内底铸铭2行7字:"趞作甫(父)庚/宝尊簋。"(图1—4—1,8)

Ae型:2件。腹壁斜直,兽首半环耳。标本:公仲徙簋(《铭图》4660),属于西周中期前段。直口,矮圈足、足缘下折,耳下有梯形垂珥,上腹饰顾首卷尾龙纹。通高14.0厘米、口径21.0厘米。内底铸铭2行11字:"公仲徙作公姊宝/簋,其万年用。"(图1—4—1,9)

图 1-4-1　A 型簋

1. Aa 型（晋姜簋）　2. Aa 型（季姒簋）　3. Ab 型（王妊簋）　4. Ab 型（妣理母簋）　5. Ac 型（谏簋）　6. AdⅠ型（伯戏墓出土戏簋）　7. AdⅡ型（作旅簋）　8. AdⅡ型（趞簋）　9. Ae 型（公仲徣簋）

B 型：侈口，束颈，鼓腹，矮圈足。根据腹的深浅可分二亚型。

Ba 型：深腹。根据耳部差异可分为 3 个次亚型。

Ba①型：半环耳。根据支足形态差异再分为三个次亚型。

Ⅰ型：118 件。无支足。标本一：陕西岐山贺家村 M112∶1 簋（《铭图》4106），圈形捉首盖，圈足相对较矮，足缘外撇下折，耳下有垂珥。盖、腹饰垂冠大龙纹，圈足饰双列式夔纹。通高 21.7 厘米、腹深 10.7 厘米、口径 19.1 厘米。内底铸铭 1 行 4 字："作宝用簋。"（图 1-4-2，1）标本二：陕西宝鸡茹家庄

BRM2：8伯作南宫簋（《铭图》4177），圈足相对较高，足缘下折，耳下有钩形垂珥。颈饰目雷纹，腹饰竖棱纹，圈足饰云雷纹组成的兽面纹。通高（无盖）15.1厘米、腹深9.6厘米、口径19.8厘米。（图1-4-2，2）

Ⅱ型：13件。长支足。标本：北京房山琉璃河ⅡM209：1伯簋（《铭图》4257），弧顶盖，器身圜底近平。圈足和耳下端各有两根象首形长支足，盖面和器腹均饰侧身象纹，圈足饰双列式兽目纹。高28.2厘米、口径19.8厘米。盖内和器底均铸铭2行6字："伯作乙/公尊簋。"（图1-4-2，3）

Ⅲ型：1件。圈足下接镂空支架。标本：觊簋（《铭图》5362），属于西周中期前段。鸟形耳，圈足外撇，支架为镂空环带状。颈饰夔纹，腹饰垂冠大鸟纹。通高19.5厘米、支架高6.5厘米、口径22.0厘米。内底铸铭11行110字："……觊拜稽首，敢对扬天子休，/用作朕文祖幽伯宝簋……"（图1-4-2，4）

Ba②型：3件。附耳，无支足。标本：陕西长安马王村窖藏出土10号是要簋（《铭图》4773），属于西周中期后段。圈形捉首盖，附耳顶端远高出口沿，圈足较外撇。盖和器身饰直棱纹，圈足饰弦纹。通高22.0厘米、口径21.6厘米。器底铸铭3行16字："唯十月，是要/作文考宝簋，/其子孙永宝用。"（盖内铭文内容与器底相同，行款稍异）（图1-4-2，5）

Ba③型：4件。套环小耳，短支足。标本：采隻簋（《铭图》5155），年代为西周中期。簋口，尖唇，支足接于圈足下，颈、圈足各饰一周窃曲纹。通高（无盖）13.5厘米、腹深9.5厘米、口径16.3厘米。（图1-4-2，6）

Ba④型：1件。象鼻形耳，无支足。标本：吕伯簋（《铭图》4902），属于西周早期后段。圈形捉首盖，圈足外撇，从腹底向上伸出两只象鼻耳。盖缘、颈饰鸟纹，圈足饰两周弦纹。通高

6.8寸（21.8厘米）、腹深3.9寸（12.5厘米）、口径7.2寸（23.0厘米）。盖、器同铭，各有4行19字："吕伯作毕宫/室宝尊彝/簠……"（图1－4－2，7）

Bb型：浅腹。根据耳、支足的差异分为四个次亚型。

Bb①型：半环耳。根据支足形态差异再分为2个次亚型。

Ⅰ型：6件。无支足。标本：休簠（《铭图》4421），属于西周中期前段。腹倾垂，圈足外撇，耳下有钩形垂珥，颈饰一周顾首卷尾龙纹带。通高（无盖）3寸（9.6厘米）、腹深2.8寸（9.0厘米）、口径6寸（19.2厘米）。内底铸铭2行7字："休作父/丁宝簠。■。"（图1－4－2，8）

Ⅱ型：11件。短支足。标本：陕西长安臧家庄出土宖父簠（《铭图》4645），属于西周中期前段。腹中部较鼓，耳下有垂珥，矮圈足外撇，支足接于圈足之下，颈饰窃曲纹。通高（无盖）13.7厘米、腹深9.6厘米、口径18.8厘米。内底铸铭2行12字："宖父作伯姬永宝/簠，其万年用。"（图1－4－2，9）

Bb②型：9件。附耳，短支足。标本：河南洛阳出土毳簠（《铭图》4764），属于西周中晚期之际。圈形捉首盖，箍口，腹中部较鼓，支足接于圈足之下。盖缘和器颈饰窃曲纹，盖面和器腹饰直棱纹。通高21.1厘米、口径18.7厘米、宽23.8厘米。盖、器铭文内容、行款相同，各3行16字："毳作王母媿/氏馈簠……"（图1－4－2，10）

Bb③型：4件。兽头钮耳，无支足。标本：1940年扶风任家村窖藏出土太师虘簠（《铭图》5280），属于西周中晚期之际。圈形捉首盖，腹部甚鼓出，圈足较外撇。盖、器腹饰直棱纹，颈和圈足各饰一周凸弦纹。通高20.7厘米、口径21.7厘米、宽30.2厘米。盖器同铭，各有7行70字："……虘拜稽首，敢对扬天/子丕显休，用作宝簠……"（图1－4－2，11）

图 1-4-2 B型簋

1. Ba①Ⅰ型（岐山贺家村 M112∶1 作宝用簋） 2. Ba①Ⅰ型（宝鸡茹家庄 BRM2∶8 伯作南宫簋） 3. Ba①Ⅱ型（房山琉璃河ⅡM209∶1 伯簋） 4. Ba①Ⅲ型（䚄簋） 5. Ba②型（是要簋） 6. Ba③型（采夔簋） 7. Ba④型（吕伯簋） 8. Bb①Ⅰ型（休簋） 9. Bb①Ⅱ型（㝬父簋） 10. Bb②型（毳簋） 11. Bb③型（太师虘簋）

C 型：口小底大，腹壁斜直。可分三亚型。

Ca 型：2 件。半环耳，无支足。标本：噩侯弟厉季簋（《铭图》4509），年代为西周早期后段。子口，圈足较外撇，口下饰云雷纹一周，通高（无盖）10.0 厘米、口径 14.0 厘米。内底铸铭 2 行 8 字："噩侯弟厉/季自作簋。"（图 1-4-3，1）

Cb 型：21 件。套环兽首小耳，有支足。标本：内蒙古宁城小黑石沟 M9601：1 师道簋（《铭图》5328），年代为西周晚期。圈形捉首盖，子口，耳环已失，象鼻形支足。盖缘和口下各饰一周窃曲纹，腹饰直棱纹。通高 23.0 厘米、器高 16.8 厘米、口径 20.6 厘米、底径 20.8 厘米。内底铸铭 10 行 94 字："……道拜稽首，对扬天子/丕显休命，用作朕文考宝/尊簋……"（图 1－4－3，2）

Cc 型：附耳。可再细分为 2 个次亚型。

CcⅠ型：1 件。圈足下有支足。标本：伯致簋（《铭图》4227），圈形捉首盖，兽形支足，盖缘、圈足饰凸弦纹。通高 7.7 寸（24.6 厘米）、腹深 3.5 寸（11.2 厘米）、口径 6.1 寸（19.5 厘米）。盖、器铭文相同，各 2 行 5 字："伯致作/嫚簋。"（图 1－4－3，3）

CcⅡ型：1 件。无圈足，支足接于器底。标本：季骰簋（《铭图》4595），年代约为西周中期前段。窄沿、方唇，附耳设于颈部，镂空鳞片状支足。颈饰长鸟纹，腹饰瓦棱纹。通高（无盖）20.0 厘米、口径 18.4 厘米。内底铸铭 2 行 10 字："季骰作旅簋，/唯子孙作宝。"（图 1－4－3，4）

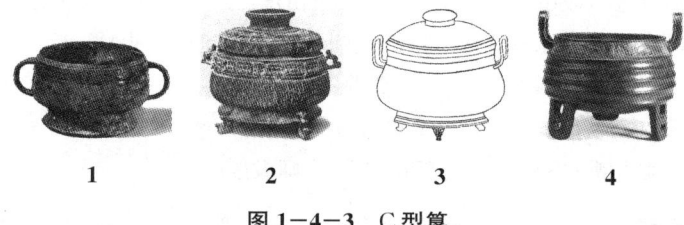

1　　　　2　　　　3　　　　4

图 1－4－3　C 型簋

1. Ca 型（噩侯弟曆季簋）　2. Cb 型（师道簋）　3. CcⅠ型（伯致簋）　4. CcⅡ型（季骰簋）

D 型：球形或瘪球形簋。

Da 型：半环耳。根据支足的差异可分为 3 个次亚型。

DaⅠ型：23 件。无支足。标本一：1980 年山西洪洞永凝堡

M9∶20 恒父簋（《铭图》4201），年代为西周早期后段。圈形捉首盖，弇口鼓腹，圈足斜直外撇。口下饰兽面纹，盖缘、圈足饰弦纹。通高 19.8 厘米、腹深 10.2 厘米、口径 18.8 厘米。器铭："恒父作/旅簋。"盖铭："作宝尊彝。"（图 1-4-4，1）标本二：山西翼城大河口 M1017∶8 霸伯簋（《铭图》5220），属于西周中期前段。圈形捉首盖，弇口，收腹，盖、器相合则为瘪球形。通体饰瓦棱纹。通高 18.0 厘米、口径 28.5 厘米。盖、器同铭，各有 51 字："……霸伯拜稽首，对扬/井叔休，用作宝簋……"（图 1-4-4，2）

DaⅡ型：275 件。短支足。标本一：1990 河南三门峡虢国墓地 M2001∶75 虢季簋（《铭图》4470），属于春秋早期。盖有折边，耳下有垂珥，兽爪形支足。盖缘、口沿饰窃曲纹，盖面、腹饰瓦棱纹，圈足饰垂鳞纹。通高 23.0 厘米、腹深 10.4 厘米、口径 19.2 厘米。盖器同铭，各 2 行 7 字："虢季作宝/簋，永用。"（图 1-4-4，3）标本二：1960 年陕西扶风县齐家村窖藏友父簋（《铭图》4646），属于西周晚期。盖无折边，弇口，瘪鼓腹，兽蹄形支足，耳上端为象首形，下端有垂珥。盖缘、口下、圈足饰窃曲纹，盖面、器腹饰瓦棱纹。通高 22.9 厘米、腹深 11.3 厘米、口径 19.4 厘米。盖内铸铭 2 行 12 字："友父作宝簋，/子子孙孙永宝用。"（图 1-4-4，4）

DaⅢ型：2 件。长支足。标本：鲢季簋（《铭图》4463），圈形捉首盖，弇口，圆腹，象首形长支足。盖沿、口下各有一周弦纹。通高 24.5 厘米、腹深 9.0 厘米、口径 14.0 厘米。盖、器同铭，各 2 行 8 字："鲢季学驲/守宫旅簋。"（图 1-4-4，5）

Db 型：套环兽首小耳。根据支足的差异分为 3 个次亚型。

DbⅠ型：14 件。无支足。标本：河南平顶山滍阳岭 M229∶2 应事簋（《铭图》4235），圈形捉首盖。子口，直颈，圈足外撇、足缘下折。盖缘、器颈饰双列式兽目纹，圈足饰云雷纹。通高 17.1 厘米、口径 14.0 厘米、腹径 20.0 厘米。盖、器同铭，各 1 行 5 字："应事作旅簋。"（图 1-4-4，6）

DbⅡ型：55 件。短支足。标本：陕西扶风县黄堆乡强家村 M1：7 馈簋（《铭图》4717），属于西周中期后段。盖无折边，弇口瘪鼓腹，兽面支足。盖缘、口下饰鸟纹，盖面、器腹饰瓦棱纹。通高 18.3 厘米、腹深 9.6 厘米、口径 18.4 厘米。盖、器同铭，各 2 行 14 字："伯几父作馈簋，/子子孙孙其永宝用。"（图 1-4-4，7）

DbⅢ型：1 件。长支足。标本：1972 年甘肃灵台县西岭 M1：3 吕姜簋（《铭图》4075），属于西周早期后段。失盖，敛口，瘪鼓腹，兽蹄形支足，腹饰瓦棱纹。通高（无盖）18.2 厘米、口径 17.7 厘米、腹径 20.1 厘米。内底铸铭 2 行 4 字："吕姜/作簋。"（图 1-4-4，8）

Dc 型：附耳。根据支足的差异分为 2 个次亚型。

Ⅰ型：1 件。无支足。标本：1980 陕西扶风县上宋乡北吕村 M148：3 闟伯簋（《铭图》4182），属于西周早期后段。失盖，子口，鼓腹，圈足较外撇。通体饰瓦棱纹。通高 13.6 厘米、腹深 10.5 厘米、口径 15.6 厘米。内底铸铭 1 行 5 字："闟伯作旅簋。"（图 1-4-4，9）

Ⅱ型：1 件。短支足。标本：1984 年陕西岐山县丁童村出土矢叔簋（《铭图》4231），属于西周中期后段。失盖，束颈、收腹，圈足外撇，象首形支足，附耳外撇。若加上盖，仍为瘪球形。颈饰长鸟纹，腹饰瓦棱纹，圈足饰三角雷纹。通高 15.5 厘米（无盖）、腹深 7.5 厘米、口径 22.3 厘米。内底铸铭文 2 行 5 字："矢叔/作旅簋。"（图 1-4-4，10）

Dd 型：1 件。贯耳，短支足。1974 年陕西岐山县蔡家坡出土中簋（《铭图》4111），属于西周早期后段。圈形捉首盖，子口，器腹圆鼓，圈足外撇，盖缘和口下各饰两周弦纹，通高

14.0厘米、腹深11.4厘米、口径15.0厘米。盖、器同铭,各2行4字:"中作/旅簋。"(图1-4-4,11)

图1-4-4 D型簋

1. DaⅠ型(恒父簋) 2. DaⅠ型(霸伯簋) 3. DaⅡ型(虢季簋)
4. DaⅡ型(友父簋) 5. DaⅢ型(鲚季簋) 6. DbⅠ型(应事簋)
7. DbⅡ型(馈簋)   8. DbⅢ型(吕姜簋) 9. DcⅠ型(阕伯簋)
10. DcⅡ型(矢叔簋) 11. Dd型(中簋)   12. E型(州簋)

E型:瓿形簋。1件。标本:陕西宝鸡县城关镇西秦村出土州簠（《铭图》4615），属于西周中期。侈口，束颈，广肩，鼓腹，矮圈足较外撇，套环兽首小耳（耳环已失），腹饰环带纹。通高（无盖）13.2厘米、口径18.2厘米。内底铸铭2行11字："州作宝旅簠，/其万年永宝用。"（图1-4-4，12）

F型：豆形簠，形制似青铜豆，但又与同时期的豆存在差异。① 较之其他各型，F型簠腹相对较浅，多为喇叭形高圈足，根据其器身形制差异，可分为三个亚型。

Fa型：3件。宽沿，无肩，收腹，圜底。标本：2006年陕西扶风县五郡村J1∶10伯瘟父簠（《铭图》4358），年代为西周晚期。口沿外缘有凸棱，足缘外撇幅度大、形成平阶。腹饰瓦棱纹，圈足饰两周弦纹。通高（无盖）14.0厘米、腹深9.0厘米、口径19.2厘米。内底铸铭2行6字："伯瘟父/作琂簠。"（图1-4-5，1）

Fb型：2件。侈口，束颈，平肩，收腹，圜底。标本：2005年陕西岐山周公庙西周墓出土伯裹簠（《铭图》4622），属于西周中期。圜底，圈足缘较外撇。上腹饰一周云雷纹，足缘饰一周斜角目纹。通高（无盖）12.8厘米、口径18.2厘米。内底铸铭3行11字："伯裹作旅/即（簠），其万年/永宝用。""即"应系簠字之误。（图1-4-5，2）

Fc型：2件。弇口，折肩，折鼓腹，圜底。标本：卫姒簠（《铭图》6121），隆顶盖，有小圈形捉首，器肩平缓，圈足中段有箍棱一周，足缘较外撇。盖缘和上腹饰重环纹，盖面饰瓦棱纹。通高17.4厘米、宽18.5厘米，盖、器同铭，各有2行6字："卫姒作/䜌㝛簠。"（图1-4-5，3）

Fd型：2件。弇口，无肩，鼓腹，圜底。标本：杞伯每刃簠（《铭图》4860），隆顶盖，有大圈形捉首，足缘较外撇。盖捉

---

① 关于豆形簠与青铜豆形态区别，详见后文"豆形簠与豆/铺的区分"。

首内饰团鸟纹,盖面、器身饰瓦棱纹。通高20.0厘米、腹深9.1厘米、口径16.6厘米。内底铸铭19字:"杞伯每刃作邾/曹囶簋,其万/年子子孙孙永宝用。"(图1-4-5,4)

Fe型:1件。侈口,束颈,微鼓腹,宽底,有耳。标本:六年琱生簋(《铭图》5341),属于西周晚期。方唇,腹较浅,鸟首大耳,垂珥已失。腹和圈足饰变形兽面纹。通高22.2厘米、口径21.9厘米。内底铸铭11行105字:"……琱生奉扬朕宗君其休,用作朕/烈祖召公尝簋……"(图1-4-5,5)

图1-4-5 F型簋

1. Fa型(伯湿父簋)   2. Fb型(伯襄簋)   3. Fc型(卫姒簋)
4. Fd型(杞伯每刃簋) 5. Fe型(六年琱生簋)

G型:方座簋。根据器身形态差异分为三型。

Ga型:束颈,浅腹内收,圈足或高或矮。根据耳部形态不同分为2个次亚型。

GaⅠ型:9件。半环耳。标本一:1981年陕西宝鸡纸坊头M1:6甗伯簋(《铭图》4294),属于西周早期前段。圈形捉首盖，折沿、方唇，四耳且带长垂珥，高圈足。盖和器腹饰圆涡纹与倒立夔纹，圈足和方座饰兽面纹。通高 38.7 厘米、腹深 12.5 厘米、口径 26.0 厘米。内底铸铭 2 行 6 字："强伯作／宝尊簋。"（图 1-4-6，1）标本二：1955 年安徽寿县西门内蔡侯申墓 10：1 蔡侯申簋（《铭图》4393），莲瓣捉首盖，矮圈足极外撇，兽首半环耳。通体饰细密蟠虺纹和重环纹。通高 36.7 厘米、口径 23.9 厘米。盖、器同铭，各有 2 行 6 字："蔡侯申／之饔簋。"（图 1-4-6，2）

GaⅡ型：1 件。爬龙耳。标本：莒侯少子簋（《铭图》5149），腹内收幅度稍大，矮圈足极外撇，龙形耳。腹与方座饰环带纹，龙身饰鳞纹。大小不详。内底铸铭 6 行 37 字："……莒侯少子析，乃孝孙……妳／作皇妣□君中妃／祭器八簋，永保用／享。"（图 1-4-6，3）

Gb 型：侈口，束颈，鼓腹或垂腹。根据耳部形态不同可分为 2 个次亚型。

GbⅠ型：60 件。半环耳。标本：1981 年陕西长安县花园村 M17：11 誃簋（《铭图》4866），口沿外有折边，鸟形半环耳，耳下有垂珥。颈部饰一周小鸟纹，腹饰垂冠大鸟纹，圈足饰斜角目纹，方座饰长卷尾鸟纹和站立小鸟纹。通高（无盖）25.5 厘米、腹深 13.5 厘米、口径 21.6 厘米、座高 10.5 厘米。内底铸铭 3 行 18 字：."……在／成周，誃作宝簋。"（图 1-4-6，4）

GbⅡ型：2 件。附耳。标本：1993 年山西曲沃县北赵晋侯墓地 M64：109 肃休簋（《铭图》5012），属于西周晚期。圈形捉首盖，鼓腹，足缘下折。盖、颈、腹、方座饰直棱纹，圈足饰凸弦纹。通盖高 37.2 厘米、口径 24.5 厘米。盖内铸铭 4 行 25 字："……肃／休作朕文考叔／氏尊簋……"（图 1-4-6，5）

Gc 型：5 件。球形腹或瘪球形腹。标本一：1929 年河南洛阳马坡出土令簋（《铭图》5352），属于西周早期后段。失盖，瘪球形腹，圈足斜直外撇，兽首半环耳。口下、方座饰鸟纹，腹饰勾连雷纹。通高（无盖）24.3厘米、口径17.0厘米。内底铸铭12行110字："……作册夨令尊俎于王姜……用作丁公宝簋……"（图1-4-6，6）标本二：卲王之諻簋（《铭图》4471），属于春秋晚期。敛口，圈足极外撇，方座有豁口。腹饰窃曲纹，方座饰蟠虺纹。通高（无盖）25.5厘米、口径22.0厘米、方座边长21.5厘米。内底铸铭2行7字："卲王之諻/之荐簋。"（图1-4-6，7）

图1-4-6 G、H型簋
1. GaⅠ型（纸坊头M1:6 彊伯簋） 2. GaⅠ型（蔡侯申簋） 3. GaⅡ型（莒侯少子簋） 4. GbⅠ型（长安花园村M7:11 誺簋） 5. GbⅡ型

(晋侯墓地 M64：109 鬻休簠） 6. Gc 型（令簠） 7. Gc 型（邵王之諻簠） 8. H 型（方簠） 9. H 型（宝鸡茹家庄 BRM2：11 彊伯簠）

H 型：4 件。方形簠。标本一：方簠（《铭图》5129），仅存盖，圈形捉手。外缘饰一周横 S 形龙纹，内侧饰直棱纹。大小不详。盖内铸铭："……方事姜氏，作宝簠，用永/皇方身，用作文母楷/妊宝簠，方其日受宔。"（图 1-4-6，8）标本二：1974 年陕西宝鸡茹家庄 BRM2：11 彊伯簠，属于西周中期前段。无盖，器身成椭方形，鼓腹，圈足下有四根支足，双牛首套连环耳，通体素面。通高 15.6 厘米、腹深 11.9 厘米、口径 20.5×21.0 厘米。内底铸铭 2 行 7 字："彊伯作旅/用鼎簠。"（图 1-4-6，9）

I 型：1 件。器形实属于本书划分的 Aa 型圆腹鼎。标本：上海博物馆藏冒鼎（《铭图》2395），属于西周中期前段。立耳，腹壁斜直下扩，三柱形腿，口下饰顾首龙纹，通高 30.8 厘米、口径 27.8 厘米。腹壁铸铭 6 行 41 字："……晋/侯令冒追于倗……受兹休，用作宝/簠，其孙子子永用。"（图 1-4-7，1）

J 型：27 件。器形实属于本书划分的青铜盨，本型虽与 H 型方形簠形制相似，但器身横截面为长方形或圆角长方形，故即使其专名为"簠"，但我们应定名为盨。标本一：1977 年山东曲阜鲁国故城望父台 M30：2 鲁伯愈盨（《铭图》5656），属于春秋早期。盖面微隆，四边有矩尺状龙形钮，中央有虎形钮，子口，鼓腹，圈足外撇、有豁口，半环形兽首耳。盖边、口下、圈足饰窃曲纹，盖面、器腹是瓦棱纹。通高 19.2 厘米、腹深 8.7 厘米、口 23.5×15.2 厘米。盖、器同铭，各 6 行 37 字："鲁伯愈用公欒，/其肇作皇孝（考）/皇母旅盨簠……"（图 1-4-7，2）标本二：传世古盨（《铭图》2453+5673)①，属于西周中期前段。盖形制不明，器身似方鼎，附耳，折沿，束颈，腹微鼓，四条兽蹄腿，腹一侧有錾，通高23.2厘米、腹深12.0厘米、口19.9×16.5厘米。器身铸铭文7行70字："……古敢对/扬天子丕显休，用作朕考/盨，古其万年……"（图1-4-7，3）

K型：4件。器形实属于本书划分的青铜豆，本型虽与F型豆形簠相似，但差异之处也较多（详后文），故即使其专名为"盨"，但我们应将其定名为豆。标本：1977山东沂水县刘家店子M1：25公豆（《铭图》6104），属于春秋中期。半球形盖，有莲瓣捉首，盖沿有四枚兽首卡扣，器为折沿，收腹，圈足上部稍细。盖饰蟠螭纹、鳞纹、三角鳞纹，器腹饰鳞纹、三角鳞纹，圈足饰镂空垂鳞纹。通盖高35.4厘米、口径24.0厘米、圈足径17.7厘米。内底铸铭1行2字："公盨。"（图1-4-7，4）

　　　1　　　　　2　　　　　3　　　　4

图1-4-7　I、J、K型"盨"

1. I型（冒鼎）　2. J型（鲁伯念盨）　3. J型（古盨）　4. K型（公豆）

---

① 古盨盖、器分离，分藏于不同的藏家，器影与器铭著录于《铭图》2453，盖铭著录于《铭图》5673，前者被《铭图》误定名为鼎，后者形制不详，其铭文内容、字形书体与前述器身基本相同，唯独盖铭少一个重文符号，说明二者可能原属同一件器物，本文将其视为一件盨。

二、"簋"字构形分析和解释

作为青铜礼器专名的"簋"字，其构形可以分为 A、B、C 三型，每一型之下又分为若干不同的亚型，代表性字形如表 1—4—1 所示。

A 型：构形中均有"皀""殳"。可再分为 4 个亚型。

Aa 型：从"皀""殳"，原篆见表 1—4—1·1—4，隶定为"毁"或"𣪘"。

Ab 型：从"皀""殳""皿"，原篆见表 1—4—1·5—6，隶定为"盨"。

Ac 型：从"皀""殳""匚"，原篆见表 1—4—1·7，隶定为"匭"。

Ad 型：从"皀""殳""口"，原篆见表 1—4—1·8，隶定为"𣪘"。

B 型：构形中均有"㿝""殳"。可再分为 3 个亚型。

Ba 型：从"㿝""殳"，原篆见表 1—4—1·9—11，隶定为"毁"。

Bb 型：从"㿝""殳""皿"，原篆见表 1—4—1·12，隶定为"盨"。

Bc 型：从"㿝""殳""宀"，原篆见表 1—4—1·13，隶定为"寲"。

C 型：构形中均有"食""殳"字。可再分为 4 个亚型。

Ca 型：从"食""殳"，原篆见表 1—4—1·14—19，字形不见于《说文》，隶定为饚。

Cb 型：从"食""殳""厂"，原篆见表 1—4—1·20—21，隶定为"厫"。"厂""广"义近相通，Cb 型即"廄"字。《说文·广部》："廄，马舍也。从广，毁声。《周礼》曰：马有二百十四匹为廐，廐有仆夫。𠨷，古文从九。"段玉裁注："从古文更，而九声也。"

Cc 型：从"食""殳""宀"，原篆见表 1-4-1·22，隶定为"𫁴"。

Cd 型：从"食""殳""饱"，原篆见表 1-4-1·23，隶定为"𩜶"。

表 1-4-1　青铜器专名"簋"字字形表

字形								
序号	1	2	3	4	5	6	7	8
字形								
序号	9	10	11	12	13	14	15	16
字形								—
序号	17	18	19	20	21	22	23	—

1. 妣庚簋（《铭图》4580）　2. 纪侯簋（《集成》3772）　3. 齐巫姜簋（《集成》3893）　4. 伯簋（《集成》3354）　5. 舟簋（《集成》3375）　6. 鳌伯簋盖（《集成》3588）　7. 曾仲𡐓簋（《铭图》5092）　8. 山仲簋（《铭图》4186）　9. 伯椃虘簋（《集成》4094）　10. 追簋（《集成》4220）　11. 曩侯簋盖（《新收》1462）　12. 蔡侯簋（《集成》3599）　13. 伯卿簋（《铭图》4187）　14. 师高簋（《集成》10565）　15. 师㝬簋（《集成》4324.1）　16. 鲁伯大父簋（《集成》3974）　17. 鲁大宰原父簋（《集成》3987）　18. 秦公簋（《新收》1343）　19. 公豆（《集成》4654）　20. 录䚄（《集成》4358.1）　21. 昭王之諆簋（《集成》3634）

22. 引簋（《铭图》5299）　23. 晨簋（《集成》3367）

Aa 型：1—4　Ab 型：5—6　Ac 型：7　Ad 型：8　Ba 型：9—11　Bb 型：12

Bc 型：13　Ca 型：14—19　Cb 型：20—21　Cc 型：22　Cd 型：23

上述"簋"字构形的 11 个亚型出现频次、流行年代如表 1-4-2 所示。其中，仅有 Ba 型、Ca 型见于字书。Ba 型，即"毁"字。《说文·殳部》："毁，揉屈也。从殳、皀。皀，古叀字，廄字从此。"《说文》对"毁"字的本义阐释与作为青铜礼器之名的"毁"不合，前者词义当别有所本。Ca 型，与唐宋字书所载之"䭦"字无别。唐慧琳《一切经音义》卷七十六："飣䭦，下《考声》：'亦食于器也。'经从豆作䭦，俗字也。"《集韵·薛韵》："䭦，陈饮食也。"《集韵·候韵》："䭦，飣也。或从殳。"作为两周青铜礼器之名的"䭦"字，是否即唐宋字书所载"䭦"字的直接来源，未敢遽断。

表 1-4-2　各型"簋"字出现频次及年代表

型别	频次	比重	年代	型别	频次	比重	年代
Aa	858	85.972%	殷四—春早	Bc	1	0.100%	西早
Ab	3	0.301%	西早、西中	Ca	79	7.916%	西早—战早
Ac	3	0.301%	春晚	Cb	6	0.601%	西晚、春晚
Ad	1	0.100%	西早	Cc	2	0.200%	西中
Ba	36	3.607%	西早—春中	Cd	1	0.100%	西早
Bb	8	0.802%	春晚	—	—	—	—

从表 1-4-2 所列数据来看，Aa 型字使用频次总比重超过 85%，占有绝对优势。在使用时间方面，Aa 型出现于殷墟文化四期，是各亚型中出现年代最早的，其直接继承了相应的甲骨文

"簋"字构形,使用时间跨度也较长。Ba 型字,最早出现于西周早期,也可能直接继承了甲骨文相应的"簋"字构形。与金文相似,甲骨文中 Ba 型"簋"字使用频次远低于 Aa 型,出现时间也相对晚于 Aa 型。① 除了 Aa、Ba 型外,其余各亚型都不见于甲骨文,有的出现时间明显偏晚。要之,无论甲骨文还是金文"簋"字,Aa 型应当是其正字,其余各亚型皆是在其基础上演变而成的。A 型与 B 型"簋"字之间,Aa 型与 Ba 型联系最为密切,如上海博物馆藏叔多父簋(《铭图》5000),盖铭"簋"字属于 Aa 型,器铭"簋"字属于 Ba 型。又如山东省博物馆颂簋(《铭图》5392)等"簋"字属于 Aa 型,堪萨斯纳尔逊美术陈列馆颂簋(《铭图》5390)等"簋"字属于 Ba 型。因此,Aa 型与 Ba 型字毫无疑问属于同字之异构。《说文》有 Ba 型而无 Aa 型字形,大概因为 Ba 型使用年代下限晚于 Aa 型,故最后幸得保存。然因二者作为青铜礼器专名的消失时间距离东汉年代已久,故《说文》作者许慎也不知其本义。

Ca 型字的使用频次位居第三,与 Aa、Ba 型也属于同字异构的关系。首先,在各亚型或次亚型青铜簋中,Ba①Ⅰ、Ba①Ⅱ、Ba③、DaⅡ、DbⅡ、Fd、GbⅠ型簋的专名字形皆有 Aa、Ca 型,其中,Ba①Ⅰ、DaⅡ、GbⅠ簋的专名字形皆有 Aa、Ba、Ca 型(参见表 1-4-3)。其次,《说文》"簋"字的小篆字形从"皀",古文字形从"食",在"簋"字的不同构形中,作为义符的"皀""食"可以通用。同理,除了 Cd 型外,其他各亚型与 Aa、Ba、Ca 型也应当是同字异构的关系,具体来说,其他各亚型各自相应地是后三者(即 Aa、Ba、Ca 型)的繁构。

---

① 徐中舒:《甲骨文字典》,成都:四川辞书出版社,2003 年,第 325、485~486 页;刘钊:《新甲骨文编》(增订本),福州:福建人民出版社,2014 年,第 187 页。甲骨文 Aa 型"簋"字出现于一期卜辞,Ba 型出现于三期卜辞。

Cd 型可能是假借字。金文有从"殷"、从"饱"或"饱"省之字，郭沫若先生释为"匋"，谓从"饱"或"饱"省与从"勹"同意，同象腹形。①《说文·勹部》："匋，饱也。从勹，殷声。民祭，祝曰：厭匋。"Cd 型从"朕"，与从"殷"同意，故其应当为"匋"之别构，用作青铜器名则应读作"簋"。

表 1-4-3 器型与"簋"字类型对应表

器物类型	专名			器物类型	专名		
	类型	频次	比重		类型	频次	比重
Aa	Aa	2	100.000%	DbⅠ	Aa	14	100.000%
Ab	Aa	7	100.000%	DbⅡ	Aa	51	94.444%
Ac	Aa	1	100.000%		Ca	3	5.556%
AdⅠ	Aa	13	100.000%	DbⅢ	Aa	1	100.000%
AdⅡ	Aa	3	100.000%	DcⅠ	Aa	1	100.000%
Ae	Aa	2	100.000%	DcⅡ	Aa	1	100.000%
Ba①Ⅰ	Aa	103	89.565%	Dd	Aa	1	100.000%
	Ab	1	0.870%	E	Aa	1	100.000%
	Ba	4	3.478%	Fa	Aa	3	100.000%
	Ca	7	6.087%	Fb	Aa	1	100.000%
Ba①Ⅱ	Aa	9	75.000%	Fc	Ca	2	100.000%
	Ca	2	16.667%	Fd	Aa	1	50.000%
	Cd	1	8.333%		Ca	1	50.000%
Ba①Ⅲ	Aa	1	100.000%	Fe	Aa	1	100.000%

---

① 郭沫若：《金文丛考》(《郭沫若全集·考古编》第 5 卷)，北京：人民出版社，1954 年，第 381 页。

续表

器物类型	专名			器物类型	专名		
	类型	频次	比重		类型	频次	比重
Ba②	Aa	3	100.000%	GaⅠ	Aa	1	11.111%
Ba③	Aa	2	50.000%		Bb	8	88.889%
	Ca	2	50.000%	GaⅡ	Ca	1	100.000%
Ba④	Aa	1	100.000%	GbⅠ	Aa	50	84.746%
Bb①Ⅰ	Aa	6	100.000%		Ac	3	5.085%
Bb①Ⅱ	Aa	11	100.000%		Ad	1	1.695%
Bb②	Aa	9	100.000%		Ba	2	3.390%
Bb③	Aa	4	100.000%		Ca	3	5.085%
Ca	Aa	2	100.000%	GbⅡ	Aa	2	100.000%
Cb	Aa	21	100.000%	Gc	Aa	2	40.000%
CcⅠ	Aa	1	100.000%		Ab	1	20.000%
CcⅡ	Aa	1	100.000%		Cb	2	40.000%
DaⅠ	Aa	21	95.455%	H	Aa	4	100.000%
	Ca	1	4.545%	I（鼎）	Aa	1	100.000%
DaⅡ	Aa	225	83.030%	J（盨）	Aa	21	77.778%
	Ba	15	5.540%		Ca	2	7.407%
	Ca	30	11.070%		Cb	4	14.815%
	Aa/Ba	1	0.370%	K（豆）	Ca	4	100.000%
DaⅢ	Aa	2	100.000%	—	—		

注：有1件D型簋，器残，专名属于Ca型，未列入表内。本表"专名"栏下的"比重"是指在一个不再细分的亚型或次亚型的器物类型单位内，某亚型专名字形出现频次在这个亚型或次亚型器形中所使用的专名总频次中的比重。若专名字形因泐损而无法进一步分型或区分亚型者则不计算频次和比重。同一件器物，若盖、器专名字形属同一亚型，频次按1次计算；若盖、器专名字形属于不同亚型，则用"某/某"表示，并独立计算频次和比重。

簠为何物？《说文·竹部》："簠，黍稷方器也。从竹、皿、夃。𠤳，古文簠从匚、食、九。𠤳，古文簠从匚、轨。杬，亦古文簠。"《周礼·地官·舍人》郑玄注："方曰簠，圆曰簋，盛黍稷稻粱器。"《周礼·秋官·掌客》郑玄注："簠，稻粱器也。""簋，黍稷器也。"在功用上，许慎、郑玄皆以簠为盛纳黍稷之器；在形制上，许氏认为簠是方器，但郑氏认为簠是圆器。关于许慎、郑玄二人在簠形制上的分歧，段玉裁注谓"师传各异也"。可见，到了东汉时期，很多人已不知道商周青铜簠的形制。从有自名的青铜簠来看，绝大部分簠是圆形器，仅有 4 件为方形器（见后文表 1-4-4 "H" 型数量），且均属于西周中期。许慎未见商周青铜簠实物，故以簠为方器。

宋代至清乾嘉时期，学者几乎都将 Aa、Ba、Ca 型字形释为典籍中的器物名——敦。清代学者钱坫首次从字形上辨识出"䀇"为"簠"字而非"敦"字。钱坫在清嘉庆元年所著《十六长乐堂古器款识考》卷二《周平仲簠》条下指出："《说文解字》簠从竹、从皿、从夃，此所写之𠤳即夃字，夃读如香。古之簠或以竹或以瓦作，故竹、皿并用。此则改竹、皿而从攴。若敦字，从攴、从𦎧，𦎧从羊、从亯，笔迹不能相近，是不得释为敦字之明证也。"① 清末，黄绍箕从声韵上进一步论证"䀇""䀇""䀇"等为"簠"字。黄氏在《说䀇》一文中指出："䀇读如九，马廏字从之得声，簠古读亦如九。《说文》簠古文作匦、杬，《仪礼》簠古文作轨，皆从九，《诗》'陈馈八簋'与舅、咎韵是其确证，此声之合也。""敦从𦎧声，从敵乃隶省，非声。陈侯午及因资镈

----

① 钱坫：《十六长乐堂古器款识考》，上海：开明书店，1933 年。所谓"夃"读如"香"者，《说文·夃部》："夃，谷之馨香也，象嘉谷在裹中之形，匕所以扱之。或说夃，一粒也。凡夃之属皆从夃，又读若香。"

从金、聟声是敦之正字,与毁声绝远,此声之不合也。"① 民国时期,容庚先生据考古出土之鼎、簋组合与金文鼎、毁每每同见的情况进一步论证"毁"为"簋"字②,遂成不易之论。

《说文》"簋"的小篆字形与 Ab、Bb 型的构形相近,小篆字形的来源或即此,而省"殳"增"竹",乃受到竹制之簋的影响。"簋"字古文——"𣪕"与 Ac 型字的构形相近,后者很可能是前者的字形来源。"𣪕"字已经形声化,"九"乃声符。总之,前文所言青铜礼器专名字形之 Aa、Ba、Ca 型等都应当是典籍中的"簋"字。

三、类别名的确立与判别标准

如本节开首所述,自带专名"簋"的商周青铜器共 1035 件,为所有青铜礼器专名之最,是知商周青铜礼器中确实存在"簋"这种器类。与鼎类似,凡自带专名"簋"的青铜礼器未必皆可定名为簋,故我们需要确定上文所划分的各型自带专名"簋"的青铜器中哪些型才是真正的青铜簋,哪些型只是其他器类借用了簋的专名。虽然以前有学者已经触及这一问题③,但都没有经过系统的类型学分析和定量分析,青铜簋的标准形制并未落实,判断有哪些其他器类借用了簋的专名情况属于经验性质,故该问题值得进一步分析和探讨。

---

① 黄绍箕:《说毁》,王懿荣辑《翠墨园语》,扬州:广陵书社,2004 年。
② 容庚:《商周彝器通考》,上海:上海人民出版社,2008 年,第 250~253 页。
③ 陈剑:《青铜器自名代称、连称研究》,载《中国文字研究》,南宁:广西教育出版社,1999 年,第 347~348 页。张懋镕:《关于青铜器定名的几点思考——从伯湄父簋的定名谈起》,《文博》2008 年第 5 期;又载入氏著《古文字与青铜器论集》(第三辑),北京:科学出版社,2010 年。

（一）器型与专名使用频次的关系

我们将前文各型、亚型或及次亚型自带专名"簋"的青铜器数量及其总比重数据汇入表1-4-4，型比重即代表使用专名"簋"的频次。

表1-4-4 自带专名"簋"的各型、亚型青铜器数量及总比重表

型	亚型	数量	亚型比重	型比重	型	亚型	数量	亚型比重	型比重
A	Aa	2	0.278%	3.889%	D	DbⅠ	14	1.944%	13.333%
	Ab	7	0.972%			DbⅡ	55	7.639%	
	Ac	1	0.139%			DbⅢ	1	0.139%	
	AdⅠ	13	1.806%			DcⅠ	1	0.139%	
	AdⅡ	3	0.417%			DcⅡ	1	0.139%	
	Ae	2	0.278%			Dd	1	0.139%	
B	Ba①Ⅰ	118	16.389%	23.611%	E		1	0.139%	0.139%
	Ba①Ⅱ	13	1.806%		F	Fa	3	0.417%	1.389%
	Ba①Ⅲ	1	0.139%			Fb	2	0.278%	
	Ba②	3	0.417%			Fc	2	0.278%	
	Ba③	4	0.556%			Fd	2	0.278%	
	Ba④	1	0.139%			Fe	1	0.139%	
	Bb①Ⅰ	6	0.833%		G	GaⅠ	9	1.250%	10.694%
	Bb①Ⅱ	11	1.528%			GaⅡ	1	0.139%	
	Bb②	9	1.250%			GbⅠ	60	8.333%	
	Bb③	4	0.556%			GbⅡ	2	0.278%	

续表

型	亚型	数量	亚型比重	型比重	型	亚型	数量	亚型比重	型比重
C	Ca	2	0.278%	3.472%	G	Gc	5	0.694%	
	Cb	21	2.917%		H		4	0.556%	0.556%
	CcⅠ	1	0.139%		I（鼎）		1	0.139%	0.139%
	CcⅡ	1	0.139%		J（盨）		27	3.750%	3.750%
D	DaⅠ	23	3.194%		K（豆）		4	0.556%	0.556%
	DaⅡ	275	38.194%	—					
	DaⅢ	2	0.278%						

注：自带专名"簋"的青铜器共1035件，其中器影不详者240件，仅保存盖者74件，盖与器或器身形制明确者721件。后面这721件器物中，有1件D型残簋未能进一步划分亚型，故各型或亚型器物数量的总比重计算以720件为总数基准。

从表1-4-4数据不难看出，各型数量总比重可以分为三个梯次：第一梯次，总比重超过10%，包括B、D、G型；第二梯次，总比重在3.4%～4%之间，包括A、C、J型；第三梯次，总比重低于1.5%，包括E、F、H、I、K型。前述各型中，如果一个型所代表的该类青铜礼器在整个商周青铜器中使用的专名仅有"簋"，那么这个型无疑是青铜簋的标准形制。如此，前述B、C、D、E、G、H型都是青铜簋的标准形制。其中，E型比重过低，考虑古代能够保存下来的器物有限，E型的原本所属器类之名可能存在两种情况：其一，E型原本就是青铜簋；其二，E型原本为其他器类，只是借用了簋的专名，原本器类名由于目前发现材料有限而暂不可知。从考古学研究的逻辑来看，器物定名不必参考第二种假设，又E型青铜礼器与Bb③型的形制相近，也可以旁证E型也是青铜簋的标准形制。传世陈侯午簋（《铭图》5141），器形属于前文划分的GaⅡ型，关于此器专名，容庚《宝蕴楼彝器图录》、郭沫若《两周金文辞大系》、张亚初《殷周金文集成引得》、吴镇烽《商周青铜器铭文暨图像集成》、"中研院"史语所《殷周金文暨青铜器资料库》等皆以为是敦,唯徐中舒《陈侯四器考释》一文认为是簠。① 但正如徐中舒先生所指出的那样,陈侯午簠整篇铭文的上部残泐不清,故无论专名释"簠"还是"敦",均系依靠他器铭文推测,并无直接证据。因此,我们不能认为GaⅡ型簠也使用了"敦"这一专名。

青铜簠其他各型,专名的使用情况相对复杂,定名时需要慎重对待,我们将在下文逐一分析。

(二)簠与盂的区分

A型之中,Aa型与AdⅠ型各自所代表的该类青铜礼器除了使用专名"簠"外,还使用专名"盂",具体表现为:Aa型"簠"的形制与Ac型盂(见"盂的自名与定名")相似,AdⅠ型簠的形制与Aa和Ab型盂相似。因此,本节Aa型与AdⅠ型专名为"簠"的青铜礼器该如何定名,后文Aa、Ab、Ac型专名为"盂"的青铜礼器又该怎样定名,这就涉及簠与盂的形制区分问题。

就形制演变而言,簠与盂本为同源器;就功用而言,簠为盛食器,盂主要用作盛水器,但有时也兼用为盛食器。② 因此,青铜簠与盂在形制上长期相互影响。如前文所述,簠与盂之间器形联系最紧密的就是Aa、AdⅠ型簠与A型盂,但若将这几型礼器都定名为簠或盂,显然都不妥当(详后文)。我们认为,区分二者虽然存在难度,但仍然可以区分,有规律可循。

首先,我们在后面的章节中将A型盂根据其体量的大小和附耳的有无,将其分为三个亚型:Aa型,特大型盂,有附耳;

---

① 徐中舒:《陈侯四器考释》,载《徐中舒历史论文选辑》,北京:中华书局,1998年,第406~407页。

② 青铜盂用作盛食器,可以从自名上得到证实,详见"盂的定名与自名"节。

Ab型，中型盂，有附耳；Ac型，小型盂，无耳。Aa型盂体量大，任何一件A型簋在体量上都与之悬殊，故体量达到Aa型盂这类形制的青铜礼器一望即知必须定名为盂。Ab型盂的形制、体量均与AdⅠ型簋接近，但在体量方面仍明显地大于Ad型簋。（大小对比见表1－4－5）要之，AdⅠ型簋是青铜簋的标准形制之一，Aa型与Ab型盂都是青铜盂的标准形制，然二者的标准形制之中皆含有体量限制。

表1－4－5　Aa、AdⅠ型"簋"与A型"盂"体量对比表

单位：厘米

器名	类型	年代	器高	口径	腹深	铭文位置/字数/自名	参考文献
晋姜簋	Aa	约昭王	15.6	24.2	—	底/5/宝簋	《铭图》4233
季姒簋	Aa	西中	17.5	23.6	—	底/6/用簋	《铭图》4323
伯梡簋	AdⅠ	西中	—	—	—	底/27/宝簋	《铭图》5078
仲师父簋	AdⅠ	西中	—	—	—	底/6/旅簋	《铭图》4362
仲簋	AdⅠ	西中	15.8	21.5	—	底/4/宝簋	《铭图》4127
叔簋	AdⅠ	西中	15.5	—	—	底/4/宝簋	《铭图》4128
伯白父簋	AdⅠ	西中	13.2	22.3	9.9	底/16/宝簋	《铭图》4778
旂伯簋甲	AdⅠ	西早后段	14.5	23.0	11.8	?/37/尊宝簋	《铭图》5147
旂伯簋乙	AdⅠ	西早后段	14.5	22.8	11.2	底/37/尊宝簋	《铭图》5148
斲簋	AdⅠ	穆王	13.7	21.0	—	底/73/宝簋	《铭图》5295
伯𢧵簋	AdⅠ	西中前段	15.5	23.9	12.2	底/5/旅簋	《铭图》4226
伯簋	AdⅠ	西中	15.1	21.2	11.5	底/4/旅簋	《铭图》4124
典簋	AdⅠ	西中	20.1	21.4	—	?/26/宝簋	《铭续》422
命簋	AdⅠ	西中	24.1	21.6	—	?/28/宝彝……簋𩚜	《铭图》5082
滋簋	AdⅠ	西中	24.5	23.0	—	14字/盂簋	《铭图》4697

续表

器名	类型	年代	器高	口径	腹深	铭文位置/字数/自名	参考文献
燕侯盂	Ac	西早后段	18.0	—	—	盖、器/5/旅盂	《铭图》6207
燕侯盂	Ac	西早后段	18.6	—	—	盖、器/5/旅盂	《铭图》6208①
伯盂	Aa	西早后段	39.5	57.6	39.6	底/16/宝尊盂	《铭图》6222
遹盂	Aa	西中	42.0	55.5	—	底/49/尊盂	《铭图》6228
霸伯盂	Aa	西中	34.2	39.5	—	壁/117/宝盂	《铭图》6229
天盂	Aa	西晚	43.2	56.4	33.6	底/12/宝盂	《铭图》6218
永盂	Aa	西中	46	58.0	37.0	底123/尊盂	《铭图》6230
齐侯盂	Aa	春晚	43.5	75.0	—	壁/26/宝盂	《铭图》6225
寝小室盂	Ab	殷二	27.0	40.2	21.7	底/4/盂	《铭图》6205
燕侯盂	Ab	西早	24.5	33.8	—	底/5/馈盂	《铭图》6209
父丁盂	Ab	西中	29.0	42.0	23.0	底/15/宝盂	《铭图》6219
伯盂	Ab	西早	28.7	42.8	—	底/4/宝盂	《铭图》6206

注：本表器高一般指口沿至圈足底所在平面的垂直距离；个别簋、盂附耳稍微超出口沿，超出长度或包含在内，但对数据分析影响不大；典簋、命簋高度含盖在内，实际器高似不超过18.0厘米。

据表1-4-5，AdⅠ型"簋"中除滋簋体量较大外，其余器高不超过18.0厘米，口径不超过23.9厘米，腹深13.0厘米左右。Aa型与Ab型盂，器高不低于24.5厘米，口径不低于33.8厘米，其中燕侯馈盂（《铭图》6209）腹部最浅，据器影观察，在20.0厘米左右；不难看出，簋的体量偏小，盂的体量偏大，二者差别明显，但在器高与口径、腹深与口径的比例上，AdⅠ

---

① 器影参见：Jessica Rawson, *Western Zhou ritual bronzes from the Arthur M. Sackler collections*, Distributed by Harvard University Press, 1990, P462Fig60.1.

型簠与 Aa 型和 Ab 型"盂"之间并无显著差异。要之，体量的绝对大小是区分青铜簠与盂的重要参考指标。对于区分没有自名的 AdⅠ型簠与 Ab 型盂，我们认为体量大小标准应当允许有限度地浮动而且还要考虑特例的存在。本书以表 1-4-5 所列作为标准形制的 AdⅠ型簠与 Ab 型盂体量大小为基准，拟定出一般情况下二者的体量区分标准（见表 1-4-6），其具体情况如下：

a. 簠——器高小于 18.0 厘米，往上可以浮动 1.0~2.0 厘米；口径小于 24.0 厘米，往上可以浮动 1.0~3.0 厘米。

b. 盂——器高大于 24.0 厘米，往下可以浮动 1.0~2.0 厘米；口径大于 33.0 厘米，往下可以浮动 1.0~5.0 厘米，无上限。

表 1-4-6　AdⅠ型"簠"与形制相似的青铜盂的体量区分标准（拟定）

单位：厘米

器类	年代	器高	拟定器高标准	口径	拟定口标准
簠	西周	18.0<	18.0(+2.0)<	24.0<	24.0(+3.0)<
盂	商晚—西周	>24.0	>24.0(-2.0)	>33.0	>33.0(-5.0)

Ac 型盂只有 2 件，即传世燕侯盂（《铭图》6207、6208），与 Aa 型簠不存在体量上明显偏大或偏小的差异。以传世燕侯盂为代表的这类形制及体量大小的青铜礼器，学界或定名为盂[①]，

[①] 林巳奈夫：《殷周青铜器综览一》（上册第二编），第 23~25、210~211 页，东京：吉川弘文馆，1984 年；Robert W. Bagley, *Shang ritual bronzes in the Arthur M. Sackler collections*, Distributed by Harvard University Press, 1987; Jessica Rawson, *Western Zhou ritual bronzes from the Arthur M. Sackler collections*, Distributed by Harvard University Press, 1990.

或定名为簋①，莫衷一是。② 若将它们（包含燕侯盂）都定名为盂，则会跟考古出土的大量青铜礼器组合所揭示的内涵不合，即很多这样的青铜"盂"与鼎形成配套组合，与文献记载的鼎、簋组合恰好相反。若将它们（包含燕侯盂）都定名为簋，则燕侯盂的专名为什么是"盂"③，有的"簋"为什么与盘等水器形成组合，这也无法得到较圆满的解释。鉴于 Aa 型簋与 Ac 型盂数量都比较少，二者之间应当建立什么样的区分标准，抑或它们究竟是否属于两种不同的器类，我们目前确实还没有找到相对清楚的线索。这里提出一个权宜的区分办法，即对于出土属于 Aa 型簋（Ac 型盂）形制的青铜礼器，如果存在自名，则据其自名进行定名；如果无自名，则据其组合形式、纹饰进行定名。

所谓根据组合形式定名，即如果跟鼎构成组合，则定名为簋；如果跟水器如盘、壶等构成组合，则定名为盂。所谓根据纹饰进行定名，即以标准形制的青铜簋、盂之纹饰内容为基础，分析出二者之间的纹饰差异，再以这种差异作为判别无自名青铜簋、盂的参考指标。

据笔者统计和分析，Aa 型和 AdⅠ型簋与 A 型（包含 Aa、Ab、Ac 型）盂之间，在主纹内容上存在一定差异，详见表 1-4-7。其中，仅见于簋的主纹有长鸟纹、瓦楞纹、弦纹、三角折

---

① 马承源：《中国青铜器》（修订本），上海：上海古籍出版社，2003 年，第 113、119 页；朱凤瀚：《中国青铜器综论》（上），上海：上海古籍出版社，2009 年，第 124～135、307～311 页。

② 关于这类形制及其体量大小的青铜礼器的定名，吴镇烽先生提出遵从最初公布该器所采用的定名原则，即若最初定名为簋，则称之为簋，若最初定名为盂，则称之为盂（参见吴镇烽：《〈异好簋铭文小考〉补正》，复旦大学出土文献与古文字研究中心网站，http：//www. gwz. fudan. edu. cn/SrcShow. asp？Src_ID=2691）。吴镇烽先生的提法显然有违青铜礼器定名的一般原则，但也反映出这类青铜礼器定名之困难。

③ 燕侯盂属于西周早期，Aa 型簋属于西周中期，故燕侯盂这种器形在西周早期的专名除了"盂"之外没有其他专名存在。

线纹；仅见于盂的主纹有垂叶纹、窃曲纹、夔纹（夔鸟纹和长鼻夔纹）、垂冠大龙纹、兽面纹、变形兽面纹、环带纹、斜角目纹；簋、盂共有的主纹是变形鸟纹、长龙纹（弓形与横S形）。其中，兽面纹、变形兽面纹、垂冠大龙纹、夔纹（夔鸟纹和长鼻夔纹）、窃曲纹、环带纹、瓦楞纹、斜角目纹、三角折线纹、弦纹似可作为判别青铜簋、盂的纹饰标准，不过它们出现频次较低，不具代表性，待资料积累成熟时再论。另外，兽面纹、夔纹虽只见于盂，但其中明显含有时代变化因素在内①，故不宜作为判别青铜盂的纹饰标准。

长鸟纹为AdⅠ型簋所独有，可作为判别青铜簋的纹饰标准；垂叶纹为Aa、Ab、Ac型盂所共有，可作为判别青铜盂的纹饰标准。从数量而论，AdⅠ型簋中有6件以鸟纹为主纹，数量总比重为50%；Aa、Ab、Ac型盂中饰有垂叶纹者在各自所在型中的数量总比重分别为33.33%（2件，另有一件上部残，故未计入）、25.00%（1件）、100.00%（2件）。不难看出，长鸟纹、垂叶纹分别在青铜簋、盂中比较流行。要之，我们拟定判别形制类似Aa型簋（Ac型盂）的青铜礼器类别的纹饰标准如下：a. 装饰鸟纹者可定名为簋；b. 装饰垂叶纹者定名为盂。当然，装饰其他主纹的仍应参考体量大小进行区分。

表1-4-7　Aa型和AdⅠ型簋、A型盂主纹对比表

纹饰类别	长鸟纹	变形鸟纹	垂叶纹	夔纹	长鼻夔纹	垂冠大龙纹	长龙纹	兽面纹	变形兽面纹	窃曲纹	环带纹	瓦楞纹	斜角目纹	三角折线纹	弦纹
Aa型簋		√												√	
AdⅠ型簋	√	√					√					√			√

---

① 即装饰兽面纹、夔纹的A型盂年代不晚于西周早期，与之相对的是，Aa型和AdⅠ型簋年代上限为西周早期后段。

续表

纹饰类别	长鸟纹	变形鸟纹	垂叶纹	夔鸟纹	长鼻大龙纹	垂冠长龙纹	兽面纹	变形兽面纹	窃曲纹	环带纹	瓦楞纹	斜角目纹	三角折线纹	弦纹
Aa型盂			√			√	√	√	√					
Ab型盂		√	√	√	√							√		
Ac型盂			√			√								

（三）簋与豆/铺的区分

青铜簋与豆不存在派生关系，即青铜豆不是在簋的基础上派生而来的，反之亦然。不过，簋与豆都属于食器，故两者在长期发展过程中，形制相互影响，并出现部分青铜礼器形制介于二者之间，但又使用专名"簋"的情况，即前文划分的F型簋。F型簋形制虽然与青铜豆相似，但由于二者礼制功用存在区别①，所以它们在形制、体量甚至纹饰上都存在一些差异，前者显然不属于使用了"簋"这一专名的青铜豆。根据形制特征，我们可以将F型簋称之为豆形簋。所谓青铜簋与豆的区分，实质就是豆形簋与豆的区分，关于这个问题，张懋镕先生、张翀先生都曾做了详细探讨②，我们拟在其基础上略作补充。其总的区分标准如下：

A. 豆形簋一般口沿较宽，器腹内收，部分有束颈、肩；青铜豆有敞口者，也有敛口者，但无束颈豆，敛口者皆无口沿。

B. 豆形簋高度相对较矮，青铜豆的高度相对较高。不带盖的豆形簋，通高一般低于16.0厘米，唯独六年琱生簋体型高大，

---

① 张翀：《中国古代青铜器整理与研究·青铜豆卷》，北京：科学出版社，2015年，第82页。

② 张懋镕：《关于青铜器定名的几点思考——从伯湄父簋的定名谈起》，《文博》2008年第5期；又载入氏著《古文字与青铜器论集》（第三辑），北京：科学出版社，2010年。张翀：《中国古代青铜器整理与研究·青铜豆卷》，北京：科学出版社，2015年。

通高 22.2 厘米。不带盖的青铜豆，通高一般在 17.0 厘米以上，尤其到了春秋时期，通高一般在 20.0 厘米以上。

C. 豆形簠口径相对较大，青铜豆的口径相对较小。敞口或侈口豆形簠的口径皆在 18.0 厘米以上，敛口或弇口豆形簠的口径不低于 16.0 厘米；青铜豆的口径一般都小于 15.0 厘米。

D. 豆形簠器腹明显较深，青铜豆的器腹明显较浅。豆形簠的腹深一般在 7.0 厘米以上；青铜豆的腹深多在 4.0~5.0 厘米，个别超过 6.0 厘米，即使东周时期在豆的腹部普遍加深的情况下，几乎也没有超过 7.0 厘米的。

E. 豆形簠装饰的瓦棱纹、顾首龙纹不见于同时期的青铜豆，青铜豆装饰的大圆涡纹不见于同时期的豆形簠。

F. 豆形簠流行时间不长，主要流行于西周中、晚期；青铜豆则从商代晚期一直使用到战国时期。

青铜铺与豆是两种形制较为接近的器类，有学者干脆认为青铜铺是豆的一种[1]，所以谈到豆形簠与豆的区分，就不得不谈到豆形簠与铺的区分。[2] 豆形簠与青铜铺之间的区分难度低于青铜铺与青铜豆的区分难度。青铜铺皆为敞口，斜直收腹，大平底，尤其是口径明显较大，一般在 22.0 厘米以上，腹部又明显较浅，一望即知。这种形制和体量大小特征是豆形簠所不具备的。[3]

（四）簠与盨的区分

青铜盨是簠的派生器物[4]，前者除了使用本身的专名"盨"外，也少量使用专名"簠"。青铜盨的横截面为长方形或圆角长

---

[1] 张翀：《中国古代青铜器整理与研究·青铜豆卷》，北京：科学出版社，2015年。按：该文"乙类豆"即青铜铺。

[2] F 型簠中，Fc 型簠的形制实际与青铜铺相对接近。

[3] 豆形簠的口径一般在 22.0 厘米以下，豆形簠与青铜铺之间最显著的区别在于器腹的深浅。

[4] 张懋镕：《两周青铜盨研究》，《考古学报》2003 年第 1 期。

方形，形制与前文划分的 H 型 "簠"——方簠比较接近，簠与
盨的区分，实际上就是方簠与盨的区分。由于带自名的方簠数量
极少，目前只能从形制上去考察方簠与盨之间的差异。方簠盖、
器横截面四边长度相等或非常接近。以宝鸡茹家庄 BRM2:11 強
伯簠（《铭图》4450）为例，器口长、宽分别为 21.0 厘米、20.5
厘米，宽与长之比约为 0.976，这是目前所见最低的比值。青铜
盨器口宽、长之比普遍较小，据我们统计，最大值不超过 0.82。
以上海博物馆藏伯大师盨（《铭图》5573）为例，器口长宽之
比约为 0.817，这是目前所见的最高比值。另外，比值较高的还
有伯大师盨（《铭图》5572）、录盨（《铭图》5527）等，分别
为 0.809、0.803。其中，录盨自名 "盨簠"，包含了两个联系密
切的专名。参考其器口长、宽比例，应当定名为盨，自名中的
"盨" 可能起着限定、说明的作用，"簠" 已不再是最小的分类单
位。此外，方簠盖只有圈形捉首，捉首较小，也为方形或椭方
形。盨盖一般设矩尺形盖钮，少量设圈形捉首，为较大的圆角长
方形。

在专名为 "盨" 的器物中，有三件达盨盖板（《铭图》5661—
5663），原为青铜与漆木构件组合器，复原后的器形属于 Ad 型
簠。在专名为 "盨" 的器物中，圆形器极为罕见，三件达盨应定
名为达簠，它们只是使用了派生器类的专名。

(五) I、J、J 型 "簠" 的定名问题

I、J、J 型簠，其出现频次总比重不但比较低（分别为
0.139%、3.750%、0.556%），而且它们各自所代表的那一类形
制的器物所使用的专名不仅有 "簠"，还有别的专名，这是与其
他各型簠最大的不同。

属于 I 型的青铜礼器，专名为 "簠" 的仅 1 件，使用 "鼎"
的有 185 件，两者之比为 0.0054:1，因此，我们认为所谓的
I 型 "簠" 实际就是使用 "簠" 这一专名的青铜鼎。

属于 J 型的青铜礼器，专名使用"簠"的有 27 件，使用"盨"的有 163 件，两者之比为 0.166：1，另外，两者在形制、体量、纹饰都存在高度的一致性，不似 Aa 型、AdⅠ型簠（可统称为盂形簠）与青铜盂，豆形簠与青铜豆/铺，方簠与青铜盨之间那样，存在一些区分规律。所以，我们从数据上可以推定，所谓 J 型"簠"实际就是使用了"簠"这一专名的青铜盨。

属于 K 型的青铜礼器，专名使用"簠"的有 4 件，且为一组同人之器①；使用"豆"的有 4 件，其中两件为同人之器。二者之间在数量上虽然相差不大，但 J 型不能定名为簠，原因有二：其一，与 K 型簠形制相似的还有青铜铺，后者由青铜豆派生，其中带专名"铺"者有 25 件，数量较多；其二，K 型青铜礼器最初使用的专名是"豆"，最迟出现于西周晚期②，到了春秋早期才使用专名"簠"。

四、自名与器型

含带专名"簠"的青铜礼器之自名形式约有 56 种，各种自名形式与器物类型的对应关系见表 1-4-8。

---

① 参见山东省文物考古研究所、沂水县文物管理站：《山东沂水刘家店子春秋墓发掘简报》，《文物》1984 年第 9 期。按：1977 年山东沂水县刘家店子 M1 出土 7 件"公簠"豆，其中仅 4 件豆的铭文资料得到公布，故本文暂计为 4 件。

② 周生豆（《铭图》6141、6142）属于西周晚期；大师虘豆（《铭图》6158）属于西周中期后段，器影暂不详。

表1-4-8 含专名"簋"的青铜礼器自名与器型对应表

序号	自名	器物类型	器例	频次	年代跨度
1	簋	Ab、AdⅠ、Ba①Ⅰ、Ba①Ⅱ、Ca、DaⅠ、DaⅡ、DbⅠ、DbⅡ、DbⅢ、GaⅡ、GbⅠ、豆、盨	《铭图》4580	94	殷四—战早
2	䊷簋	F	《铭图》4358	2	西晚
3	宝𫂁簋	GbⅠ	《铭图》5376	2	西中后段
4	宝簋	Aa、Ab、Ac、AdⅠ、Ae、Ba①Ⅰ、Ba①Ⅱ、Ba①Ⅲ、Ba②、Bb①Ⅰ、Bb①Ⅱ、Bb②、Bb③、Cb、DaⅠ、DaⅡ、DbⅠ、DbⅡ、F、GbⅠ、Gc、H、鼎、盨	《铭图》4466	380	西早—春早
5	保簋	DaⅠ、GbⅠ	《铭图》5307	5	西中—春早
6	宝簋彝	Ba①Ⅰ、DbⅡ（1件无图）	《铭图》4209	3	西早后段—西中
7	宝饙簋	青铜盨	《铭图》5503	2	西晚
8	宝皇簋	仅有盖	《铭图》5206	1	西中前段
9	宝旅簋	DaⅠ、E	《铭图》4615	2	西中
10	宝鷹簋	Ba①Ⅰ（1件仅有盖）	《铭图》5115	2	西中—西晚
11	宝朕簋	Cb（1件无图）	《铭续》0372	3	西中—西晚
12	宝用尊簋	GbⅠ	《铭图》4258	2	西早前段
13	宝尊簋	AdⅡ、Ba①Ⅰ、Bb①Ⅱ、Cb、DaⅠ、DaⅡ、DbⅡ、GaⅠ、GbⅠ	《铭图》4086	69	西早—西晚
14	宝尊旅簋	无图	《铭图》4603	1	西中
15	宝尊彝簋	Ba①Ⅰ、Ba④	《铭图》5121	3	西中
16	尝簋	F	《铭图》5341	1	西晚
17	廚簋	Bb②	《铭图》4302	2	西中晚之际
18	从簋	Ba①Ⅰ、DaⅡ	《铭图》4350	8	西早、春早

续表

序号	自名	器物类型	器例	频次	年代跨度
19	从簋/旅簋	DbⅡ	《铭图》4447	1	西中前段
20	大宝簋	无图	《铭续》0445	1	春早
21	登宝簋	无图	《铭图》4346	1	西晚
22	鼎簋	Ba①Ⅰ	《铭图》4451	1	西中
23	饙簋	Ba①Ⅰ、Ba①Ⅱ、Bb2、DaⅡ、DbⅡ、GbⅠ	《铭图》4838	28	西早—春早
24	鬲（䰣）簋	GaⅠ、DaⅡ（1件无图）	《铭图》4393	12	春早、春晚
25	盉簋	GbⅠ	《铭图》5051	4	西中后段
26	行簋	DaⅡ	《铭续》0375	1	春中
27	䀈簋	F	《铭图》4860	1	春早
28	荐簋	GbⅠ、Gc	《铭图》4471	5	春晚
29	旅簋	Ab、AdⅠ、AdⅡ、Ba①Ⅰ、Ba①Ⅱ、Ba②、Bb①Ⅰ、Bb①Ⅱ、Bb②、Ca、Cb、CcⅡ、DaⅠ、DaⅡ、DaⅢ、DbⅠ、DbⅡ、DcⅠ、DcⅡ、Dd、F、GbⅠ、Gc、H、盨	《铭图》3892	66	西早—春早
30	旅宝簋	DaⅠ	《铭图》4736	2	西中
31	旅用鼎簋	H	《铭图》4449	2	西中前段
32	皿尊簋	Ba①Ⅱ	《铭图》4107	1	西早后段
33	膳簋	DaⅡ	《铭图》4963	1	西晚
34	蕭簋	DaⅡ、GbⅠ	《铭图》5325	5	西晚
35	蕭彝宝簋	GbⅠ	《铭图》5372	1	厉王
36	蕭彝尊簋	无图	《铭图》5119	1	西晚
37	少媵簋	无图	《铭图》4493	1	西早
38	甀簋	仅有盖	《铭图》4374	1	西中

续表

序号	自名	器物类型	器例	频次	年代跨度
39	飤簋	DbⅠ（1件无图）	《铭图》4975	3	西中、春早
40	媵簋	CcⅠ	《铭图》4227	1	西中
41	彝簋（皀）	Ba①Ⅰ	《铭图》4238	1	西早
42	媵簋	DaⅡ、DbⅡ	《铭图》5057	22	西中—春早
43	媵尊簋	仅有盖	《铭图》4939	1	西晚
44	尊媵簋	无图	《铭图》5105	1	春晚
45	饔□簋	无图	《铭图》4668	1	西晚
46	用簋	Aa、Ab、Ba①Ⅰ、DaⅡ	《铭图》4106	8	西早—春早
47	甞簋	Ba①Ⅰ	《铭图》4626	1	西早
48	盂簋	AdⅠ、DaⅡ	《铭图》4596	2	西中—西晚
49	叀簋	无图	《铭图》4367	1	西晚
50	宗尊簋	Ba①Ⅰ	《铭续》0406	1	西中
51	尊宝簋	AdⅠ、Ba①Ⅰ	《铭图》4868	4	西中
52	尊簋	Ba①Ⅰ、Ba①Ⅱ、Ba③、Bb①Ⅱ、Cb、DaⅠ、DaⅡ、DbⅠ、DbⅡ、GbⅠ、GbⅡ	《铭图》4257	241	殷四—春早
53	尊諆簋	仅有盖	《铭图》4990	1	春早
54	饎𥁓簋	Fc	《铭图》6121	2	西晚
55	盨簋	青铜盨	《铭图》5524	5	西晚
56	旅盨簋	青铜盨（1件无图）	《铭图》5656	3	西晚—春早
57	馈盨簋	青铜盨	《铭图》5640	2	春早

注："彝皀"1例，即"彝簋"；"尊皀"1例，并入"尊簋"；宝尊皀 1例，并入"尊簋"。

表1-4-8所列57种含"簋"的青铜礼器的自名形式中，有4种确定为其他器类（盨、豆）的自名①，如果计入器形不明的自名，青铜簋最多只有54种含带专名"簋"的自名。今按其内容、结构，将其分为两类。

1. 甲类

仅含专名"簋"，有94例。"簋"这种自名的使用频次仅次于"宝簋""尊簋"，但其出现时间是最早的②，使用时间也最长。

2. 乙类

专名"簋"加上前缀词或后缀词形成自名。其中，绝大部分为"前缀+簋"的形式，仅有一种为"前缀+簋+后缀"。③ 前缀或后缀使用的字有"宝""保""尊""彝""鼒""宗""旅""从""行""媵""雩""饎""厥""敓""更""盂""匡""旹""膡""饗""饋""囹""圂""甄""飤""膳""登""尝""荐""鬲（鬻）""埶""饙""𠭯""鼎""鼒""皿""大""少""皇""用"，关于这些字的含义，我们将专辟一章进行解释说明。需要指出的是，有几个字不直接通过修饰"簋"而组成自名，它们是"登""大""少""皿"，由于其出现频次低，我们暂不清楚造成这种现象的原因是什么。有几个字显然为其他器类的专名，即"鼎（鼒）""盂"。其中，"鼎簋"这种自名可能表示与这件簋一同铸造的还有鼎，它们原属于同一组合。簋与盂，文献记载及考古发现都未显示这两类礼器可构成配套组合，"盂簋"自名中的"盂"

---

① 青铜盨、豆皆使用"簋"这一自名。

② "簋"最早出现于殷墟文化四期，如安阳殷墟铁西路M4：3 ⿱彐簋（《铭图》4580）；"尊簋"出现最早的例子见于小子𪓐簋（《铭图》4865），器形不详，年代约为殷墟文化四期。

③ 即"宝簋彝"，仅出现3次，年代为西周早中期。

可能不表示器物名，陈梦家先生训"盂"为"大"①，表示形体较大的簠，可备一说。

从表1—4—8中的数据来看，青铜簠的自名与器型普遍不存在太强的关联性，个别呈现出一些特殊性，如琎簠、尝簠、圀簠仅用于F型簠（豆形簠），该现象目前还无法解释清楚。

五、别名及其自名

经过前文分析，能够作为判别青铜簠的形制、体量、纹饰标准的是含专名"簠"的A、B、C、D、E、F、G、H型青铜容器。由此，我们可以系联一批使用其他专名的青铜簠。这些专名分为两类：其一，使用频次非常少，使用它们的器形不出A、B、C、D、E、F、G、H型之外，即各自不能单独构成当时的一种通用的器类名，表1—4—9所列的宝豆、车登、登用飤𩰤属于此类；其二，使用频次较高，使用它们的器形绝大部分在A、B、C、D、E、F、G、H型簠之外，各自可单独构成一种通用的器类名，表1—4—9之旅盨即属于此类。第一类专名可能是簠的方言，第二类专名，其指代的那一类器物与青铜簠在形制或功用上存在比较密切的关系。

---

① 陈梦家：《西周铜器断代（二）》，《考古学报》（第十册），北京：科学出版社，1955年，第101页。

表1-4-9　青铜簋使用的其他专名与自名表

自名形式	形制	器例	频次	年代跨度
宝𣪊	Ba①Ⅰ	《铭图》4039	1	西中前段
车登	无图	《铭图》4203	1	西早
登用飤𩛥	仅有盖	《铭图》4589	1	西中
㱃	无图	《铭图》4869	2	西中
旅盨	Ad	《铭图》5561—5563	3	西后

第五节　盨的定名与自名

一、器型分析

据我们目前搜集的材料，两周时期自带专名"盨"的青铜礼器共167件。其中，器形不详者41件，仅有盖者10件，其余盖、器形制明确或器身形制明确者116件。后面这116件器物，总体数量可观，是我们确立"盨"这一青铜器分类名及其形制标准的基础。我们根据圈足形制的不同，将它们分为两型。

A型：圈足无豁口。根据耳的形态差异可分为两亚型。

Aa型：半环耳。根据支足的有无，可再分为2个次亚型。

Ⅰ型：5件。圈足下无支足。标本：伯太师鳌盨（《铭图》5572；《夏商周》402.1），属于西周晚期。镂孔矩尺钮盖，子口，鼓腹，圈足较外撇。盖缘、口下各饰一周重环纹，盖面和器腹饰瓦棱纹，圈足饰弦纹。通高18.8厘米、口19.5×24.1厘米。盖、器同铭，各有2行13字："伯大师鳌作旅盨，/其万年永宝用。"（图1-5-1，1）

Ⅱ型：9件。圈足下有支足。标本一：1964年陕西长安张家坡 M1:1 叔剌父盨（《铭图》5657），属于西周晚期。矩尺形盖钮，子口，鼓腹，圈足外撇，兽首支足。盖缘、口下、圈足各饰一周重环纹。通高 19.7 厘米、口 14.5×11.8 厘米。盖、器同铭，各有 39 字："……叔剌父作郑/季宝钟六、金尊/盨四、鼎十……"（图1-5-1，2）标本二：晋侯对盨（《铭图》5647），属于西周晚期。盖钮和四足均为绶带璧形，子口，鼓腹，圈足外撇。盖缘饰横 S 形龙纹，盖面和器身饰瓦棱纹。通高 17.5 厘米、口 13.6×21.3 厘米。盖、器同铭，各 6 行 30 字："……晋侯对/作宝尊汲盨，/其用田狩……"（图1-5-1，3）

图 1-5-1　A 型盨

1. AaⅠ型（伯太师鳌盨）　2. AaⅡ型（叔剌父盨）　3. AaⅡ型（晋侯对盨）　4. AbⅠ型（应伯盨）　5. AbⅡ型（师趛盨）

Ab 型：附耳。根据支足的有无，可再分为两个次亚型。

Ⅰ型：1件。圈足下无支足。标本：1986年河南平顶山滍阳岭 M95 出土应伯盨（《铭图》5538），属于西周晚期。矩尺形盖钮，垂腹，圈足外撇，附耳与口沿有短梗相连，通体饰瓦棱纹。大小暂不详。内底铸铭 1 行 5 字："应伯作旅盨。"（图1-5-1，

4)

Ⅱ型：2件。圈足下有支足。标本：师趛盨（《铭图》5622），属于西周中期。夔龙钮盖，鼓腹，圈足外撇，支足粗短。盖缘、口下、圈足各有一周重环纹，腹饰瓦棱纹。通高19.3厘米、口22.5×15.5厘米。盖、器同铭，行款不同，器铭作："……师趛作楷姬/旅盨，子子孙其/万年永宝用。"（图1-5-1,5）

B型：圈足有豁口。根据耳的形态差异，可分为两个亚型。

Ba型：半环耳。根据支足的有无再分为两个次亚型。

Ⅰ式：55件。圈足下无支足。标本一：1976年陕西扶风云塘一号窖藏H1:1伯多父盨（《铭图》5541），属于西周晚期。矩尺钮盖，鼓腹，圈足外撇、足缘下折。盖缘、口下、圈足饰窃曲纹，盖面和器腹饰瓦棱纹。通高21.6厘米、腹深10.3厘米、口25.0×16.9厘米。盖、器同铭，各2行10字："伯多父作旅/盨，其永宝用。"（图1-5-2,1）标本二：伯太师盨（《铭图》5561），属于西周晚期。圈形捉首盖，鼓腹，足缘下折。盖缘、口下饰窃曲纹，盖面和器腹饰瓦棱纹。通高20.0厘米、腹深10.0厘米、口15.3×23.5厘米。盖、器同铭，各有3行12字："伯大师作/旅盨，其万/年永宝用。"（图1-5-2,2）

Ⅱ式：5件。圈足下有支足。标本：洛阳邙山南坡出土郑登伯盨（《铭图》5569），属于西周晚期。三级阶梯状钮盖，垂鼓腹，圈足外撇，兽形支足。盖钮饰鸟纹，盖缘、口下、圈足饰窃曲纹，盖面、器腹饰瓦棱纹。通高20.0厘米、通长37.8厘米、宽16.4厘米。盖、器同铭，各有3行13字："郑登伯作/宝盨，子子孙孙/永宝用。"（图1-5-2,3）

Bb型：附耳。根据支足的有无，可再分为两个次亚型。

Ⅰ式：20件。圈足下无支足。标本一：陕西岐山京当乡凤雏村78QFH:4伯冟父盨（《铭图》5636），属于西周晚期。矩尺形钮盖，垂鼓腹，圈足较外撇、足缘下折，通体饰瓦棱纹。通高 16.4 厘米、腹深 8.7 厘米、口 22.0×15.1 厘米。盖、器同铭，各有 4 行 27 字，行款略异，盖铭："……伯冤父作/宝盨，子子孙孙永用。"（图 1-5-2，4）标本二：1973 陕西扶风五郡村西周窖藏出土仲彤盨（《铭图》5555），属于西周晚期。云朵形钮盖，鼓腹，圈足外撇、足缘下折，附耳与口沿有短梗相连。盖缘、口下、圈足各饰一周重环纹，盖面和器腹饰瓦棱纹，通高 20.8 厘米、腹深 10.0 厘米、口 15.3×23.3 厘米。盖、器同铭，各有 2 行 12 字："仲彤作旅盨，/子子孙孙永宝用。"（图 1-5-2，5）

Ⅱ式：5 件。圈足下有支足。标本：1940 年陕西扶风任家村窖藏出土翏生盨（《铭图》5667），属于西周晚期。矩尺形钮盖，鼓腹，圈足外撇、足缘下折，竖折宽支足，通体饰瓦棱纹。通高 21.0、腹深 7.9 厘米、口 21.8×16.6 厘米。盖、器同铭，各有 6 行 50 字，行款略异："王征南淮夷……翏生从……俘戎器、俘金，用作旅盨……"（图 1-5-2，6）

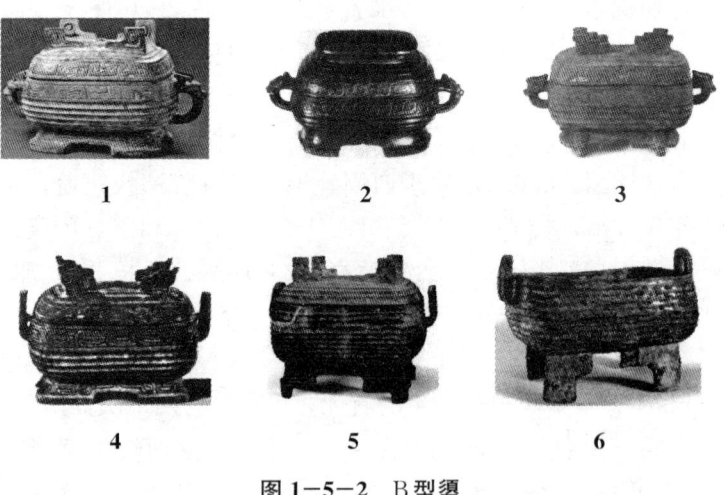

图 1-5-2　B 型盨

1. BaⅠ型(伯多父簋)　2. BaⅠ型(伯太师簋)　3. BaⅡ型(郑登伯簋)　4. BbⅠ型(伯冩父簋)　5. BbⅠ型(仲彤簋)　6. BbⅡ型(翏生簋)

C型：2件。矩尺形足，由豁口圈足夸张演变而成。标本：伯吕父簋(《铭图》5635)，属于西周晚期。敛口，垂鼓腹，附耳，器身饰瓦棱纹。通高(无盖)17.5厘米、口14.5×21.9厘米。内底铸铭5行27字："……伯吕父作/旅簋，其子子孙孙/万年永宝用。"(图1-5-3，1)

D型：9件。无圈足，腿成长条状，附耳。标本一：晋侯对簋(《铭图》5630)，属于西周晚期。璧形钮盖，弇口，鼓腹，底微圜凸，人形腿。盖缘、口下饰重环纹，盖面、器腹饰瓦棱纹。通高22.2厘米、口26.7×20.0厘米。盖、器同铭，各有3行24字："……晋/侯对作宝尊簋，其/万年子子孙孙永宝用。"(图1-5-3，2)标本二：遟簋(《铭图》5627)，属于西周晚期。矩尺形盖钮，弇口，鼓腹，细长兽蹄腿。盖缘、口下饰重环纹，盖面、器腹饰瓦棱纹。通高32.7、口32.7×23.1厘米。盖、器同铭，各有4行27字，行款略异，盖铭："遟作姜渭簋，用/享孝于姑公……"(图1-5-3，3)

1　　　　　　　2　　　　　　　3

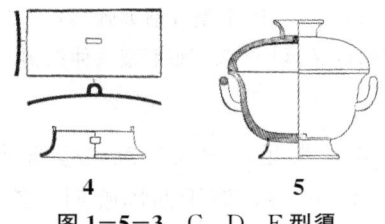

图1-5-3 C、D、E型盨

1. C型（伯吕父盨） 2. D型（晋侯对盨） 3. D型（遅盨） 4. E型（达盨） 5. 伯敢鼒䑖盨（《铭图》5613）

E型：3件。漆木与青铜构件组合，复原后的形制与盂形簋相同。标本：1984年陕西长安张家坡 M152：36 达盨（《铭图》5661）①，带盖，原本有无附耳不详，通高16.7厘米、腹深7.6厘米、口径16.8厘米。盖内铜板铸铭5行40字："……达拜稽首，/对扬王休，用作旅盨。"（图1-5-3，4）

二、"盨"字构形分析和解释

作为青铜礼器专名的"盨"字，其构形可分为以下九型，代表性字形见1-5-1。

A型：即"须"字，原篆见表1-5-1·1。

B型：从"须""皿"，原篆见表1-5-1·2-4，即"盨"字。从"皿"者，乃言其类。

C型：从"须""金"，原篆见表1-5-1·5-7，隶定为"䤴"。从"金"者，乃言其质。

D型：从"须""皿""金"，原篆见表1-5-1·8，隶定为"鑐"。

---

① 中国社会科学院考古研究所：《张家坡西周墓地》，北京：中国大百科全书出版社，1999年，第310~312页。张长寿、张孝光：《西周时期的铜漆木器具——1983—1986年沣西发掘资料之六》，《考古》1992年第6期。

E 型：从"须""木"，原篆见表 1—5—1·9，隶定为"槇"。从"木"者，亦言其质，如达盨的一部分结构为漆木材质。

F 型：从"须""升"，原篆见表 1—5—1·10，隶定为"䫆"。盨为粢盛器，使用时需用升、斗之类器物从中挹取食物，从"升"者，乃会意。

G 型：从"须""升""皿"，原篆见表 1—5—1·11，隶定为"𥃲"。

H 型：从"须""米"，原篆见表 1—5—1·12，隶定为"頪"。从"米"者，乃言其用，即用于盛纳黍、稷、稻、粱类之物，表明其为粢盛器。

I 型：从"须""米""皿"，原篆见表 1—5—1·13—14，隶定为"𥂶"。

表 1—5—1　青铜器专名"盨"字形表

字形							
序号	1	2	3	4	5	6	7
字形							
序号	8	9	10	11	12	13	14

1. 晋侯对盨盖（《铭图》5647）　2. 伯公父盨盖（《铭图》5551）
3. 兮伯吉父盨盖（《铭图》5615）　4. 笱伯大父盨（《铭图》5606）
5. 弭叔盨（《铭图》5549）　6. 仲彤盨（《铭图》5555）　7. 攸䚄盨（《铭图》5502）　8. 矢腾盨（《铭图》5514）　9. 郑井叔康盨（《铭图》5592）　10. 伯大师𪓟盨（《铭图》5572）　11. 师克盨盖（《铭图》5682）　12. 录盨（《铭图》5668）　13. 杜伯盨（《铭图》5644）　14. 叔專父盨（《铭图》5658）

A型：1　B型：2—4　C型：5—7　D型：8　E型：9　F型：10　G型：11　H型：12　I型：13—14

上述"盨"字九型的出现频次、流行年代见表1—5—2。其中，仅有A型、B型见于字书。A型即"须"字，《说文》："须，颐下毛也，从页、彡。"段玉裁注："彡者，毛饰画之文。"此字用作器物名，系假借字，通"盨"。B型即"盨"字，为《说文》"盨"字小篆构形之直接来源。从表1—5—2可知，A型出现时间最早，说明青铜盨产生之初，人们没有及时为它的名称造一个专用字，故暂时借用跟它的器名读音相同或相近的"须"字表示其名称，后来在"须"的基础上添加一个意符"皿"（即B型），遂成为该器类名的正字。

表1—5—2　各型"盨"字出现频次及年代表

型别	频次	比重	年代	型别	频次	比重	年代
A	39	23.353%	西中前段—春早	F	7	4.192%	西晚—春早
B	72	43.114%	西中后段—春早	G	3	1.796%	西晚
C	15	8.982%	西中后段—西晚	H	11	6.587%	西中后段—春初
D	2	1.198%	西中后段—西晚	I	16	9.581%	西晚—春早
E	2	1.198%	西晚	—	—	—	—

注："盨"字具体构形不清楚者不计入。

C—I型应当都是"盨"的异体字。为何这样说？首先，B型出现时间较早，流行时间较长，出现频次、比重较大，故我们在前文认为它是青铜盨器类名的正字。其次，从字的偏旁结构来看，C—I型的本义并不表示青铜盨以外的其他事物，故都不再是假借字。再次，C—I型的出现时间较晚，它们之所以与"盨"偏旁构件不同，是由秦统一文字之前古人用字不追求偏旁构件的严格稳定这一习惯所造成的。在时人看来，字的偏旁构件只要达意即可。第四，使用 A—I 型"盨"字的各器型之间存在逻辑上的关联性。如表 1—5—3 所示，没有哪一型"盨"字专用于青铜盨的某一型或亚型，也即"盨"字的任何一型都同时使用于青铜盨的好几个亚型或型，这样也就排除了 C—I 型不是"盨"而是其他字的可能。

表 1—5—3　器型与"盨"字类型对应表

器物类型	专名			器物类型	专名		
	类型	频次	比重		类型	频次	比重
AaⅠ	A	3	60.000%	BaⅡ	A	2	40.000%
	F	2	40.000%		B	2	40.000%
AaⅡ	A	4	44.444%		C	1	20.000%
	H	1	11.111%	BbⅠ	A	3	15.000%
	I	4	44.444%		B	8	40.000%
AbⅠ	A	1	100.000%		C	4	20.000%
AbⅡ	A	1	50.000%		E	1	5.000%
	C	1	50.000%		F	4	20.000%
BaⅠ	A	14	26.923%	BbⅡ	B	4	100.000%
	A/B	3	5.769%	C	B	1	50.000%
	B	16	30.769%		H	1	50.000%
	C	5	9.615%	D	A	1	11.111%
	D	1	1.923%		B	4	44.444%
	H	4	7.692%		D	1	11.111%
	I	9	17.308%		H	3	33.333%
E（簋）	B	3	100.000%				

注：本表"专名"栏下的"比重"是指在一个不再细分的亚型或次亚型的器物类型单位内，某亚型专名字形出现频次在这个亚型或次亚型器形

中所使用的专名总频次中的比重。若专名字形因泐损而无法进一步分型或区分亚型者则不计算频次和比重。同一件器物，若盖、器专名字形属同一亚型，频次按1次计算；若盖、器专名字形属于不同亚型，则用"某/某"表示，并独立计算频次和比重。

作为器物名的"盨"，指的是什么呢？《说文·皿部》："盨，槱盨，负戴器也。从皿，须声。"段玉裁注："负戴器者，谓借以负戴物之器。"盨字不见于先秦典籍，《说文》对盨的具体功用含糊其词，言"负戴器"，显然与两周青铜盨的形制不合。① "盨"字虽然源自西周，但至迟在汉代就已另指他物。自宋代以来，青铜盨虽屡屡见录于金石著作，但人们长期将其专名释为"簋"，直到民国早期，容庚先生才将这类器的专名考订为"盨"。② 关于盨的用途，三礼文献未载，张懋镕先生通过考证认为，盨与簋的功用接近③，其铭文也自述用盛稻、粱，看来也属于粢盛器一类。

三、类别名的确立与判别标准

如本节开首所述，自带专名"盨"的两周青铜器共167件，这一数量虽远不及自带专名"簋"的礼器，但仍足以证明两周青铜礼器中确实存在"盨"这一器类。与簋相似，凡自带专名"盨"的青铜礼器未必皆可定名为盨。因此，我们必须确定前文各型自带专名"盨"的青铜器中哪些型才是真正的青铜盨，哪些型是借用了"盨"这一专名的其他器类。

---

① 青铜盨横截面为长方形，有圈足（或带支足）、柱足，使用时宜置于平地或平案上，显然不适合负戴于人头顶上的。
② 容庚：《殷周礼乐器考略》，《燕京学报》1927年第1期。
③ 张懋镕：《两周青铜盨研究》，《考古学报》2003年第1期；又载入氏著《古文字与青铜器论集》（第二辑），北京：科学出版社，2006年。

表 1-5-4　自带专名"盨"的各型、亚型青铜器数量及总比重表

型	亚型	数量	亚型比重	型比重	型	亚型	数量	亚型比重	型比重
A	AaⅠ	5	4.310%	14.655%	B	BaⅠ	55	47.414%	73.276%
A	AaⅡ	9	7.759%	14.655%	B	BaⅡ	5	4.310%	73.276%
A	AbⅠ	1	0.862%	14.655%	B	BbⅠ	20	17.241%	73.276%
A	AbⅡ	2	1.724%	14.655%	B	BbⅡ	5	4.310%	73.276%
C		2	1.724%	1.724%	E		3	2.586%	2.586%
D		9	7.759%	7.759%			—		

如表 1-5-4，在 116 件形制明确的盨中，各型数量总比重可分三个梯次：第一梯次，总比重超过 14.0%，包括 A、B 型；第二梯次，总比重在 7.0%～8.0% 之间，仅有 D 型；第三梯次，总比重低于 2.6%，包括 C、E 型。其中，A、B、D 型总比重相对较高，其定名为盨自无疑问。C 型的总比重最低，而且另有 2 件形制与之相似者以"簠"为专名①，故 C 型定名为"簠"似乎亦无不妥。其实不然，C 型器腹横截面为长方形，与青铜簠的标准形制不同，后者横截面以圆形为主，另有少量的方形或椭方形（参见"簠的自名与定名"一节相关内容的分析）。相比之下，C 型形制更接近 A、B、D 型"盨"，故 C 型也应定名为盨。E 型，原本由青铜板与漆木组合而成，张长寿先生等在对它们进行复原研究后认为，原器横截面为圆形，应当是圈足簋（笔者按：具体指盂形簋）②，我们表示赞同。另外，E 型"盨"与 Ac 型"盂"形制相似，为什么不能定名为盂呢？因为青铜盨是簋的派生物，青铜礼器自名中有"盨簋"这样的连名，却无"盨盂"或"盂

---

① 即北京保利艺术博物馆藏两件伯敢舁豚盨（《铭图》5613、5614）。
② 张长寿、张孝光：《西周时期的铜漆木器具——1983—1986 年沣西发掘资料之六》，《考古》1992 年第 6 期。

盨"之类的连名。因此，E 型"盨"应定名为簋，而不应定名为盂。要之，青铜盨的标准形制即表 1-5-4 中的 A、B、C、D 型。

青铜盨从产生到消亡，即从西周中期前段到春秋早期，整个历程并不算长，其形制受到其他器类的影响较小，总的来说比较单纯。因此，判别无自名的青铜盨显然比簋更容易，我们只要注意盨与方簋的区别即可。关于青铜盨与方簋的形制差异，我们在"簋的自名与定名"一节已有分析，兹不赘述。

四、自名与器型

含带专名"盨"的青铜礼器自名约有 16 种形式，各种自名形式与器物类型的对应关系见表 1-5-5。其中，仅有 1 种为其他器类（簋）的自名，即"旅盨"，但这一自名也使用于青铜盨，故青铜盨的自名总共仍有 16 种。下面我们具体来分析这 16 种自名特征。

表 1-5-5 含"盨"的自名与器型对应表

序号	自名形式	形制	器例	频次	年代跨度
1	盨	AaⅡ、BaⅠ、BaⅡ、BbⅠ、D、盨盖	《铭图》5679	10	西中后段—西晚
2	宝盨	AbⅡ、BaⅠ、BaⅡ、BbⅠ、BbⅡ、CaⅠ、D	《铭图》5508	32	西中后段—春早
3	宝旅盨	D	《铭图》5514	1	西晚
4	宝尊彶盨	AaⅡ	《铭图》5647	4	西晚
5	宝尊盨	BaⅠ、D	《铭图》5630	3	西中前段—西晚
6	饎盨	D	《铭图》5547	1	西晚

续表

序号	自名形式	形制	器例	频次	年代跨度
7	饎盨簋	BaⅠ	《铭图》5640	2	春早
8	行盨	BaⅠ、无图	《铭图》5590	2	西晚—春早
9	金尊盨	AaⅡ	《铭图》5657	4	西晚
10	旅盨	AaⅠ、AbⅠ、AbⅡ、BaⅠ、BaⅡ、BbⅠ、BbⅡ、Ca、D、盂形簋	《铭图》5520	93	西中—春早
11	旅盨簋	BaⅠ、无图	《铭图》5656	3	西晚—春早
12	旅尊盨	盨盖	《铭图》5615	1	西晚
13	琦盨	无图	《铭图》5591	1	西晚
14	飤盨	无图	《铭图》5554	1	春秋
15	征盨	BbⅠ	《铭图》5631	4	春早
16	盨簋	BaⅠ、盨盖	《铭图》5524	5	西晚

表 1-5-5 中的 16 种青铜盨自名，按内容结构可以分为甲、乙两类。

1. 甲类

此类仅含专名"盨"，有 10 例。"盨"这种自名的使用频次仅次于"旅盨""宝盨"，其出现于西周中期后段，西周晚期以后不再使用，存在时间较短。

2. 乙类

此类由专名"盨"加上前缀词或后缀词形成自名。其中，大部分为"前缀＋盨"的形式，仅有 2 种为"前缀＋盨＋后缀"的自名①，有 1 种为"盨＋后缀"的自名。②

---

① 即"饎盨簋""旅盨簋"，分别出现 2 次和 3 次，出现时间都比较晚，不早于西周晚期。

② 即"盨簋"，出现 5 次，时间为西周晚期。

乙类前缀词或后缀词使用的单字有"宝""尊""旅""行""征""金""彶""饙""飤""琂""簋",关于这些字的含义,我们将专辟一章进行解释说明。需要指出的是,"金"字不直接通过修饰"簋"从而组合成自名。"簋"字本为青铜簋的专名,"盨簋"这种自名可能表明,在青铜盨产生之初,人们一度将其视为簋的同类器物,但它们显然与普通的簋有别,故在"簋"前添上专名"盨"从而加以限制。与"鼎簋""盘匜""盘盉"有别,"盨簋"并不表示所指代的相关盨与簋为同批铸造的组合器物。

从表1-5-5中的数据来看,青铜盨的自名与器型也普遍不存在太强的关联性。全部自名中,"旅盨"出现频次总比为55.689%,如果加上"行盨""旅盨簋""旅尊盨""征盨"等,总数达到103件,总比重为61.677%,说明青铜盨除了用于宗庙祭祀,还通常用于行旅与征伐[①];相反,"旅簋""行簋""从簋""旅宝簋""旅用鼎簋"之类簋的总数为83件,总比重仅8.027%,表明盨与簋功用虽然相近,但人们在行旅与征伐时往往用盨而不用簋。

五、其他专名与自名

经过前文分析,能作为判别青铜盨形制标准的是前文划分的自带专名"盨"的A、B、C、D型青铜容器。由此,我们可以系联一批使用其他专名的青铜盨。这些专名分为两类:其一,使用频次非常低,使用它们的器形不出A、B、C、D型之外,即各自不能单独构成当时的一种通用的器类名,表1-5-6之"旅荟""捀""䚋"属此类;其二,使用频次较高,使用它的器形绝

---

① 黄盛璋:《释旅彝——铜器中"旅彝"问题的一个全面考察》,《历史地理与考古论丛》,济南:齐鲁书社,1982年。

大部分在 A、B、C、D 型盨之外，可单独构成一种通用的器类名，表 1-5-6 中含"簋""匜"的专名即属此类。第一类专名可能是"盨"的方言名称，第二类专名中，"簋"反映了青铜簋与盨之间的派生关系①，二者在形制、功用上都存在千丝万缕的联系。"匜"仅使用 1 次，又，青铜匜为水器，与盨的功用相差甚远，二者在形制上也没有内在联系，那么青铜盨为何要使用"匜"这一专名，尚有待研究。如果说是由铭文范错配所致，也只是一种猜测。

表 1-5-6 中所列器物中，需要注意的是，自名"宝簋"的 C 型盨——伯敢鼒簠盨（《铭图》5613、5614），腹部两侧设兽首套环耳，与前文划分 C 型盨的附耳有所不同（图 1-5-3·5），可补充其形制之阙。

表 1-5-6　青铜盨使用的其他专名与自名表

自名形式	器型	器例	频次	年代跨度
簋	盨盖	《铭图》5673	1	西中后段
宝簋	AaⅡ、BaⅠ、BbⅠ、C	《铭图》5629	6	西中后段—西晚
宝寊簋	AbⅡ	《铭图》5503	2	西晚
旅簋	AbⅠ、BaⅠ、BbⅠ	《铭图》5513	10	西中—西晚
尊匜	BaⅡ	《铭图》5535	1	西晚
旅䪣	BbⅡ	《铭续》0466	1	西晚
撵䥂	BbⅡ盨	《铭续》0474	2	春早

---

① 青铜盨产生时间明显晚于簋，盨由簋派生而来。

第六节　盦的定名与自名

一、器型分析

据我们收集到的资料，含有专名"盦"的青铜器共有 231 件，其中，有 53 件器影不详，3 件仅有盖或残盖，4 件仅有器身或残器身，其余 171 件根据口沿形制的不同可分为两型。

A 型：敞口，折沿，方唇，斜收腹，圈足有豁口。盖、器形制基本相同，唯盖之口沿通常设有卡扣。根据其足部形态的差异，又可分为两个亚型。

Aa 型：圈足豁口较小。标本：1977 年陕西扶风云塘 2 号窖藏 H2:1 伯公父盦（《铭图》5976），属于西周晚期。腹较浅、斜直内收，平底，足缘下折，环形耳。口下饰重环纹，腹饰环带纹，圈足饰垂鳞纹。通高 19.8 厘米、腹深 6.5 厘米、口 28.3×23.0 厘米。盖、器同铭，各有 10 行 61 字："伯大师小子伯/公父作盦，择之金……"（图 1-6-1，1）

Ab 型：长蹼足，实为豁口圈足的演变形式。标本：陈曼盦（《铭图》5924；《夏商周》563），属于战国早期。失盖，上腹竖直，下腹斜直内收，平底，半环耳。口沿饰蟠龙纹，腹饰卷龙纹。通高（无盖）11.0 厘米、口 19.4×31.0 厘米。内底铸铭 4 行 22 字："齐陈曼不敢逸/康……作/皇考献叔馈殿（盘），/永保用匜。"（图 1-6-1，2）

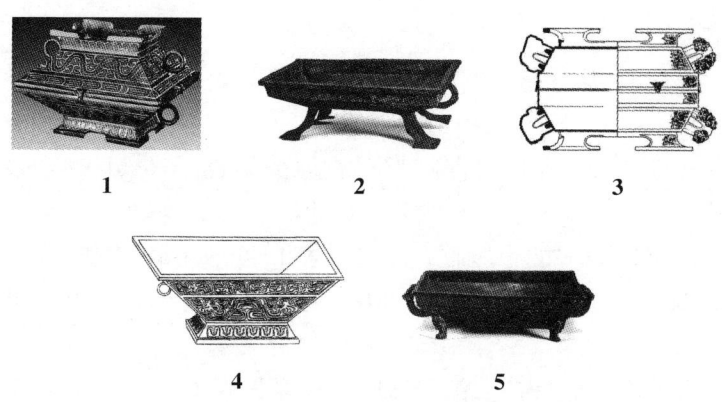

图 1-6-1　A、B 型盨与其他形制的盨

1. AaⅠ型（伯公父盨）　2. AbⅡ型（陈曼盨）　3. B 型（倗盨）　4. 史免盨（自名"旅匚"）　5. 默叔盨（自名"尊匩"）

B 型：直口，无折沿，盖、器形制基本相同，唯盖之口沿通常设有卡扣。标本：1978 年河南淅川下寺 M1:45 倗盨（《铭图》5752），属于春秋晚期前段。口下向内平折，腹斜直内收，平底，曲尺形蹼足。通体饰细密蟠虺纹。通高 24.0 厘米、口 32.0×24.5 厘米。盖、器同铭，各 1 行 3 字："倗之盨。"（图 1-6-1，3）

二、"盨"字构形分析和类别名的确立

作为青铜礼器专名的"盨"字，根据声符构件的不同，可分为三型，代表性字形见表 1-6-1。下面，我们进行具体的分析。

A 型：均从"古"声，可以分为 9 个亚型。

Aa 型：从"匚""古"，原篆见表 1-6-1·1-3，隶作"匛"。

Ab 型：从"金""古"，原篆见表 1-6-1·4，隶作"鈷"。

Ac 型：从"匚""金""古"，原篆见表 1-6-1·5，隶定作

"匼"。

Ad 型：从"匚""古""攴"，原篆见表 1-6-1·6，隶作"匫"。

Ae 型：从"匚""古""卜"，原篆见表 1-6-1·7，隶作"匨"。

Af 型：从"古""皿"，原篆见表 1-6-1·8，隶作"盘"。

Ag 型：从"古""金""皿"，原篆见表 1-6-1·9，隶作"鎾"。

Ah 型：从"古""缶""皿"，原篆见表 1-6-1·10，隶作"盬"。

Ai 型：从"示""古"，原篆见表 1-6-1·11，隶作"祜"。

B 型：均从"害"，"害"或作声符。可分 4 个亚型，除了"鎋"外，其余 3 个均不见于字书。

Ba 型：从"害""㐅"，原篆见表 1-6-1·12-14，隶作"害"。

Bb 型：从"匚""害"，原篆见表 1-6-1·15，隶作"匷"。

Bc 型：从"匚""害""夫"，原篆见表 1-6-1·16，隶作"匨"。

Bd 型：从"金""害"，原篆见表 1-6-1·17，隶作"鎋"。

C 型：从"竹""夫"，"夫"亦为声符，原篆见表 1-6-1·18，隶作"笑"。该字形不见于字书。

表 1—6—1　青铜器专名"簠"字字形表①

字形								
序号	1	2	3	4	5	6	7	8
字形								
序号	9	10	11	12	13	14	15	16
字形								
序号	17	18	19	20	21	22	23	

1. 虢叔簠（《铭图》5813）　2. 陈侯簠（《铭图》5937）　3. 盛君縈簠（《铭图》5780）　4. 西替簠（《铭图》5799）　5. 郜公诚簠（《铭图》5942）　6. 商丘叔簠（《铭图》5872）　7. 商丘叔簠（《铭图》5874）　8. 夔膚簠（《铭续》0500）　9. 伯公父簠（《铭图》5976）　10. 彭子射儿簠（《铭图》5884）　11. 曾伯克父簠（《铭续》0518）　12. 伊设簠（《铭图》5830）　13. 铸公簠（《铭图》5905）　14. 薛子仲安簠（《铭图》5855）　15. 鲁士孚父簠（《铭图》5816）　16. 季宫父簠（《铭图》5889）　17. 剚伯簠（《铭图》5765）　18. 陈逆簠（《铭图》5977）　19. 史免簠（《铭图》5909）　20. 胡叔簠（《铭图》5858）　21. 冶遣簠（《铭图》5829）　22. 甹仲簠（《铭图》5975）　23. 曾大保盆簠（枣阳曹门湾 M43∶3）

Aa 型：1—3　　Ab 型：4　　Ac 型：5　　Ad 型：6
Ae 型：7　　　Af 型：8　　Ag 型：9　　Ah 型：10
Ai 型：11　　　Ba 型：12—14　Bb 型：15　　Bc 型：16
Bd 型：17　　　C 型：18　　　匡：19　　　匯：20

---

① 为便于比较，我们将青铜匡的其他专名用字也列入表内，参见序号 19—23 对应之字形。

匡：21　　　　匩：22　　　　宭：23

上述"盬"字构形 14 个独立的型或亚型的出现频次、流行年代，详表 1－6－2。其中，见于字书者仅有 A 型中的 Ab（钴）、Ah（盬）、Ai（祜）亚型与 B 型中的 Bd（鐯）亚型。

表 1－6－2　各型"盬"字出现频次及年代表

型别	频次	比重	年代	型别	频次	比重	年代
Aa	195	85.153%	西晚—战晚	Ba	10	4.367%	西晚—春早
Ab	1	0.437%	战国	Bb	4	1.747%	春早
Ac	4	1.747%	西晚—春早	Bc	1	0.437%	西晚
Ad	4	1.747%	西晚—春早	Bd	1	0.437%	西晚
Ae	1	0.437%	春早	C	2	0.873%	战早
Af	1	0.437%	春中	匡	7	—	西晚—春早
Ag	1	0.437%	西晚	匩	1	—	西晚
Ah	1	0.437%	春晚	匩	1	—	西晚
Ai	3	1.310	春早	匩	1	—	西晚
宭	2	—	春早	—	—	—	—

注：各亚型"盬"字出现频次总数为 229，各亚型出现频次的总比重以此为标准进行计算。另有 2 例"盬"字残泐，未分型，故不计入频次总数；为便于对比，我们将青铜盬使用的其他专名（不排除部分为小共名）——"匡""匩""匩""匩""宭"列入表内。

A 型中，Ab 型（钴）不见于《说文》，《玉篇·金部》曰："钴，钴鏻。"《集韵·姥韵》："钴，钴鏻，温器。"宋范成大《骖鸾录》："钴鉧，熨斗也。"两周时期的青铜"钴"与熨斗非同类器物，青铜盬在战国以后消失无影，其专名"钴"字虽然保存下来，但后来另指他物。《集韵》里还保留了"钴"的古训，《集韵·模韵》："鉔，黍稷器。夏曰鉔，商曰琏，周曰簠簋。或作钴，通作瑚。"《说文》有"盬"而无"钴"，"钴"应当是"盬"的异体字。

Ah 型（盬），《说文·皿部》："盬，器也，从缶、皿，古声。"该字见于字书而不见于传世典籍，《说文》对它的解释也比较模糊，可见许慎也不知道"盬"到底是一种什么样的器物。新中国成立后，随着出土材料的大量积累，高明先生通过考证，认为"盬"即经籍所载之"瑚"（详后文）。

Ai 型（祜），《说文·示部》："祜，上讳。"徐铉校录："此汉安帝名也。福也，当从示，古声。"《尔雅·释诂下》："祜，福也。"又："祜，厚也。"作为器物名，"祜"当系假借字，通"盬"。

高明先生曾考证，A 型中的"钴""匤""匰"等字之本字为"盬"，或写作"䀇"，即经籍所载之"瑚"（或作"胡"）。① 从后来出土材料来看，这一推论基本正确。② 当然，我们并不认为在 A 型中，Ah 型（盬）是本字，其余是异体字。A 型中，从出现年代早晚、使用频次、使用时间长短来看，都应首推 Aa 型（匤），因此，"匤"才是 A 型的正体，除了 Ai 型为假借字外，其他各亚型为 Aa 型的异体字。《说文》收录"盬"而不收录"匤"字，由于二者是同字异体的关系，可能由于某种原因，作为正体的"匤"在秦统一后不久即被废弃，反倒是它的异体被保存了下来。既然《说文》只收录"盬"字，"钴"又只见于年代

---

① 高明：《盬、簠考辨》，《文物》1982 年第 6 期；又载入氏著《高明学术论集》，上海：上海古籍出版社，2013 年。
② 2008 年，河南南阳市八一路楚墓 M38 出土一件彭子射儿盬（《铭图》5884），专名字形为"盬"，属于本文划分的 Ah 亚型。高明先生作《盬、簠考辨》一文时，Ah 型"盬"字构形尚未发现。

较晚的字书，那么我们可以把"瑚"作为 A 型的代表字①，而不必再造 A 型的正体字。

B 型中的各亚型出现频次都比较低。其中，Bd 型（鎋）未见于《说文》。该字出现在典籍中，年代最早者为《战国策》。《玉篇·金部》曰："鎋，车鎋也。"其字一般通"辖"，典籍所载之"鎋"皆训作车辖。显然，"鎋"最初用为青铜礼器名，后来另指他物。其他各型构字部件中，"害"与"鎋"的古音属匣钮月部，"五"的古音属疑钮鱼部；"古"的古音属见钮鱼部。古属月、鱼二部之字有时可以通转，如"雩"与"越"相通②，见、疑、匣三钮，前两字属于牙音，匣属于喉音，发音部位相近。如此，以"害""五""古"得声之古文字有时可以相通。"夫"，古音属帮钮鱼部，发音部位与"害""五""古"相隔较远，但古音属帮、匣钮之字有时也可相通，如"夫"与"乎"相通③，故 C 型"笑"字与 B 型"匦""害"等字也音近相通。要之，B、C 型字从音理上可以读作"瑚"。又 Ba、Bb、Bc、C 型字未见于字书，Bd 型在文献中出现的年代较晚，这暗示 B、C 型字可能都是"瑚"的异体。另外，B、C 型字作为青铜礼器专名大多使用于前文划分的 Aa 型"瑚"，与以 A 型字作为专名的青铜瑚器型重合（参见表1－6－3），前者又从未使用于其他器类，这也进一步说明 B、C 型字为"瑚"字异体，故可以释"瑚"。

需要说明的是，关于 A、B 型字的释读，长期以来学界流行将其释"簠"，本文赞同高明先生之论，认为释"簠"有误。有关该字的解释，可参见本书"铺的自名与定名"一节。

---

① 《说文·玉部》："瑚，珊瑚也。"既然"瑚"的本义并非表示某种青铜容器，故不必以"瑚"作为 A 型的代表字。
② 王辉：《古文字通假字典》，北京：中华书局，2008 年，第 624 页。
③ 王辉：《古文字通假字典》，北京：中华书局，2008 年，第 87 页。

表 1-6-3 器型与"盨"字类型对应表

器物类型	专名			器物类型	专名		
	类型	频次	比重		类型	频次	比重
Aa	Aa	75	77.320%	Ab	Aa	3	100.00%
	Ac	2	2.062%	B	Aa	66	95.652%
	Ad	4	4.124%		Ab	1	1.449%
	Ae	1	1.031%		Af	1	1.449%
	Ag	1	1.031%		Ah	1	1.449%
	Ai	2	2.062%	Aa	匩	1	—
	Ba	6	6.186%		盇	2	—
	Bb	3	3.093%		宯	2	—
	Bc	1	1.031%		匽	1	—
	Bd	1	1.031%	B	盇	2	—
	C	1	1.031%	—	—	—	—

如本节开首所述,自带专名"盨"的两周青铜礼器共 231 件,这一数量高于盨,足以说明两周青铜礼器中确实存在"盨"这一器类。青铜盨是一类较特殊的礼器,从形制上来看,它几乎不受其他器类的影响,跟其他器类容易区别开来[①];从专名的使用上来看,青铜盨既不单独使用其他器类的专名,也不使用其他器类专名与"盨"组成连名——如"盨簠""盘盉"形式,同时,其他器类不使用"盨"这一专名。因此,我们在前文划分的 Aa、Ab、B 型盨都是青铜盨的标准形制。

---

① 与青铜盨形制稍接近的有方簋与青铜簠,但盨腹斜直内收,盖、器形制几乎相同,这一特点是方簋和簠所不具备的。

三、自名与器型

含带专名"盨"的青铜礼器自名有 21 种形式,各种自名形式与器物类型的对应关系见表 1-6-4。这 21 种自名形式中,没有任何一种为其他器类所使用[①]。按内容结构,可以分为甲、乙两类。

1. 甲　类

此类仅含专名"盨",有 35 例。"盨"这种自名的使用频次仅次于"飤盨",其出现于西周晚期,一直使用到战国早期,存在时间最长。

2. 乙　类

此类由专名"盨"加上前缀词形成自名。前缀词用字有"宝""尊""寶""登""鬻""荐""金""偌""御""旅""行""膳""饙""飤""滕""筐",每个前缀词由其中的一个字或两个字组成。其中,"筐"字仅用于修饰"盨",也可单独作为盨的名称(详后文)。各种自名形式中,没有哪一种与盨的某个亚型或型形成特殊的对应关系。

表 1-6-4　含"盨"的自名与器型对应表

序号	自名形式	器物型式	器例	频次	年代跨度
1	盨	AbⅠ、AbⅡ、B、无图	《铭图》5976	35	西晚—战早
2	宝盨	AbⅠ、无图	《铭图》5790	19	西晚—春晚
3	宝筐盨	Aa	《铭图》5933	2	春晚

---

① 表 1-6-4 中的"饙盨/盨"这一自名较特殊。"饙盨"在篇铭中部,"盨"在篇铭末尾,这一奇特现象是如何形成的呢?我们认为,在制作这两件青铜盨的铭文范过程中,工匠开始误将盨铭当做盨铭,后来发现失误,但为了不破坏铭文的完整、美观,于是在篇铭文末尾添上"盨"字。

续表

序号	自名形式	器物型式	器例	频次	年代跨度
4	登盨	B	《铭续》0486	1	春晚
5	馈盨	AbⅠ、B	《铭图》5838	17	西晚—战早
6	馈盘/盨	AbⅡ	《铭图》5924	2	战早
7	鬻盨	B	《铭图》5957	3	春中
8	行盨	AbⅠ、B、无图	《铭图》5783	10	春早—春晚
9	荐盨	B、无图	《铭图》5967	3	春早
10	金盨	B	《铭图》5842	3	战晚
11	佸盨	B	《铭续》0515	2	战早
12	筐盨	AbⅠ、B、无图	《铭图》5929	4	春中—春晚
13	旅盨	AbⅠ、B、无图	《铭图》5788	31	西晚—春晚
14	旅盨/盨	AbⅠ	《铭图》5902	2	春早
15	膳盨	AbⅠ	《铭图》5912	1	春早
16	飤盨	AbⅠ、B、无图	《铭图》5782	62	春早—战早
17	滕馈盨	AbⅠ	《铭图》5941	1	春中
18	滕盨	AbⅠ、B、无图	《铭图》5832	28	西晚—春晚
19	御盨	B	《铭图》5780	1	战中
20	寶盨	AbⅠ、无图	《铭图》5977	2	战早
21	尊盨	B、无图	《铭图》5799	5	西晚—战早

注：若盖、器自名不同，则以"某/某"形式表示。

四、其他专名与自名

经过前文分析，Aa、Ab、B 型盨皆为判别青铜盨的形制标准。由此，我们可以系联一批使用其他专名和自名的青铜簠，其专名和自名见表1-6-5。

表1-6-5　青铜簠使用的其他专名与自名表

自名形式	器物型式	器例	频次	年代跨度
宝𫂁	B	《铭图》5800	1	春早
宝䥗	AbⅠ	《铭图》5975	1	西晚
宝匴	AbⅠ	《铭图》5829	1	西晚
宝𥂴（宝盂）	AbⅠ	曾大保盆匽	2	春早
匡（筐）	无图	《铭图》5955	1	春早
旅𫂁	AbⅠ、B	《铭图》5767	3	西晚、春中
旅匡（筐）	Aa、AbⅠ、无图	《铭图》5837	6	西晚—春早
尊匡（筐）	Ac	《铭图》5858	1	西晚

匡。从"匚""坒"，原篆见表1-6-1·19。《说文·匚部》："匡，饭器，筥也。从匚，坒声。筐，匡或从竹。""匡"，今作"匡"，若仅表器物，则一般写作"筐"。"𨫔"从"匚""金""坒"。该字形历来不见于字书，乃"筐"之异体，从"金"者，乃言其质地。以"筐"为专名的青铜礼器只有簠而无其他器类，又"筐"字古音属溪钮阳部，与从"古"声之"胡"字音近，故有学者认为"匡"亦可读作"胡"（瑚）。所谓"筐"与"胡"相通，其依据仅仅是语音相近以及"匡""簠"为同类器物，但文献中并无"匡"与从"古"声之字直接相通的证据，更重要的是，青铜簠自名中有"宝筐簠""筐簠"，说明"筐"不能读作"瑚"，我们认为它只是簠的一种别名。同理，表1-6-5中的"匴"也是簠的别名。

匚。原篆见表1-6-1·20。《说文·匚部》："匚，受物之器，象形。凡匚之属皆从匚，读若方。𠥓，籀文匚。"𫂁，从

"匚""金"。该字形历来不见于字书,从"金"者,乃言其质地,实为"匚"之异体。"匲"作为器物名或器物名之一部分,仅用于簠与盨,使用频次也很低,宰兽簠(《铭图》5376、5377)自名"宝匲簠",仲其父盨(《铭图》5767、5768)、仲改卫盨(《铭图》5927)自名"旅匲/匚",京叔姬盨(《铭图》5800)自名"宝匲"。或以为"匲"与"簠"字相通,青铜簠(按:即本文之盨)与簠功用相近,故青铜簠可以使用连名"匲簠"。但是,这种观点无法解释青铜簠为什么不使用连名"匲簠",青铜盨为什么不使用连名"匲簠""匲簠"等。本文倾向于"匲"是盛放黍、稷、稻、粱类粢盛器的一种小共名。

宯。从"宀""盂",原篆见表1-6-1·21。青铜鼎中有数例自名"盂鼎"(盂或作䀇、鎣、鈃等),青铜簠中有两例自名"盂簠",青铜匜中有两例各自名"盥䀇""饮盂",自名中以"于"得声之字,与"宯"音近,理论上可以相通。青铜盨中作为器名之"宯"字仅有2例,见于湖北枣阳郭家庙曹门湾 M43:3、4 曾大保㝅盨①,然其构形不见于其他器类,不确定其是否为青铜盨的一种专名,姑且存疑。

匩,从"匚""黄",原篆见表1-6-1·21。该字形不见于字书,"黄"是声符,古音属匣钮阳部,"筐"字古音属溪钮阳部,二字叠韵,匣、溪旁钮,故"匩"或可通"筐",为盨之别名。

匽,从"匚""畏",原篆见表1-6-1·22。该字见于弭仲簠(《铭图》5975),所见铭文为摹本,专名不知是否摹误,姑且视为盨之别名。

未使用专名"盨"的青铜盨中,有两种器形相对特殊。

---

① 武汉大学历史学院、湖北省文物考古研究所等:《湖北枣阳郭家庙墓地曹门湾墓区(2015)M43发掘简报》,《江汉考古》2016年第5期。

一种与前文划分的 Aa 型簋比较接近,但圈足无豁口,年代为西周晚期。标本:史免簋(《铭图》5909),属于西周晚期。腹较深,圈足斜直外撇,足缘下折,环形耳。口下饰窃曲纹,腹饰环带纹,圈足饰垂鳞纹。通高(无盖)15.5 厘米、腹深 10.6 厘米、口 43.9×36.3 厘米。盖、器同铭,各 4 行 22 字:"史免作旅簠,/从王征行,用/盛稻粱……"(图 1-6-1,4)

另一种与前文划分的 Ab 型簋比较接近,但器底承接四只兽形足。标本:䞒叔簋(《铭图》5858,《夏商周》407),失盖,上腹竖直,下腹斜直内收,平底,底接兽形足,兽首半环耳。上腹饰重环纹,下腹饰环带纹。通高(无盖)9.2 厘米、口 23.1×30.5 厘米。(图 1-6-1,5)(专名"匩")

第七节 盆的定名与自名

一、器型分析

自带专名"盆"的青铜礼器 15 件,其中 1 件器形不明,1 件仅有盖,其余 13 件可分为二型。

A 型:折沿,折肩,斜直内收腹,平底。

Aa 型:2 件。无耳。标本:翼城大河口墓地 M1017:26 倗伯盆①,属于西周中期前段。口沿、肩部较宽,腹较深。肩部饰小鸟纹。通高(无盖)13.0 厘米、口径 20.0 厘米。器底铸铭文

---

① 山西省考古研究所大河口墓地联合考古队:《山西翼城县大河口西周墓地》,《考古》2011 年第 7 期;山西省考古研究所等:《呦呦鹿鸣——燕国公主眼里的霸国》,北京:科学出版社,2014 年,第 119 页。

2行11字:"佣伯肇作旅盆,/其万年永用。"(图1-7-1,1)

Ab型:3件。套环小耳。标本:中㭰父盆(《铭图》6258)[①],属于西周中期前段。弧顶盖、有圈形捉首,器肩宽而陡,腹较深,套环耳。盖缘和肩部饰顾首龙纹,盖面饰瓦棱纹。通高17.7厘米、口径19.1~19.4厘米。盖、器铭文相同,各有2行10字:"中㭰父作旅/盆,其永宝用。"(图1-7-1,2)

Ac型:7件。半环状大耳,或套小环。标本:河南信阳平桥平西M1:10樊君夔盆(《铭图》6261),属于春秋早期。圈形捉首盖,盖沿外折、有一对卡扣,方唇,陡肩,半环耳。盖、肩、上腹饰连续交错双首龙纹,下腹饰卷体兽纹。通高20.0厘米、口径25.7厘米。盖、器同铭,各3行11字,行款稍异,盖铭:"樊君夔用/其吉金自作/宝盆。"(图1-7-1,3)

B型:1件。平沿,束颈,折肩,浅腹且成弧形内收,大平底。同类型器之专名或为"敦"。标本:1975年湖北随县郧阳鲢鱼嘴村出土郎子行盆(《铭图》6262),属于春秋早期。圈形捉首盖,盖沿外折、有一对卡扣,方唇,陡肩,环耳。肩饰弦纹一周。通高17.2厘米、腹深9.8厘米、口内径20.2厘米、底径14.5厘米。器底铸铭2行11字:"郎子行自作/飤盆,永宝用之。"(图1-7-1,4)

1　　　　　2　　　　　3

---

① 张懋镕:《再议青铜盆——从新发现的中市父盆谈起》,《古文字与青铜器论集》(第三辑),北京:科学出版社,2010年。

4　　　　　　　　　5　　　　　　　　6

图 1-7-1　A、B 型盆

1. Aa 型（佣伯盆）　2. Ab 型（中㱼父盆）　3. Ac 型（樊君夔盆）
4. B 型（郳子行盆）　5. 晋公盠　6. 子諆弖

二、类别名的确立与判别标准

（一）专名字形与类别名的确立

如表 1-7-1·1-2 所示，作为青铜器专名的"盆"字，均从分、皿。《说文·皿部》："盆，盎也。从皿，分声。"又《说文·皿部》："盎，盆也。从皿，央声。罃，盎或从瓦。"

表 1-7-1　青铜器专名"盆""盠""弖"字字形表

字形					
序号	1	2	3	4	5	6

1. 樊君夔盆（《铭图》6216）　2. 郳子行盆（《铭图》6262）　3. 晋公盠（《铭图》6274）　4. 邛仲之孙伯戔盠（《铭图》6272）　5. 子諆弖（《铭图》6266）　6. 归父敦（《铭图》6066）

以前，自带专名"盆"的青铜盆数量极少，考古发掘中又经常与鼎同出，不少学者都将青铜盆定名为簋，直到现在还有不少人坚持这一看法。上文形制明确的自带专名"盆"的青铜礼器虽然只有 13 件，但跨越年代从西周中期前段到春秋早期，各型或亚型的形制联系紧密，器身皆有折肩、器底皆无圈足，与青铜簋判然有别。因此，我们认为"盆"作为青铜礼器类别名是可以确立的。

（二）盆与敦的区分

前文划分的各型盆中，只有 B 型与一些专名为"敦"的青铜礼器形制比较接近，如齐侯敦（《铭图》6076）、滕侯昃敦（《铭图》6057），其中尤其与齐侯敦（《铭图》6076）形制接近。那么，B 型是否属于青铜敦使用了"盆"这一专名的情况呢？我们认为不是，主要出于两点考虑：其一，两周青铜礼器中，"盆"这一专名出现时间远远早于"敦"；其二，就 B 型盆自身而言，其年代也早于"敦"这一专名的出现时间，前者为春秋早期，后者为春秋晚期。因此，B 型也应当是青铜盆的标准形制之一。B 型盆显然是后来出现的 A 型敦（参见"盏/敦的自名与定名"一节）的祖型，D 型敦则属于青铜盆使用了"敦"这一专名的情况。青铜盆与敦的区分实际上就是 B 型盆与敦的区分，其标准有二：（1）足部形态，B 型盆底无支足，敦或有支足。（2）盖、器扣合方式，B 型盆皆为折沿，其上承盖；敦之器口为子口，扣合时纳入盖之母口内。①

（三）盆与盂的区分

前文划分的 A 型盆与 B 型盂（参见"盂的自名与定名"一节）形制接近，但二者之间存在区分规律（参见表 1-7-2）：其一，B 型盂的专名出现频次仅次于"盆"，流行时间段跟"盆"几乎重合，参考其他任何一种青铜器类别，均不存在同一器类下同一地区始终并存两种不同的常用专名；其二，B 型"盂"的演

---

① 敦或不设子口，但同时必定有支足，反之亦然。

变去向是青铜鉴，盆的演变去向是盏、敦①；其三，据笔者统计，B型"盂"的口径通常大于30.0厘米（最小的也超过27.0厘米），高度通常大于18.0厘米，这两项指标均超过盆。盆与盂最明显的分界在于体量，一般情况下虽然盆小而盂大。从表1-7-2不难看出，这一规律仅仅是针对同一时期的盆与盂，随着时代往后推，盆与盂的体量都在增加，因此，我们拟定青铜盆与B型盂（盆形盂）的体量区分标准如下：

A. 西周至春秋早期前段。青铜盆器高一般小于18.0厘米，可往上浮动1.0~2.0厘米；口径一般小于26.0厘米，可往上浮动1.0~3.0厘米；盆形盂，器高一般大于18.0厘米，可往下浮动1.0~2.0厘米，口径一般大于33.0厘米，可往下浮动1.0~3.0厘米。②

B. 春秋早期后段及之后。青铜盆器高一般小于18.0厘米，可往上浮动1.0~2.0厘米，口径全部小于33.0厘米；盆形盂器高一般大于18.0厘米，可往下浮动1.0~2.0厘米，口径全部大于33.0厘米。

表1-7-2　A、B型"盆"与B型"盂"大小对比表

单位：厘米

器名	年代	器高	口径	高口比值	铭文位置/字数/自名	参考文献
倗伯盆甲	西中	13.0	20.0	0.650	11/旅盆	《呦呦鹿鸣》119
倗伯盆乙	西中	13.0	20.0	0.650	11/旅盆	《呦呦鹿鸣》119
中市父盆甲	西中	通17.7	19.1~19.4	—	盖捉首、器内壁/10/旅盆	《铭图》6258

---

① 彭裕商：《东周青铜盆、盏、敦研究》，《考古学报》2008年第2期。
② 春秋初年的标准盆实例罕见，参考年代稍晚的曾太保盆（《铭图》6268）体量大小，将西周中期至春秋初年的青铜盆口径标准上调至26.0~29.0厘米。

第一章 食 器

续表

器名	年代	器高	口径	高口比值	铭文位置/字数/自名	参考文献
仲市父盆乙	西中	通17.3	19.3~19.6	—	盖捉首、器内壁/10/旅盆	《铭图》6259
樊君夒盆	春早中	通20.0	25.7	—	盖、器/11/宝盆	《铭图》6261
郘子盆	春早	通17.2	20.2	—	盖内/10/飤盆器内底/11/飤盆	《铭图》6262
曾孟嬭諫盆	春早	通12.4	18.6	—	盖、器/12/饔盆	《铭图》6264
曾大保盆	春早	12.3	27.0	0.456	内壁/21/旅盆	《铭图》6268
鄎子宿車盆	春中	通29.0	31.8	—	盖、器/21/行盆	《铭图》6267
彭子仲盆盖	春晚	—	25.2	—	盖内/31/饋盆	《铭图》6271
黄太子盆甲	春中	17.5	32.3	0.542	盖、器/29/饋盆	《铭图》6269
黄太子盆乙	春中	—	—	—		《铭图》6269
虢叔盂	西中	18.0	34.7	0.519	内底/5/旅盂	《铭图》6210
善夫吉父盂	西晚	20.0	35.1	0.570	内壁/16/盂	《铭图》6223
丹叔番盂	西晚	27.7	39.9	0.694	内壁/6/宝盂	《铭图》6213
季姜盂	西晚	20.5	39.3	0.521	内底/17/宝盂	《铭图》6224
要君盂	春中晚	残12.8	宽33.2	—	内底/26/饋盂	《铭图》6226
聽盂	春中	37.0	69.5	0.532	口沿/7/下寢盂	《铭图》6215
廩君盂	春晚	30.5	61.2	—	内壁/36/濫盂	—
佣伯盆甲	西中	13.0	20.0	0.650	11/旅盆	《呦呦鹿鸣》119
佣伯盆乙	西中	13.0	20.0	0.650	11/旅盆	《呦呦鹿鸣》119

注：器高数据栏，"通"指通盖高；要君盂残，宽度似指肩宽，与口径相差不远，可备参考。

要之，青铜盆的标准形制即前文划分的Aa、Ab、B型盆，但体量上有所限制。

三、其他专名与所有自名

（一）其他专名

根据前文确定的青铜盆形制、体量标准，我们可以系联出一批使用其他专名的青铜盆，这些专名有"盨""丐""敦"，专名字形见表 1-7-1，专名对应盆器型见表 1-7-3。不难看出，"盨""丐""敦"的出现频次远低于"盆"①，而且"盨""丐"没用使用于其他器类，故可判定"盨""丐"为青铜盆的别名。

表 1-7-3 器型与"盆""盨""丐""鎗""敦"专名对应关系表

器物类型	专名		
	类型	频次	比重
Aa	盆	2	100.000%
Ab	盆	3	100.000%
Ac	盆	7	77.778%
	盨	1	11.111%
	丐	1	11.111%
B	盆	1	25.000%
	敦	3	75.000%
异型	盨	1	100.000%

"盨"字，均从皿、奠，原篆见表 1-7-1·3、4。该字形不

---

① "盨"也使用于一件异型盆——邛中之孙伯戔，原器不存，其形制在现存商周青铜器中未有相似者，姑且存疑。B 型中，"盆"的出现频次虽然低于"敦"，但我们在前文已经指出其年代早于后者，而且 A、B 型相加后，"盆"的出现频次显然远高于"敦"。

见于字书，容庚先生以为甄字之异体。①《方言》卷五："甄，㼰也。秦之旧都谓之甄。"又"瓭、㽀、䫌、䍃、甄、甇、甄、瓮、瓶、甄、甈，㼰也。自关而东，赵魏之郊谓之瓮，或谓之㼰。㼰，其通语也。"《广雅·释器》："甄，瓶也。"是甄为瓮、瓶之类，与东周青铜盏不同。盏字出现频次较低，未使用于其他器类，当为青铜盆的别名，然大约在秦以后已另指他物。青铜盏的标本可参考晋公盏（《铭图》6274），失盖，宽沿，束颈，折肩，腹相对较深，平底，兽首耳。肩腹饰蟠虺纹，大小不详。腹内有残铭149字："唯正月初吉丁亥，晋公曰……媵盏四酉……"（图1-7-1，5）

"𠙽"字，原篆见表1-7-1·5。该字形不见于字书，过去或释"盂"②或释"宁"③，均无确凿证据。"𠙽"仅见于子諆盆之盖和器，分别作"𠙽""𠙽"。其中，器身的专名字形清晰，其上半部器皿内盛有"𠆢"形物，盖的专名字形稍渺，但细审铭文拓本，仍能看出上半部器皿内所盛"𠆢"之残部，过去考释此字的学者可能以为"𠆢"是渺痕，故未言及此。总之，该字上半部构形应为"血"字，故拟定如前。此字释"宁"是否正确，尚难以定论，但无论如何不应是"盂"字。从形制、体量来看，子諆𠙽与青铜盆无异，"𠙽"出现频次极低，应当是盆的别名。青铜𠙽标本可参考潢川上油岗公社墓葬出土子諆𠙽（《铭图》

---

① 容庚：《金文编》，北京：中华书局，1985年，第346页。
② 张光裕：《从𠙽字的释读谈到盏、盆、盂诸器的定名问题》，《考古与文物》1982年第3期；孙稚雏：《金文释读中一些问题的探讨（续）》，《古文字研究》（第九辑），北京：中华书局，1984年。
③ 信阳地区文管会、潢川县文化馆：《河南潢川县发现黄国和蔡国铜器》，《文物》1980年第1期；赵平安：《金文考释二篇》，《语言研究》1996年第2期。

6266),① 属于春秋中期。弧顶盖，盖顶有卧牛钮，盖沿有三个卡扣，器折沿、方唇，折肩较宽，收腹，平底，套环兽首耳。高19.2厘米、口径28.0厘米、腹径34.0厘米。盖、器同铭，各有15字："唯子諆铸其行匒，子孙永寿用之。"（图1-7-1，6）

"敦"字形体及其所在器型，可参见本书"盏/敦的自名与定名"一节之D型敦，兹不赘述。

（二）自名

如表1-7-4所示，青铜盆中，含专名"盆"的自名共7个，由盆之别名构成的自名共5个。自名一般由"前缀词+专名"构成，仅有1例单独由"盨"构成。前缀词有"宝""饙""飤""饔""行""旅""腠"，其中没有哪一个专门用于修饰青铜盆专名的。

表1-7-4 自名与器型对应表

序号	自名形式	器物类型	器例	出现频次	年代跨度
1	宝盆	Ab、Ac	《铭图》6261	3	西中后段—春早
2	饙盆	Ac、盖1	《铭图》6269	3	春秋
3	行盆	Ac	《铭图》6267	1	春中
4	旅盆	Aa、Ab、Ac	《铭图》6268	5	西中—春早
5	飤盆	B、无图	《铭图》6262	1	春早
6	腠盆	Ac	《铭续》0539	1	春早
7	饔盆	Ac	《铭图》6264	1	春秋
8	盨	无图	《缀遗》28.10	1	战国
9	饙匒	异型	《铭图》6272	1	春早

---

① 信阳地区文管会、潢川县文化馆：《河南潢川县发现黄国和蔡国铜器》，《文物》1980年第1期。

续表

序号	自名形式	器物类型	器例	出现频次	年代跨度
10	行兮	Ac	《铭图》6266	1	春早
11	朕蘁	Ac	《铭图》6274	1	春中

注:"敦"为其他器类的专名,故本表不录。

第八节 敦/盏的定名与自名

一、器型分析

(一)"敦"的器型分析

自带专名"敦"的青铜礼器共 14 件,其中 3 件器形不明,其余 11 件根据盖、器整体形制差异,可分为以下几型:

A 型:1 件。形制介于"西瓜敦"(即下文 C 型敦)与青铜盆之间,弧顶盖,器无折沿及唇,腹内收,平底。标本:1982 年山东藤县杜庄村出土滕侯昃敦(《铭图》6057),属于春秋晚期。盖面有三个环钮,口下设一对环耳,通体素面。通高 14.0 厘米、口径 11.5 厘米。盖内铸铭 2 行 6 字:"滕侯昃/之御敦。"(图 1-8-1,1)

B 型:2 件。形制亦介于"西瓜敦"与青铜盆之间,弧顶盖,器有折沿,束颈,折肩,收腹,底略圜凸,盖面和器底各有三足。标本:荆公孙敦(《铭图》6069),属于春秋晚期。盖有折沿,肩下设环耳一对,盖面和器底均连接兽蹄小足。通高 17.0 厘米、宽 25.2 厘米。盖内铸铭 3 行 15 字:"荆公孙铸其/膳敦,老寿用/之,大宝无期。"(图 1-8-1,2)

C型：4件。盖、器形制基本相同，扣合后成西瓜状，俗称"西瓜敦"。标本一：十四年陈侯午敦（《铭图》6077，《青全》9：15），属于战国中期。口下设两环耳，盖顶和器底各有三个环钮，通体素面。通高20.5厘米、口径17.8厘米。内壁铸铭8行36字："……陈侯午以群/诸侯献金，作/皇妣孝大妃/祭器錍敦……"（图1-8-1，3）标本二：十四年陈侯午敦（《铭图》6078），属于战国中期。失盖，口下设兽首环耳，器底有兽蹄足，素面。通高（无盖）10.9厘米、腹深9.4厘米。内壁铸铭8行36字："……陈侯午以群/诸侯献金，作/皇妣孝大妃/祭器錍敦……"（图1-8-1，4）

D型：3件。形制属于B型盆（见本书"盆的自名与定名"一节）。折沿，束颈，折肩，腹较浅，内收，平底。标本：河北易县出土齐侯敦（《铭图》6076），属于春秋晚期。盖面有四个环钮，盖沿外折，平肩，肩下设二环耳。肩下饰两周弦纹。通高18.3厘米、宽23.0厘米。内壁铸铭6行33字："齐侯作滕宽/薦孟姜膳敦，/用祈眉寿……"（图1-8-1，5）

图1-8-1　A-E型"敦"

1. A型（滕侯昃敦）　2. B型（荆公孙敦）　3. C型（十四年陈侯

午敦) 4. C型（十四年陈侯午敦) 5. D型（齐侯敦) 6. E型（梁伯可忌豆)

E型：1件。形制属于青铜豆。标本：1987年山东淄博白兔邱村出土梁伯可忌豆（《铭图》6152），侈口，束颈，收腹，圜底，高柄，圈足外撇，肩下有双耳。通体素面。高22.0厘米、腹深9.3厘米、口径17.0厘米。内壁铸铭文4行21字："……梁伯可/忌作厥元子/仲姑媵敦。"（图1-8-1，6)

（二）"盏"的器型分析

自带专名"盏"的青铜礼器12件。根据盖、器总体形制差异可分为二型。

A型：5件。盖缘圆折，器有折沿、方唇、直颈、窄折肩、收腹，平底或圜底，器底有足。标本一：1976年湖北随县义地岗出土赒于嘁盏（《铭图》6059），属于春秋晚期，盖顶微隆起，盖边和肩下各有四个环钮，盖沿有四个卡扣，圜底，兽蹄足外撇。盖饰龙纹、圆涡纹、绹索纹，器身饰蟠螭纹。通高11.5厘米、口径14.1厘米。（图1-8-2，1）标本二：1986年湖南岳阳县凤形嘴山M1:6 愠儿盏（《铭图》6063），属于春秋晚期。镂孔蛇盘圈形捉首盖，盖边有四个环钮，肩下有二环钮和兽首半环耳，底近平，环形蛇盘足。盖、器皆饰蟠虺纹、绹索纹。通高18.0厘米、口径19.5厘米。盖、器同铭，各2行8字："愠儿自作/铸其盏盖。"（图1-8-2，2）

B型：7件。"西瓜敦"形，学界一般将这种器形定名为敦。标本：1990年河南淅川和尚岭M2:28仲姬斋盏（《铭图》6054），属于春秋晚期。器口下有一对环耳，器底有三只环形足，盖的形制与器身基本相同，唯盖沿有三个卡扣，通体素面。通高20.4厘米、口径22.0厘米。盖、器同铭，各2行5字："仲姬斋/之盏。"（图1-8-2，3）

图 1-8-2　A、B 型"盏"

1. A 型（賸于嗷盏）　2. A 型（愠儿盏）　3. B 型（仲姬斉盏）

二、"敦""盏"字构形分析与解释

（一）敦

作为青铜礼器专名的"敦"字，字形如表 1-8-1・1-4 所示，可以分为以下二型。

A 型：从"享""羊"，原篆见表 1-8-1・1-2，隶定为"鄣"。

B 型：从"享""羊""金"，原篆见表 1-8-1・3，隶定为"鏱"。

C 型：从"享""金""皿"，原篆见表 1-8-1・4，隶定为"鎑"。

表 1-8-1　青铜器专名"敦""盏"字形表

字形						
序号	1	2	3	4	5	6

1. 滕侯昃敦（《铭图》6057）　2. 归父敦（《铭图》6066）　3. 十四年陈侯午敦（《铭图》6077）　4. 郯公肻敦（《铭图》6067）　5. 大府盏（《铭图》6055）　6. 仲姬斉盏（《铭图》6054）

上述B、C型不见于字书。A型（䍙），《说文·㐭部》："䍙，孰也。从㐭、羊。读若纯。一曰鬻也。䍙，篆文䍙。"A型本义并不表示器物名，其出现于春秋晚期，稍早于B、C型，显然，在青铜敦最初出现时，人们没有为它创造专用字，"䍙"系借字。B、C型在A型基础上增益偏旁"金"或"皿"，言其质地、类别。由表1-8-2可知，A、B型字是相通的。C型字所在器物形制不明，本书权且认为它是B型的异体，有待后来出土材料的验证。

上述A、B、C型字，"三礼"文献写作"敦"。《礼记·明堂位》："有虞氏之两敦。"郑玄《注》："敦，黍稷器。"《说文·攴部》："敦，怒也，诋也。一曰谁何也。从攴，䍙声。"前述各字均从䍙声，故而相通。"敦"的本义显然也不表示器物名，典籍中用作器物名，亦系借字。如此看来，这类器物的专名用字似以"錞"为正字，然其不见于字书，人们已经约定俗成地使用"敦"字，故本文也称其为青铜敦。

表1-8-2 青铜器类型与"敦"字类型对应表

器型	专名			器型	专名		
	类型	频次	比重		类型	频次	比重
A	A	1	100%	D（盆）	A	3	100%
B	A	2	100%	E（豆）	B	1	100%
C	A	2	50%	—	—	—	—
	B	2	50%				

（二）盏

作为青铜礼器专名的"盏"字，字形如表1-8-1·5-6所示，皆从双"戈""皿"。此字，《说文》所无，《方言》卷五："盏，桮也。自关而东，赵魏之间曰椷，或曰盏。"郭璞《注》：

"盏，最小柸也。"《广雅·释器》："盏，杯也。"汉代及其以后的文献所描述的盏是杯类之物，有别于春秋战国时期的青铜盏，很可能因为青铜盏未能流行至汉代，"盏"字从而专指其他器类。

三、类别名的确立与判别标准

从前文的器物类型学分析不难发现，B 型敦与 A 型盏形制比较接近，C 型敦与 B 型盏形制基本相同。从器物体量上看，敦、盏之间并无明显差别，这暗示敦与盏实际是同一类青铜礼器。准此，这类青铜礼器为什么长时间内存在截然不同的两种专名？我们认为这是东周时期地方文化并立造成的，即凡以"敦"为专名的青铜礼器，绝大部分源出齐鲁文化区[①]，以"盏"为专名的青铜礼器，绝大部分源出楚文化区。有意思的是，专名"敦""盏"的出现时间皆在春秋晚期，二者使用总频次分别为 14 次与 12 次，相差不大，故我们无法判断到底哪一个为方言名。要之，这类青铜礼器可定名为敦，亦可定名为盏，本节标题用"敦/盏"表示这一器类专名的特殊关系（见表 1-8-3）。西替鐏，我们在前文指出应定名为敦/盏，其专名出现频次总比重极低，此"鐏"应当是敦/盏的方言名。

使用专名"敦"的青铜礼器未必是敦/盏。D 型敦、E 型敦出现频次比重较低，前文已经指出二者分别为盆和豆。A、B、C 型敦与 A、B 型盏中，部分器型出现频次总比重虽然较低，但形制与之接近的青铜礼器几乎未使用除了"敦"或"盏"以外的

---

① 关于器物源出地的推断，主要依据有二：其一，器物的出土地点；其二，器物铭文内容、字体风格显示其产自某一地区。关于推论的具体数据，本文不一一列举。

其他专名①，故青铜敦/盏的标准形制是前文划分的 A、B、C 型敦与 A、B 型盏。

表 1-8-3　自带专名"敦""盏""鎗"的各型亚型青铜器数量及总比重表

器型	频次	比重	器型	频次	比重
A 敦	1	4.348%	D 敦（盆）	3	13.043%
B 敦	2	8.696%	E 敦（豆）	1	4.348%
C 敦+B 盏	4+7	47.826%	A 盏	5	21.739%

注：总比重以青铜敦、盏的数量总和为标准进行计算；C 型"敦"与 B 型"盏"为同型器物，故二者合并。

四、自名与器型

含带专名敦、盏青铜礼器自名分别有 8 种和 5 各种，自名形式与器物类型的对应关系如表 1-8-4 所示。含"敦"的自名，其结构皆由"前缀词+敦"构成。含"盏"的自名，其结构分为三种：(1) 单独的"盏"；(2)"前缀词+盏"；(3)"盏+后缀词"。前缀词有"馈""飤""御""馈""膳""馈钲""祭器""祭器錪""适器""媵""行"，后缀词有"盇"。此处，我们仅对"盇"进行专门说明。"盇"从"芊""皿"，见于愠儿盏等器之自

---

① 有 1 件形制、体量皆与 A 型盏比较接近者——襄阳徐庄村出土薛子馘盏，自名"鯀鼎"（《铭图》6075），外底有烟炱痕迹，我们认为这件器物仍应当定名为盏（敦），乃时人完全借鉴盏的形制而作为鼎用，此器至少在形制上不属于鼎类。

名，学者或释"鬵"，或释"盂"① 或释"䀇"（䀇）。② 但是，以"盍"为名之器类有青铜盏/敦、壶，则前面几种考释似均有不通之处，宜当作未识字处理，有学者将其隶定为"盍"，本书从之。既然"盍"使用的器类不止一种，出现的频次也不低，所使用的器物出土地大多在楚文化地区，铭文字形、书体具有楚系风格，那么它很可能是楚系青铜器的一种小共名。

表 1-8-4 含敦、盏的自名与器型对应表

自名形式	器物类型	器例	出现频次	年代跨度
馈敦	无图	《铭图》6067	1	春晚
祭器敦	C 敦	《铭图》6080	1	战中
祭器鍊敦	C 敦	《铭图》6077	2	战中
膳敦	B 敦，盆	《铭图》6076	5	春晚
适器敦	C 敦	《铭图》6079	1	战中
飤敦	无图	《铭图》6064	2	春晚
御敦	A 敦	《铭图》6057	1	春晚
媵敦	豆	《铭图》6152	1	战时
馈盏	B 盏	《铭图》6055	1	战晚
飤盏	A、B 盏	《铭图》6068	6	春晚—战早
盏	B 盏	《铭图》6054	1	春晚
盏盂	A 盏	《铭图》6058	3	春晚
行盏	A 盏	《铭图》6059	1	春晚
盍	A、B 盏	《铭图》6056	2	春晚

---

① 周法高主编：《金文诂林》（第六册），香港：香港中文大学出版社，1975年，第3167~3173页。

② 赵平安：《金文考释二篇》，《语言研究》1996年第2期；陈剑：《青铜器自名代称、连称研究》，《中国文字研究》（第1辑），南宁：广西教育出版社，1999年。

第九节　豆的定名与自名

一、器型分析

（一）豆的器型分析

专名为"豆"的青铜器有 5 件，其中 1 件形制不明，其余 4 件可分为二型：

A 型：3 件。敛口，收腹。标本：1978 年陕西宝鸡西高泉村春秋墓出土周生豆（《铭图》6141），属于西周晚期。束腰高圈足，足缘较外撇。腹饰《云纹和》浮雕圆涡纹，圈足饰垂鳞纹，腰部有凸箍棱。通高（无盖）19.5 厘米、腹深 4.0 厘米、口径 14.8 厘米。内底铸铭 2 行 10 字："周生作尊豆，/用享于宗室。"（图 1-9-1，1）

B 型：1 件。直口，腹壁稍斜直外侈，大平底，形制实属于青铜铺类。标本：单旲生豆（《铭图》6129），属于西周晚期。束腰高圈足，圈足较粗，腹饰重环纹，圈足饰镂空环带纹，腹和圈足均有四道扉棱。通高（无盖）14.9 厘米、口径 17.8 厘米。内底铸铭 1 行 8 字："单旲生作羞豆，用享。"（图 1-9-1，2）

（二）锜的器型分析

专名为"锜"的青铜器有 2 件，形制与 A 型"豆"相似，但腹部明显较深，可分二型。

A 型：1 件。器腹为圆形。标本：克黄锜（《铭图》6132），属于春秋晚期。弧顶盖，盖边圆折，子口稍内敛，深腹内收，圈足细长，足缘较外撇，盖缘设三个环钮，盖沿有小卡扣，口下设

一对环耳。盖面和腹饰嵌红铜鸟兽纹。圈足上有铭文8字:"楚叔之孙克黄之𫓧。"(图1-9-1,3)

图1-9-1 豆、𫓧、盨

1. A型(周生豆) 2. B型(单吴生豆) 3. A型(克黄𫓧) 4. B型(𬪩方𫓧) 5. B型(䢵盨) 6. 斁子𩰬钲

B型：1件。器腹为方形。标本：河南固始侯古堆M1：P36𬪩方𫓧(《铭图》6155),属于春秋晚期。小平顶盖,四角各有一环钮,盖边及口下各有一对环耳,盖沿设卡扣,器直口,收腹,八棱柱柄,覆盘状底座。通体饰嵌红铜龙纹。通高29.7厘米、口边17.0×17.5厘米。盖、器同铭,各有2行4字:"𬪩之/飤𥂴。"(图1-9-1,4)

(三)盨的器型分析

专名为"盨"的青铜器目前仅有2件,形制相同,器身与B型𫓧相似,为方形。标本：1975年湖北随县均川公社刘家崖出土䢵盨(《铭图》6113),失盖,器折沿、方唇、束颈、折肩、收腹，圜底，底接之细圆柱柄已残佚，颈、肩设四环耳。上腹饰绹索纹、斜角雷纹、三角纹。腹深 6.7 厘米、口边长 13.3 厘米。腹内壁铸铭文 2 行 4 字："卲之/御錉。"（图 1-9-1，5）

（四）钲（镫）的器型分析

专名为"钲"的青铜礼器目前仅有 1 件，即戭子瘦钲（《铭续》0530），《商周青铜器铭文暨图像集成续编》谓其形制与哀成叔豆（《铭图》6166）相同，大小不详，盖铭有 4 行 26 字："唯正月吉日丁/亥，戭子瘦作糜/行钲（镫），眉寿无疆……"（图 1-9-1，6）

二、专名用字构形分析与解释

（一）豆

作为青铜器专名的"豆"字，字形见表 1-9-1·1，乃象形字，象豆的正视形（见），均隶作"豆"。《说文·豆部》："豆，古食肉器也。从口，象形。凡豆之属皆从豆。𢍵，古文豆。"《说文系传·豆部》："𢍵，古文豆。"

（二）锜

作为青铜器专名的"锜"字，字形见表 1-9-1·2-3，其构形可分两型：

A 型：从"金""奇"，即"锜"字。
B 型：从"皿""奇"，隶定为"盇"。

其中，A 型（锜），《说文·金部》："锜，鉏梧也。从金，奇声。江淮之间谓釜曰锜。"《方言》卷五："（鍑）江淮陈楚之间谓之锜。"郭璞《注》："或曰三脚釜也。"《诗·召南·采蘋》："于以湘之，维锜及釜。"《毛传》："锜，釜属。有足曰锜，无足曰釜。"汉代及以后的学者认为典籍所载之锜是釜类器，乃是以当世之器类解释前代未见之同名器类，不可据信。目前所见的两件春秋时期的青铜锜，其来源地皆不出江淮之外，可见汉代的器名"锜"渊源有自，应当是江淮地区特有的器名。B 型字未见于字书，然其所名之器——訇盉与克黄锜显然属于同类器物，唯二者形制存在一方一圆之差异（见"锜"的类型分析），我们认为"盉"当为"锜"字之异体。从形制来看，青铜锜明显是从商周青铜豆演变而来，可以归入豆类，"锜"也即豆的别名。① 汉代的锜虽然与东周青铜锜名称相同，但二者已经不再是同一种器类。

（三）錔

作为青铜器专名的"錔"字，字形见表 1−9−1·4。该字不见于字书，从"金""皿""𠂆"。"𠂆"当为声符，像一人跽跪且双手举向胸前之侧视形，就字形而言，与"孑"字小篆形体最相似，故《商周青铜器铭文暨图像集成》隶定为"鎡"。《说文·了部》："孑，无左臂也。从了、𠃌，象形。"则"孑"与"𠂆"的象形之意不合。此字，大多数学者隶定为"錔"，或有学者释为"釴"，黄凤春先生将此字与"盉"字并释为"敔"②，可备一说。无论其观点是否正确，克黄锜的存在表明敔并不专指方豆。由于材料太少，此器专名姑且拟定为"錔"，有待相关材料积累成熟时再行考释。从形制角度而言，錔与锜相似，也是豆的一种别名。

（四）钲（镫）

《说文·金部》："钲，铙也。似铃，柄中上下通。从金，正

---

① 目前材料似乎没有明显地表明青铜锜是有别于青铜豆的另一种器类。
② 黄凤春：《说方豆与宥坐之器》，《江汉考古》2011 年第 1 期。

声。"但戟子𤸫钲（《铭续》0530）显然不是乐器，形制与豆相似①，《商周青铜器铭文暨图像集成续编》读"钲"为"镫"，本文赞同。古书中，"證"与"正"相通，《太玄》曰："人不攻之，自然證也。"司马光《集注》："證当作正。""證"从"登"声，"钲"从"正"声，故戟子𤸫器之"钲"可读作"镫"，而非乐器之"钲"。《说文·金部》："镫，锭也。从金，登声。"《尔雅·释器》："瓦豆谓之登。"陆德明《经典释文》："登，本又作镫。"《仪礼·公食大夫礼》："大羹湆不和，实于镫。"郑玄《注》："瓦豆谓之镫。""镫"是豆的别名，材质不必限于陶豆。

表 1-9-1　青铜器专名豆、锜、䥧、钲字形表

字形						
序号	1	2	3	4	5	6

1. 周生豆（《铭图》6142）　2. 克黄锜（《铭图》6132）　3. 姒锜（《铭图》6115）　4. 邵䥧（《铭图》6113）　5. 戟子𤸫钲（《铭续》0530）　6. 哀成叔䥧（《铭图》6166）

三、类别名的确立与判别标准

前述4个专名中（见表1-9-2），"豆"出现时间最早，其最早之器为太师虘豆（《铭图》6158），形制不详，年代为西周中期后段，其余如"锜""䥧""镫"的出现年代都不早于春秋中

---

① 戟子𤸫镫（《铭续》0530）器影不详，《铭续》谓其形制与哀成叔豆相似。哀成叔豆自名"䥧"，以此为名的还有毁仲姜盆（《铭续》0537），若后者不伪，则"䥧"当为青铜礼器小共名。

期。出现频次上,"豆""锜""䤾""镫"的比例为5∶2∶2∶1,"豆"的出现频次明显偏高。通过我们前文的类型学分析,不难发现,A型豆与A型锜、B型锜及镫的形制比较接近,其共同点是,腹相对较深,圈底,柄较细长,故我们认为它们为同类器,类别名可统一称为"豆"。虽然A型豆与锜、䤾、镫之间形制也存在明显差异,但仅就使用频次而言,目前不宜将锜与䤾、镫各自列为独立的器类,如果将它们视为青铜豆下的几个亚型,则是相对稳妥的办法。从流行时间上看,专名"豆"在西周晚期以后消失,而"锜""䤾""镫"反而出现于春秋中晚期,这也暗示"锜""䤾""镫"可能是"豆"的方言名。信阳简2-012记载:"亓(其)木器,八方琦,二十豆,纯……"其中琦(通锜)、豆并列,二者似乎不是同类器物,但我们认为楚简记载的"豆"已经变成一种狭义上的豆,否则,春秋早期以后,"豆"这一专名不会从青铜礼器上消失。正是因为"豆"方言名的兴起,才导致原来的专名"豆"的消亡。

B型豆,我们认为应定名为"铺",即典籍所载之"簠",主要是出于以下几点考虑:

(1) B型豆为直口、浅腹、大平底,柄较粗,形制与豆、锜、䤾、镫差异明显。

(2) 与B型豆形制相同的青铜礼器通常以"铺"为其专名,目前统计有20件。从时间上看,专名"铺"出现于西周中期后段,一直使用到春秋晚期,其最早出现时间并不明显晚于专名"豆"。

(3) 西周中晚期,专名"豆"与"铺"都出现于陕西关中,地域上存在重合,可以排除"铺"为"豆"的方言名或别名。

青铜豆对个别器类的形制产生了较大影响,尤其是对簋和铺,这就需要建立豆与簋、豆与铺在形制及体量等方面的判别标准。青铜豆与簋的区分,实际就是青铜豆与豆形簋的区分,关于二者的区分标准，我们在"簋的自名与定名"一节已有详细分析，兹不赘述。青铜豆与铺的区分标准，实际就是上述第(1)点。

表1-9-2　器物类型与专名字形对应表

器物类型	专名		
	类型	频次	年代
A豆	豆	3	西晚
B豆（铺）	豆	1	西晚
A锜（圆）	锜（A锜）	1	春晚
B锜（方）	盇（B锜）	1	春晚
	錕	2	春中晚
镫	钲	1	春晚

四、自名与器型

如表1-9-3，含带专名"豆""锜""錕""镫"的青铜礼器自名形式分别有4种、2种、1种、1种，其结构可分为两种：第一种，自名由专名单独构成，如"豆""锜"；第二种，自名由"前缀词＋专名"构成，共有6种形式。前缀词有"尊""烝""羞""飤""御""行"，关于它们的含义，我们专辟一章进行解释。

青铜豆的形制标准即前文划分的A型豆、A型锜、B型锜、镫，我们可以据此系联出使用其他器类专名的青铜豆。这些专名有2个，即簋、敦，所使用的器型有J型簋（见"簋的自名与定名"一节）、E型敦（见"敦/盏的自名与定名"一节），所构成的自名，见表1-9-3最末两行。

表 1-9-3　含"豆""锜""錀""镫"的自名与器型对应表

自名形式	器物类型	器例	频次	年代跨度
豆	A	《铭图》6159	1	西晚
羞豆	B（铺）	《铭图》6129	1	西晚
尊豆	A	《铭图》6141	2	西晚
烝尊豆	无图	《铭图》6158	1	西中后
锜	锜A	《铭图》6132	1	春晚
飤锜	锜B	《铭图》6115	1	春晚
御錀	锜B	《铭图》6113	2	春晚
行钲（镫）	镫	《铭续》0530	1	春晚
篷	J篷	《铭图》6104	4	春早
滕敦	E敦	《铭图》6152	1	战国

第十节　铺的定名与自名

一、器型分析

（一）铺的器型分析

自带专名"铺"的青铜礼器 20 件，形制单一，不必分型。青铜铺均为直口，部分器或有折沿，腹壁稍斜直外侈，亚腰形高圈足（柄）。标本一：1976 年陕西扶风县庄白村 1 号窖藏 H1∶27 微伯癀铺（《铭图》6140），属于西周中晚期。窄沿、方唇，圈足较粗、足缘较外撇。腹饰重环纹，圈足饰镂空环带纹。通高（无盖）14.0 厘米、腹深 5.3 厘米、口径 27.5 厘米。内底铸铭 2 行 10 字："微伯癀作铺，/其万年永宝。"（图 1-10-1，1）标本二：2009年山东枣庄市徐楼村M1：24宋公固铺（《铭续》0532），属于春秋中期后段。弧顶盖，莲瓣形捉首，盖沿外折，有四个卡扣，器为折沿、方唇，足缘较外撇。盖顶中央、盖缘与器腹饰蟠蛇纹，莲瓣饰镂空蟠蛇纹，圈足中下部饰镂空方孔纹。通高24.6厘米、口径24.6厘米、圈足径17.6厘米。盖、器各铸铭文28字："有殷天乙唐/孙宋公固作/浅叔子馈铺,/其眉寿万年/……"（图1-10-1，2）

图1-10-1

1. 微伯疢铺（《铭图》6140）　2. 宋公固铺（《铭续》0532）　3. 邻陵君王子申盍（《铭图》6160）

（二）鈇盍

器名为"鈇盍"的青铜礼器2件，形制、纹饰、铭文相同。标本：1973年江苏无锡市前洲公社高渎湾出土邻陵君王子申盍（《铭图》6160），属于战国晚期。侈口，方唇，浅腹斜直内收，平底，柱状细高柄，与底座融为一体。素面。通高29.4厘米（无盖）、口径19.0厘米。外底刻铭文2圈半，共30字："邻陵君王子申，攸桦，造鈇盍，攸沱岁尝……"（图1-10-1，3）

二、“铺”“盍”构形分析与器类名的确立

（一）铺

作为青铜器专名的“铺”字，字形如表 1－10－1・2－7 所示，可以分为六型：

表 1－10－1　“铺”“盍”字形表

字形		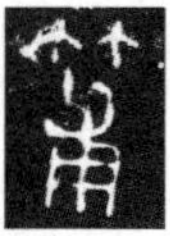	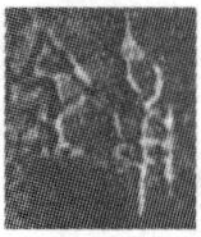				
序号	1	2	3	4	5	6	7

1. 曾仲斿父铺（《铭图》4673）　2. 微伯瘐铺（《铭图》4681）　3. 遣盙父铺（《铭续》0528）　4. 鲁大司徒厚氏元铺（《铭图》6154）　5. 晋侯对铺（《铭图》6153）　6. 虢仲铺（《铭续》0527）　7. 邦陵君王子申盍（《铭图》6160）

A 型：9 例。从“用”“父”，原篆见表 1－10－1・1，隶作“甫”。使用时间从西周晚期到春秋早期。

B 型：4 例。从“竹”“甫”，原篆见表 1－10－1・2，隶作“簠”。使用时间从西周中期后段到春秋晚期。

C 型：2 例。从“金”“甫”，原篆见表 1－10－1・3，隶作“铺”。仅见于西周晚期。

D 型：3 例。从“匚”“甫”，原篆见表 1－10－1・4，隶作“匿”。仅见于春秋中期。

E 型：1 例。从“厂”“甫”，原篆见表 1－10－1・5，隶作“庯”。见于西周晚期。

F 型：1 例。从“甫”“皿”，原篆见表 1－10－1・6，隶作“盙”。见于春秋早期。

以上各型中，只有 B 型、D 型不见于字书。

A 型（甫），《说文·用部》："甫，男子之美称也。从用、父，父亦声。""甫"用作器名，系借字。"甫"作为青铜礼器专名，最早使用于西周晚期，而 B 型字早于它的出现时间，故青铜铺这一器类产生时，人们可能并非直接借用"甫"字表示其专名。

B 型（䈰），不见于字书。从"竹"，乃言其质地，表明青铜铺出现之前或产生之初的同时，已经存在竹制的铺。

C 型（铺），《说文·金部》："铺，箸门铺首也。从金、甫声。"作为青铜礼器专名之"铺"，显然与《说文》之铺（首）所指不同。我们认为，由于青铜铺的消亡，到了汉代，"铺"字转而指代他物。

D 型（匬），不见于字书。从"匚"，乃言其类别。

E 型（庯），《说文·厂部》："庯，石间见。从厂，甫声，读若敷。"其用作青铜礼器名，系借字。

F 型（盙），《龙龛手鉴·皿部》："盙，俗。簠，正。甫、夫音。簠簋，祭器也。"清朱彝尊《日下旧闻考·长林片叶》："列鼎俎与盙豆兮，献桂酒以陈辞。"字书以"盙"为"簠"之俗字，然前者似亦渊源有自，非后人臆造。《说文·皿部》："簠，黍稷圜器也。从竹、皿、甫声。匫，古文簠从匚、夫。"《说文》"簠"字小篆的构形，实际就是上文 B 型和 F 型构形的集合。根据"盨""盉"等字的构形规律，青铜铺很可能存在"簠"这样的专名字形。进而言之，经籍记载的簠，就是我们所说的青铜铺。簠，郑玄以为是黍稷方器，实误。从出土材料来看，簠既非方器，亦非单纯的黍稷器，其功用为盛饭、盛肉，故其自名有"馈铺""膳铺"。

排除了假借字，再参考各字形的使用频次。青铜铺的专名用字似以"䈰""匬""铺"较有代表性，一方面，"铺"见于字书，更具有代表性。另一方面，A-F 型在典籍中写作"簠"，从所举 F 型的例子来看，不排除今后会发现"簠"这一专名字形，因此用"簠"来作为这一器类专名的代表字也非常合适。但是，学界目前对簠的理解仍存在较大偏差：其一，传统的且当前仍然较流行的看法是，簠为黍稷方器，即本书所定名的青铜盨类器物；其二，以高明先生为代表的学者①，认为"簠"即本节所定名的形制与豆相似的青铜铺类器物。我们虽然赞同高明先生的看法，但为了避免学术争议给青铜礼器定名带来的理解上的困扰，故认为用"铺"作为代表性字形比较合适。

顺便论及的是，传统观点将本书确立的青铜盨类器物定名为簠的主要证据有两条：其一，本书青铜盨的 Bc 型专名作"匭"，C 型专名作"𥬆"，二者均从"夫"声，而《说文》"簠"字的古文作"匫"，亦从"夫"声，则本书所列"盨"字的各型读作"簠"也就没有障碍；其二，《周礼·地官·舍人》郑玄注："方曰簠，圆曰簋，盛黍稷稻粱器。"依郑注，簠为方形器，显然与本书的青铜盨对应，而与青铜铺差别甚远。实际上，关于簠、簋的形制，郑玄与许慎的看法截然相反，说明东汉学者对先秦簠、簋形制已经不太清楚。郑、许二人的看法，可能一人全对而另一人全错，或各自都对了一部分。既然如此，对许慎《说文》以"匫"为"簠"字古文的这一看法，我们也就不能盲目信从，换言之，"匫"也可能如"𥬆"一样读作"盨"，只是许慎整理古文时误从前人读作"簠"。另外，本节确立的青铜铺之专名中，任何一个都不从"夫"声，故可旁证本书青铜盨类器的专名不能读作"簠"。

---

① 高明：《盨、簠考辨》，《文物》1982 年第 6 期；又载入氏著《高明学术论集》，上海：上海古籍出版社，2013 年。

（二）盉

盉，原篆如表 1-10-1·7 所示。《说文·血部》："盉，覆也。从血，大声。"段玉裁注："其形隶变作盉。"典籍中有"槅"，《说文·木部》："槅，酒器也。"此"槅"不是鈇盉。鈇盉的形制与汉代的长柄灯很相似，然其为青铜铺的演变形式。由于使用这种专名的青铜礼器极少，暂宜根据形制归入铺类。

三、自名与器型

如表 1-10-2 所示，含专名"铺"的自名有 6 种形式，其结构可分为两种：一种是自名由单独的专名构成；另一种是"前缀词+专名"的形式。前缀词有"宝""尊""旅""膳""馈"，都是普通的常见词。含专名"盉"的自名仅"鈇盉"一种形式。就目前材料所见，自带专名"铺"的青铜礼器皆为青铜铺的标准形制，由此可判别 B 型"豆"——单吴生豆（《铭图》6129）实为铺。

表 1-10-2　含"铺""盉"的自名与器型对应关系表

自名形式	器物类型	器例	频次	年代跨度
铺	铺	《铭图》6140	6	西中后段—春早
宝铺	铺	《铭图》6130	3	西晚—春早
尊铺	铺	《铭图》6153	3	西晚
旅铺	铺	《铭续》0527	2	西晚—春早
膳铺	铺	《铭图》6156	3	春中
馈铺	铺	《铭续》0532	3	春中后段—春晚
鈇盉	鈇盉	《铭图》6160	2	战晚

第十一节　镐的定名与自名

自带专名"镐"的两周青铜礼器，目前仅发现3件，其中1件形制不明。另外2件皆属于战国晚期，形制、大小相似，不可分型。标本：1933年安徽寿县朱家集李三孤堆楚王墓出土太子镐（《铭图》15055），直口，收腹，大平底，口下有4个铺首耳，通高26.5厘米、口径54.5厘米。刻铭1行6字："集厨太子之镐。"（图1-11-1，1）

作为青铜礼器专名的"镐"字，皆从"金""高"声，原篆如图1-11-1，2所示。《说文·金部》："镐，温器也。从金，高声。"

图1-11-1

1. 太子镐（《铭图》15055）　2. 太子镐专名（《铭图》15055）

青铜镐的形制虽然与青铜鉴相似，但二者之间仍存在区别，表现为青铜镐无宽折沿，直口且稍内敛，底无圈足，器身无大而厚的半环耳，青铜鉴的造型则几乎与之相反。因此，镐可以设为一个独立的器类。

青铜镐的自名有"镐""飤晋镐"两种，铭文显示都与"集厨"有关，表明这种器类属于盛食器。

第二章 酒 器

第一节 罍的定名与自名

一、器型分析

（一）罍的类型分析

自带专名"罍"的青铜容器 10 件，其中器形可知者 7 件，根据器身横截面形状差异，可分为两型：

A 型：1 件。方罍，器身横截面为方形。标本：1976 年陕西扶风庄白村 1 号窖藏 H1：17 陵方罍（《铭图》13817），属于西周早期后段。直口，溜肩，深腹内收，高圈足斜直外撇，肩部设套环兽首半环耳，下腹有一只半环耳。口下、肩部、圈足各饰两周弦纹，肩部是浮雕圆涡纹和兽头饰。通高（无盖）38.2 厘米、口 13.8×14.7 厘米、腹深 33.0 厘米。口内有铭文 3 行 9 字："陵作父/日乙宝/罍。🐚。"（图 2-1-1，1）

B 型：圆罍，器身横截面为圆形。根据器身形态不同，可分为两亚型。

Ba 型：4 件。肩相对较窄，腹相对较深。标本一：1973 年陕西扶风劝读村出土对罍（《铭图》13829），属于西周中期。侈口，平沿，直颈，折肩，收腹，圈足较外撇。颈饰窃曲纹，肩饰圆涡纹与变形四瓣目纹，腹饰垂叶状龙纹，圈足饰弦纹。通高（无盖）46.0厘米、腹深38.5厘米、口径23.0厘米。颈内壁有铭文8行25字："对作文/考日癸/宝尊罍，/子子孙孙其……"（图2-1-1，2）标本二：2002年山东枣庄市东江小邾国墓地出土昶伯㪚山罍（《铭图》13826），属于春秋早期。与对罍形制相似，但器身相对矮胖。颈和圈足饰变形夔龙纹，肩饰窃曲纹，腹饰垂叶状龙纹。大小暂不详。口内壁有铭文1周18字："昶伯㪚山作宝罍，其万年子子孙孙永宝用享。"（图2-1-1，3）

Bb型：2件。较Ba型矮胖，广肩，浅腹。标本：1954年山东枣庄市峄县出土邳伯夏子罍（《铭图》14089），属于战国早期。侈口、平沿、束颈，肩部圆折，收腹，平底无圈足，肩部设套环牛首半环耳。肩、上腹饰蟠虺纹，中腹饰垂叶状蟠虺纹。通高（无盖）28.5厘米、口径21.3厘米。口沿有铭文1周29字："唯正月初吉丁亥，邳伯夏子自作尊罍……"（图2-1-1，4）

（二）鑐的类型分析

自带专名为"鑐"的青铜容器共13件，根据圈足的有无，可分为两型：

A型：3件。有圈足或假圈足，形制与Ba型罍很相似。标本：仲义父鑐（《铭图》13999），属于西周晚期。弧顶盖，侈口，束颈，肩部圆折，收腹，假圈足较直，口下有小环钮，肩部设一对卷龙耳。盖、下肩、圈足饰重环纹，上肩饰窃曲纹，腹饰垂鳞纹。通高44.0厘米、腹深34.8厘米、口径15.4厘米。盖、器同铭，各有16字："仲义父作旅霝（鑐），其万年子子孙孙永宝用。"（图2-1-1，5）

B型：无圈足。根据器身形态差异分为三个亚型。

Ba型：5件。颈稍长。标本：1970—1972年湖北随县均川熊家老湾出土曾伯文鑐（《铭图》13993），属于西周晚期。浮雕盘龙钮盖，侈口，束颈，折肩，收腹，平底，肩设卷龙耳。肩饰蟠龙纹，通高36.0厘米、口径15.5厘米。口沿有铭1周12字："唯曾伯文自作䍃歔罍，用征行。"（图2-1-1，6）

Bb型：1件。长颈。标本：京叔罍（《铭续》0900），属于西周晚期。侈口，束颈，宽肩，收腹稍浅，平底，上肩设绚索耳一对。通高（无盖）33.5厘米、腹径31.0厘米。口内壁有铭文3行6字："京叔/荁嬴/䐴罍。"（图2-1-1，7）

Bc型：4件。短颈，广肩，器身矮胖。标本一：1983年河南光山宝相寺上官岗春秋墓G2：A10黄夫人罍（《铭图》13997），圆形平板盖，侈口、宽沿，颈向上外张，折肩，收腹，平底，兽首半环耳。盖饰窃曲纹，肩、腹饰带状蟠虺纹。通高27.0厘米、口径16.7厘米。肩外壁有铭文15字："黄子作黄甫（夫）人孟姬行器，则永祜福。罍。"（图2-1-1，8）标本二：1975年河南潢川县磨盘山水库出土伯亚臣罍（《铭图》14007），侈口，粗颈，肩部圆折，收腹，平底。素面。通高（无盖）25.5厘米、口径20.0厘米。肩外壁有铭文34字："唯正月初吉丁亥，黄孙须颈子伯亚臣，自作罍，用征……"（图2-1-1，9）

1　　　　　2　　　　　3

图 2-1-1 罍、罐

1. A 型（陵方罍）　　2. Ba 型（对罍）　　3. Ba 型（昶伯夐山罍）
4. Bb 型（邓伯夏子罍）5. A 型（仲义父罐）　6. Ba 型（曾伯文罐）
7. Bb 型（京叔罐）　　8. Bc 型（黄夫人罐）　9. Bc 型（伯亚臣罐）

注：罍：1—4　罐：5—9

（三）䍃

自带专名"䍃"的青铜容器有 3 件，其中仅 1 件器形可知。标本：番伯宫曾䍃（《铭图》14006）。形制与 Bc 型罐相似，侈口、短颈、折肩、较宽、收腹、平底、无耳。肩饰卷龙纹，腹饰垂鳞纹。通高（无盖）23.5 厘米、口径 18.3 厘米。口沿有铭文 20 字："唯番伯宫曾自作宝䍃，其万年子子孙孙永宝用享。"（图 2-1-2，1）

（四）瓶

自带专名"瓶"的青铜容器有 1 件，形制与 Bc 型"罐"基本相同。标本：陕西凤翔城北出土荔仲甗瓶①，属于春秋晚期。侈口，直颈，肩稍陡，收腹，平底，套环兽首半环耳。通高（无盖）30.5厘米、口径17.3厘米、腹径34.0厘米。肩外有铭文25字："丁亥，荔仲甗作其宗器尊鑑（瓶），眉寿万年无疆，子子孙孙永宝□□。"（图2-1-2，2）

图 2-1-2 鑑、瓶

1. 番伯官曾䍃 2. 荔仲甗瓶

二、"䍃"字构形分析与解释

（一）䍃

作为器物专名的"䍃"字，字形见表 2-1-1·1-5，可分为三型：

A 型：6 例。仅从"䍃"，原篆见表 2-1-1·1-3。使用年代为西周早期至春秋早期。

B 型：2 例。从"皿""䍃"，原篆见表 2-1-1·1-4，隶作"䍃"。使用年代为商末周初至西周中期。

C 型：2 例。从"缶""䍃"，原篆见表 2-1-1·1-5，隶作"䍃"。仅见于战国早期。

---

① 景宏伟、曹建宁：《陕西凤翔小沙凹村发现春秋时期窖藏青铜器》，《考古与文物》2016 年第 4 期。

另外，函皇父簋、盘所记之器物名"罍"字作"鑰"（见表 2-1-1·6），从"金""䍃"，暂未见用作青铜罍之专名。

A 型即"雷"之古文，《说文·雨部》："雷，阴阳薄动，雷雨生物者也。从雨、晶，象回转形。㞼，籀文，雷閒有回。回，雷声也。㗊，古文雷。䨩，古文雷。""雷"用作器物名，显系借字。如表 2-1-2，A 型字与 B 型字皆用作 Ba 型器之专名，故此两型之字相通，进而 A 型字也通"罍"。

B 型（罍）从"皿"，乃表意，该字形为《说文》"櫑"字之或体（详下文）。

C 型（罍）从"缶"，亦表意。《说文·木部》："櫑，龟目酒尊，刻木作云雷象，象施不穷也。从木、从晶，晶亦声。䍃，櫑或从缶。㿿，櫑或从皿。䨓，籀文櫑从缶、回。"由此可知，"罍"亦"櫑"字之或体。B 型虽然早于 C 型出现，前者使用时间并不长，又典籍对这一专名之字皆写作"罍"而不写作"罍"，故本文亦从传统之说，采用"罍"字。

（二）鑵

作为青铜器专名的"鑵"字，其构形可分为两型。

A 型：6 例。仅从"霝"，原篆见表 2-1-1·7。使用时间为西周晚期与春秋早期。

B 型：7 例。从"缶""霝"，原篆见表 2-1-1·8，即"鑵"字。使用时间为西周晚期至春秋中期。

A 型（霝），《说文·雨部》："霝，雨零也。从雨，㗊象霝形，《诗》曰'霝雨其濛'。"此处用作器物名，显系借字。如表 2-1-2 所示，A 型（霝）、B 型（鑵）皆用作 A 型、Ba 型、Bc 型器之专名，可证 A 型字可假借为"鑵"。B 型（鑵）从"缶"，乃表意，当为这一专名用字之正体。《说文·缶部》："鑵，瓦器也。从缶，霝声。"青铜鑵在战国以后消失，故《说文》谓

"鑐"为瓦器之属。《广雅·释器》:"鑐,瓶也。"

（三）罍

罍,3例,原篆见表2-1-1·9,见于西周晚期和春秋早期。该字不见于字书,或以为从"林"声,通"鑐",姑且存疑。

（四）甒

鑑,1例,见于春秋中期,原篆见表2-1-1·10,从"金""皿""無","無"为声符。此字应如《铭图》14087所释,即经籍之"甒"字。《仪礼·少牢馈食礼》:"甒有玄酒",郑玄《注》:"古文甒皆作廡。"《方言》卷五:"甖,周魏之间谓之甒。"《玉篇·瓦部》:"甒,盛五升小罂也。"

表 2-1-1 青铜器专名"罍""鑐""鑑""甒"字形表

字形					
序号	1	2	3	4	5
字形					
序号	6	7	8	9	10

1. 陵方罍（《铭图》13817） 2. 洭御事罍（《铭图》13827） 3. 对罍（《铭图》13829） 4. 乃孙罍（《铭图》13823） 5. 邓伯夏子罍（《铭图》14090） 6. 函皇父鼎（《集成》4142） 7. 郑义伯鑐（《铭图》14008） 8. 仲义父鑐（《铭图》14000） 9. 番伯官曾罍（《铭图》14006） 10. 莿仲甗甒（《铭图》14087）

三、类别名的确立与判别标准

上述 4 个专名中，见表 2-1-2，"罍"的出现年代最早，使用时间最长（约从商末周初到战国早期），但从春秋中期开始，就很少出现；"𦉢"的使用时间为西周晚期至春秋中期；"𦉢"的使用时间为西周晚期和春秋早期；"瓺"仅见于春秋中期。从器物类型来看，Ba 型罍与 A 型𦉢形制非常接近，Bb 型罍与 Bc 型𦉢形制非常接近，而 Ba 型罍显然是 A 型𦉢向 Bc 型𦉢演变的过渡形态，Bb 型𦉢形制罕见且数量极少，罍与𦉢之间在体量上无明显的区分规律，因此，我们认为青铜罍与𦉢是同类器物，这也可以解释为何经典中有罍而无𦉢。既然这一器类的专名已经有"罍"，又何必多出一个使用时间并不短、使用频次不低的"𦉢"？我们推测，𦉢最初是作为罍的方言名出现的，这一专名出现后一度比较流行，几乎取代了"罍"的使用。如前所述，专名"罍"的出现年代最早、使用时间最长，故而可以作为这一器类的统一专名。对形制相似的无自名青铜礼器的定名，一般情况下定为"𦉢"亦未尝不可，但考虑到专名"𦉢"的出现时间，我们对于西周中期及其之前的这类器物应该定名为罍。"𦉢""瓺"的形制与 Bc 型𦉢相似，前二者数量较少，使用年代较短，可能是罍/𦉢方言名。青铜罍受其他器类形制影响较小，前文器物类型分析中，A 型罍、Ba 型罍、Bb 型罍、A 型𦉢、Ba 型𦉢、Bb 型𦉢、Bc 型𦉢皆为青铜罍的标准形制。

表 2-1-2　器物类型与专名字形对应关系表

器物类型		专名		
		类型	频次	年代
罍	A	A	1	西早后段
	Ba	A	3	西中—春早
		B	1	商末周初
	Bb	C	2	战早
鑵	A	A	1	西晚
		B	2	西晚
	Ba	A	2	西晚
		B	3	西晚
	Bb	A	1	西晚
	Bc	A	2	春早
		B	2	春早
鑑		鑑	1	春中
醻		醻	1	春早

四、自名与器型

如表 2-1-3，含带专名"罍""鑵""醻""瓵"的青铜礼器自名形式分别有 4 种、6 种、1 种、1 种，其结构可分为两类：第一类，自名由专名单独构成，如"罍""鑵"；第二类，自名由"前缀词+专名"构成，共有 6 种形式。前缀词有"宝""尊""旅""饮""媵"，关于它们的含义，我们专辟一章进行解释。目前，暂未发现使用"罍""鑵""醻""瓵"这四个专名的其他器类。

表 2-1-3 含"罍""鑘""盨""瓺"的自名与器型对应表

自名形式	器物类型	器例	频次	年代跨度
罍	Ba	《铭图》13823	1	商末周初
宝罍	A、Ba	《铭图》13817	3	西早—春早
尊罍	Ba、Bb	《铭图》14089	4	西中后段—战早
宝尊罍	Ba、无图	《铭图》13829	2	西早—西中
鑘	A、Bc	《铭图》14008	3	西晚
宝鑘	Bc	《铭图》14007	1	春早
旅鑘	A、Ba	《铭图》13994	4	西晚
饮鑘	Ba	《铭图》13993	1	西晚
媵鑘	Bb	《铭续》0900	1	西晚
尊鑘	Ba、Bc	《铭图》14001	3	西晚—春中
宝盨	Bc 鑘	《铭图》14006	3	西晚—春早
尊瓺	Bc 鑘	《铭图》14087	1	春中

第二节 壶的定名与自名

一、器型分析

两周青铜礼器中，自带专名"壶"的器物共 232 件，其中，器影不明者 41 件，仅壶盖形制可察者 16 件，其余 175 件，根据盖、器横截面形状的不同，可分为两大型。

A 型：横截面为圆形。

Aa 型：侈口，粗颈，垂鼓腹，圈足。根据耳部形态的不同，又可分为4个次亚型。

AaⅠ型：56件。半环耳，耳或套环。标本：1993年山西曲沃县北赵村晋侯墓地M63：82杨姞壶（《铭图》12240），属于两周之际。圈形捉首盖，兽首耳有套环，圈足外撇，通高35.8厘米、口径12.4厘米。盖、器同铭，各9字："杨姞作羞醴壶，永宝用。"（图2-2-1，1）

AaⅡ型：8件。贯耳。标本：1978年河南信阳市平桥南山嘴春秋墓M1：5樊夫人龙嬴壶（《铭图》12296），属于春秋早期。桥形钮盖，圈足外撇，通高26.8厘米、口径12.6厘米。器身铸有铭文13字："樊夫人龙嬴用其吉金，自作行壶。"（图2-2-1，2）

AaⅢ型：2件。兽钮耳。标本：1994年山西曲沃县北赵村晋侯墓地M92：8晋侯僰马壶（《铭图》12276），属于西周中期。圈形捉首盖，圈足外撇，圆雕虎首耳。通高42.6厘米、口径16.0厘米。盖内有铭文12字："晋侯僰马作宝尊壶，其永宝用。"（图2-2-1，3）

AaⅣ型：1件。半环耳套接提梁。标本：河南平顶山市应国墓地M48：4少姓壶（《铭图》12111），属于西周早期后段。圈形捉首盖，圈足外撇，通高22.4厘米、口径7.2厘米、腹径13.6厘米。盖有铭文5字："少姓作用壶。"（图2-2-1，4）

Ab型：侈口，颈略粗，圆鼓腹，圈足。根据耳部形态不同，分为2个次亚型。

AbⅠ型：11件。铺首耳。标本：1928—1931年间河南洛阳金村出土令狐君嗣子壶（《铭图》12435），属于战国中期。盖冠为莲瓣状，腹部较深，直圈足。通高46.5厘米、口径14.8厘米。铸有铭文50字："唯十年四月吉日，令狐君嗣子作铸尊壶……"（图2-2-1，5）

AbⅡ型：3件。标本：1963年山东临朐县杨善村公子土斧壶(《铭图》12423),属于春秋晚期。环钮盖,腹较长,假圈足,半环耳套接提链。通高44.0厘米、口径8.5厘米。器身刻铭39字:"公孙灶洀事岁,饭者月,公子土斧作子仲姜擩盘壶,用旂……"(图2-2-1,6)

Ac型:3件。细颈,广肩,垂鼓腹。标本:1986年河南信阳市平西村春秋墓出土番叔壶(《铭图》12289),属于春秋早期。桥形钮盖,折沿,颈微束,圈足极外撇,肩部有一对贯耳。通高25.0厘米、宽8.0厘米。器身铸有铭文12字:"番叔□龠自作宝壶,其永用之。"(图2-2-1,7)

Ad型:10件。壶体细长,大致呈橄榄形。标本:2013年湖北随州市蒋寨村叶家山M28:178曾侯谏作媿壶(《铭续》815),属于西周早期前段。圈形捉首盖,侈口,束颈,微鼓腹,圈足外撇。通高46.0厘米、口径10.5厘米。盖、器同铭,各7字:"曾侯谏作媿肆壶。"(图2-2-1,8)

Ae型:1件。形制与Aa型相似,无耳,腹部设兽首錾,颈有管状流。标本:2013年湖北随州市蒋寨村叶家山M111:117曾侯壶(《铭续》0807),属于西周早期。桥形钮盖,盖与颈部有链环套接。通高40.3厘米、口径10.9厘米。盖、器铭文相同,各有5字:"曾侯作田壶。"(图2-2-1,9)

Af型:1件。盖与口成鹰首形,颈稍长,深鼓腹,矮圈足。标本:传世国子山壶(《铭图》12270),属于春秋早期。壶口有喙形槽流,颈部设钮,套接提梁,通高40.6厘米。器身刻铭文11字:"齐大司徒国子山爲其盥壶。"(图2-2-1,10)

Ag型:2件。纵截面似倒立的瓜子形。标本:1977年山东曲阜县鲁国故城望父台M48:16侯母壶(《铭图》12323),春秋早期。蟠龙盖,直口,鼓腹,圈足外撇,器身上下有半环钮,通高38.0厘米、口径10.2厘米、腹径28.0厘米。盖、器同铭,各15字:"侯母作侯父戎壶,用征行,用求福无疆。"(图2-2-

1,11)

　　Ah型：1件。体成瓠瓜形。标本：1988年山东莒县于家沟村出土孝子平壶（《铭图》12358），属于春秋晚期。半环钮盖，盖缘设短管流，长颈，鼓腹，圈足极矮，腹侧有兽首活动錾。通高34.6厘米、口径8.2厘米。器身铸铭文28字："莒太叔之孝子平作其盥□壶，用征台……"（图2—2—1，12）

图2—2—1　A型"壶"

1. AaⅠ型（杨姞壶）　2. AaⅡ型（樊夫人龙嬴壶）　3. AaⅢ型（晋侯㚸马壶）　4. AaⅣ型（少姓壶）　5. AbⅠ型（令狐君嗣子壶）　6. AbⅡ型（公子土斧壶）　7. Ac型（番叔壶）　8. Ad型（曾侯谏作媿壶）　9. Ae型（随州蒋寨村叶家山M111：117曾侯壶）　10. Af型（国子山壶）　11. Ag型（侯母壶）　12. Ah型（孝子平壶）　13. Ai型（丼叔壶）

Ai 型：1 件。形制与筒形卣或现代的直筒杯相似。标本：1985 年陕西长安张家坡 M165：14 丼叔壶（《铭图》10859）[①]，属于西周中期后段。失盖，子口，直筒腹，圈足较外撇，腹两侧各有一对"匚"形耳。腹上下各饰一周窃曲纹。通高（无盖）14.5 厘米、口径 9.8 厘米。内底有铭文 2 行 5 字："丼叔作/饮壶。"（图 2-2-1，13）

B 型：横截面为圆角矩形或四边略外凸的矩形。

Ba 型：侈口，粗颈，垂鼓腹，圈足。根据耳部形态的不同，可分为 4 个次亚型。

Ba Ⅰ 型：47 件。半环耳，耳或套环。标本：河南三门峡市上村岭虢国墓地 M2001：92 虢季壶（《铭图》12222），属于春秋早期。圈形捉首盖，圈足外撇，象首耳，双耳套环。通高 48.1 厘米、口径 15.2×9.1 厘米。器底铸铭 2 行 8 字："虢季作宝/壶，永宝用。"（图 2-2-2，1）

Ba Ⅱ 型：12 件。贯耳。标本：2002—2003 年湖北枣阳郭家庙曾国墓地 M1：8 弦伯佳壶（《铭图》12305；《资料库》NA1200），属于春秋早期，形制与上述虢季壶相似。通高 47.6 厘米、口横 17.0 厘米、腹深 34.0 厘米。盖、器同铭，各 5 行 16 字："弦伯佳/作鸡宝/壶，其万/年子子孙孙/用之。"[②]（图 2-2-2，2）

Ba Ⅲ 型：6 件。爬兽耳。标本：安徽寿县西门内蔡侯墓 15.2 蔡侯申壶（《铭图》12188），属于春秋晚期。莲瓣冠形盖，圈足下承接四只兽形足。通高 80.0 厘米、口径 18.7×18.2 厘米、腹深 51.0 厘米。器身铸铭 2 行 6 字："蔡侯申/之鬺壶。"

[①] 中国社会科学院考古研究所：《张家坡西周墓地》，北京：大百科全书出版社，1999 年，第 155、159、161 页。

[②] 郭家庙曾国墓地 M1：8 弦伯佳壶器铭见《资料库》NA1200，《铭图》仅收录其盖铭。

(图 2-2-2,3)

BaⅣ型:1 件。半环耳套接提梁。标本:2011 年湖北随州蒋寨村叶家山 M65:31 曾侯壶(《铭图》12132),属于西周早期前段。圈形捉首盖,通高 44.0 厘米、口径 9.2×14.8 厘米、腹深 30.1 厘米。盖、器同铭,各 1 行 5 字:"曾侯作田壶。"(图 2-2-2,4)

Bb 型:2 件。侈口,颈部较细长,鼓腹,圈足。标本:上海博物馆藏伯游父壶(《铭图》12412),属于春秋中期。环钮盖,溜肩,圈足外撇,肩部有一对爬龙耳。通高 37.4 厘米、口径 11.8×14.9 厘米、腹径 21.6×26.2 厘米。器身铸铭文 7 行 30 字:"……马/颈君伯游/父作其旅/壶,其眉寿/无疆……"(图 2-2-2,5)

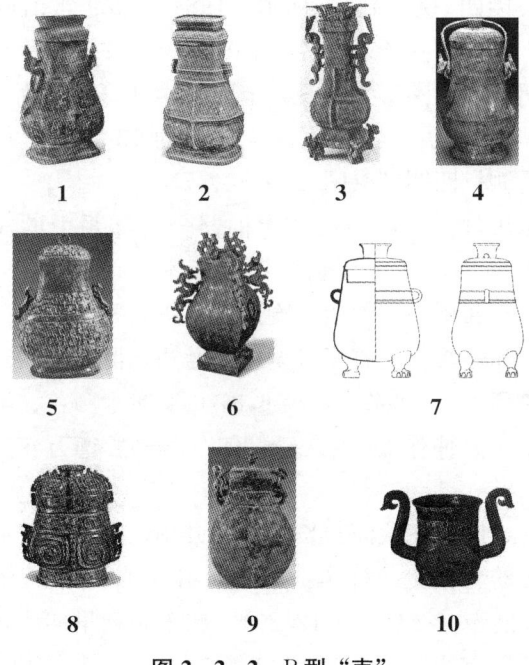

图 2-2-2　B 型"壶"

1. BaⅠ型（虢季壶）　2. BaⅡ型（弦伯佳壶）　3. BaⅢ型（蔡侯申壶）
4. BaⅣ型（曾侯壶）　5. Bb 型（伯游父壶）　6. Bc 型（中山王礜壶）
7. Bd 型（仲䚄父壶）　8. Be 型（冕仲饮壶）　9. Bf 型（薛侯壶）
10. Bg 型（伯戔饮壶）

Bc 型：2 件。器身横截面为方形，颈较粗短，鼓腹，圈足，战国墓葬遣策或记为"钫"。标本：1977 年河北平山县三汲乡中山王墓 xk15 出土中山王礜壶（《铭图》12455），属于战国中期。盝顶盖，直口，溜肩，圈足直撇，有宽折边，肩有四只龙形耳。通高 63.0 厘米、口边长 15.0 厘米。器身刻铭 40 行 450 字："唯十四年，中山王礜命相邦贾/择燕吉金，铸爲彝壶，节于禋……"（图 2-2-2，6）

Bd 型：1 件。横截面为圆角矩形，敛口，无颈，深腹，腹壁下扩，底接四只兽蹄腿。标本：1984—1989 年山西曲沃县天马曲村 M6231.25 仲䚄父壶（《铭图》12301；《新收》955），属于西周早期后段。圈形捉首盖，上腹设半环耳，通高 32.0 厘米、口径 15.2 厘米。盖、器同铭，各 3 行约 13 字："仲䚄父令色以/旁壶□□财/四朋。"（图 2-2-2，7）

Be 型：1 件。形制与传统青铜器分类体系中的卣相似，但体量较后者偏小，且无耳和提梁。标本：冕仲饮壶（《铭图》10863），属于西周中期前段。圈形捉首盖，子口，垂鼓腹，圈足外撇。盖面和器腹饰简省蜗身夔纹，盖边与圈足饰蚕纹，口下饰长鸟纹。通高 14.8 厘米、口径 6.8×8.4 厘米。盖、器同铭，各 4 行 14 字："冕仲作倗/生饮壶，匄/三寿懿/德万年。"（图 2-2-2，8）

Bf 型：2 件。横截面为长方形，束颈，鼓腹，平底，形制属于本书划分的青铜鈚。标本：1995 年山东滕州市官桥镇薛国故城 M3:9 薛侯壶（《铭图》12120），属于春秋早期。盖钮为立鸟形，子口，肩有半环耳，通高 22.0 厘米。器身铸铭 2 行 4 字：

"薛侯/行壶。"（图2-2-2，9）

Bg型：1件。器身横截面为椭方形，形制与粗矮体觯（罐）相似，但是下腹向上伸出一对象鼻状鋬。标本：1975年陕西扶风庄白村伯戏墓出土伯戏饮壶（《铭图》10857），[①] 属于西周中期前段。侈口，粗颈，垂鼓腹，圈足外撇。颈饰一周长鸟纹。通高（无盖）14.5厘米、腹深11.5厘米、口径10.9厘米。内底有铭文1行5字："伯戏作饮壶。"（图2-2-2，10）

二、"壶"字构形分析与解释

作为青铜礼器专名之"壶"字，如表2-2-1所示，根据偏旁结构的不同分为5型。

A型：即"壶"字，原篆见表2-2-1·1-25。

B型：从"壶""皿"，原篆见表2-2-1·26，隶定为"盉"。

C型：人"壶""廾"，原篆见表2-2-1·27-28，隶定为"拜"。

D型：从"壶""殳"，原篆见表2-2-1·29，隶定为"毂"。

E型：从"壶""欠丨"，原篆见表2-2-1·30，隶定为"歀"。

[①] 扶风县文化馆、陕西省文管会：《陕西扶风出土西周伯戏诸器》，《文物》1976年第6期。

表 2-2-1　专名"壶"字字形表

字形								
序号	1	2	3	4	5	6	7	8
字形								
序号	9	10	11	12	13	14	15	16
字形								
序号	17	18	19	20	21	22	23	24
字形								
序号	25	26	27	28	29	30	31	32
字形								
序号	33	34	35	36	37	38	39	

1. 番匊生壶（《铭图》12416）　2. 伯壶（《铭图》12109）　3. 曾侯壶器（《铭图》12132）　4. 子婿迊子壶（《铭图》12160）　5. 盛季壶（《铭图》12191）　6. 芮公壶（《铭图》12245）　7. 曾孙乔壶（《铭续》0814）　8. 令狐君孺子壶（《铭图》12434）　9. 中山王䶮壶（《铭图》12455）　10. 盩叔壶（《铭图》12287）　11. 彭伯壶器（《铭图》12321）　12. 曾大醓尹壶（《铭图》12225）　13. 天姬壶（《铭图》12153）　14. 伯多人非壶（《铭图》12268）　15. 公壶（《铭图》12091）　16. 䣄子㬂壶（《铭续》0816）　17. 陈璋壶（《铭图》12157）　18. 仲姞壶（《铭图》12257）　19. 薛侯壶（《铭图》12120）　20. 蔡侯申壶（《铭图》12188）　21. 樊夫人龙嬴壶（《铭图》12296）　22. 陈喜壶（《铭图》12400）　23. 曾

第二章 酒器

侯谏壶器（《铭续》0815） 24. 应侯壶盖（《铭图》12265） 25. 伯山父壶（《铭图》12260） 26. 晋侯斯壶（《铭图》12397） 27. 尚壶盖（《铭图》12303） 28. 圉君妇媿罍壶（《铭图》12353） 29. 伯㦰饮壶（《铭图》10857） 30. 复公仲壶（《铭图》12371） 31. 华母壶（《铭图》12297） 32. 雅子奠壶（《铭图》12157） 33. 安邑下官钟（《铭图》12419） 34. 春成侯钟（《铭图》12271） 35. 齐侯壶（《铭图》12450） 36. 齐侯壶（《铭图》12449） 37. 大阁壶（《铭图》12209） 38. 椁佗壶（《铭图》12308） 39. 尹氏士叔善父壶（《铭续》832）

A 型：1—25　B 型：26　C 型：27—28　D 型：29　E 型：30

A 型（壶），《说文·壶部》："昆吾圜器也。象形。从大，象其盖也。"《玉篇·壶部》："壶，盛饮器也。"金文"壶"字构形中，壶盖普遍为"大"形，如表 2-2-1·1-22 所示，少数为平板形，如表 2-2-1·23-24 所示。表 2-2-1·25 之"壶"字构形罕见，其底部构成圈足的横笔变成折笔，整个构形与金文"塘"字相似。在上述 5 型中（见表 2-2-2），A 型字作为礼器专名，出现的时间最早，使用的时间最长，使用频次占有绝对优势，构形直接上承甲骨文"壶"字，故 A 型字是"壶"字正体。

B、C、D、E 型字皆不见于字书。其中，偏旁"皿""廾""殳""欠"皆为义符，"壶"转化为声符兼有表意功能。从"皿"者，乃言其类别；从"廾""殳""欠"者，可能表示使用方式。B—E 型字出现时间相对较晚，使用频次很低，未用作其他器类之专名，又，B 型字与 A 型字一同用作前文划分的 BaⅠ型礼器之专名，C 型字与 A 型字一同用作前文划分的 AaⅠ型和 Ad 型礼器之专名（参见表 2-2-3），故可确定 B、C 型字为"壶"字别体。D 型字，所在器型只有前文划分的 Be 和 Bg 型礼器，形制分别与传统青铜器分类体系中的卣、粗矮体觯（罐）比较相似，又，Be 和 Bg 型礼器未以 A、B、C 型"壶"字为专名，所以，如果认为 D 型字为"壶"字异体，证据上比 B、C 型字稍弱。此外，传统青铜器分类体系中的卣，至今未见以"卣"为专名的，无论在形制上，还是在组合上，它与壶的关系均比较密切，因此一些学者认为卣实际就是壶，量仲饮壶（《铭图》10863）的形制和专名无疑成为这一观点的强有力的注脚。① 所以，如果认为D型字为"壶"字异体，则自有其合理性，它在用作礼器专名时，至少应当读作"壶"。E型字所在器物的形制不详，但不见于其他金文篇铭，姑且视为"壶"字异体，当然至少应读作"壶"。

表 2-2-2 各型"壶"字出现频次及年代表

型别	频次	比重	年代	型别	频次	比重	年代
A	217	94.760%	西早前段—战晚	D	3	1.310%	西中前段
B	2	0.873%	西中后段	E	1	0.437%	春晚
C	6	2.620%	西中前段—春早	—	—	—	—

注：部分专名虽可确定为"壶"字，但因残泐等原因无法分辨属于某一型者不计入出现频次总数。

表 2-2-3 青铜器类型与"壶"字类型对应关系表

器物类型	专名			器物类型	专名		
	类型	频次	比重		类型	频次	比重
AaⅠ	A	51	94.444%	BaⅠ	A	45	95.745%
	C	3	5.556%		B	2	4.255%
AaⅡ	A	8	100.000%	BaⅡ	A	11	100.000%
AaⅢ	A	2	100.000%	BaⅢ	A	6	100.000%

---

① 我们认为，从目前材料来看，青铜卣与壶还不能明确判定为同一器类，因为青铜卣在西周中期以后几乎消失，壶却继续保留下来，若二者是同一器类，前述现象就难以解释。

续表

器物类型	专名			器物类型	专名		
	类型	频次	比重		类型	频次	比重
AaⅣ	A	1	100.000%	BaⅣ	A	1	100.000%
AbⅠ	A	11	100.000%	Bb	A	2	100.000%
AbⅡ	A	3	100.000%	Bc	A	2	100.000%
Ac	A	3	100.000%	Bd	A	1	100.000%
Ad	A	9	90.000%	Be	D	1	100.000%
	C	1	10.000%	Bf	A	2	100.000%
Ae	A	1	100.000%	Bg	D	1	100.000%
Af	A	1	100.000%	—	—	—	—
Ag	A	2	100.000%	—	—	—	—
Ah	A	1	100.000%	—	—	—	—
Ai	A	1	100.000%	—	—	—	—

注：E型字仅有1例，所在的复公仲壶（《铭图》12371），因其形制不详，其因不录入表内。

三、类别名的确立与判别标准

如本节开首所述，自带专名"壶"的两周青铜器共232件，年代跨度从西周早期至战国晚期，说明两周青铜礼器中确实存在"壶"这一器类。当然，凡自带专名"壶"的青铜礼器未必皆可定名为壶。因此，我们必须确定前文各型自带专名"壶"的青铜器中哪些才是真正的青铜壶，哪些属于借用了"壶"这一专名的其他器类。

如表2-2-4，前文划分各亚型或次亚型壶的数量比重可以分为四个梯次：第一梯次，总比重超过37.0%，包括Aa型、Ba

型；第二梯次，总比重在 5.5%～8.0% 之间，包括 Ab 型、Ad 型；第三梯次，总比重在 1.0%～2.0% 之间，包括 Ac、Ag、Bb、Bc、Bf 型；第四梯次，总比重低于 1.0%，包括 Ae、Af、Ah、Ai、Bd、Be、Bg 型。第一梯次两个亚型数量总比重明显偏高，将其定名为壶显然没有问题。[①] 第二梯次的两个亚型数量比重虽然比第一梯次降低了很多，但几乎没有使用其他器类的专名，故也应定名为壶。第三、四梯次包含的各亚型数量比重明显偏低，部分亚型有可能不是壶，而是其他器类。其中，Ac、Ag、Bb、Bc、Bf、Ae、Af、Ah、Ai、Bd、Be 型器暂未发现使用其他专名者，故目前皆宜定名为壶。Bf 型壶与本书划分的 Aa 型青铜鈚（参见本书"鈚的定名与自名"节）非常相似，又 Bf 型壶只有 2 件，且皆属于春秋早期，故宜将后者归入鈚类。由于青铜鈚的年代均不早于春秋早期，我们推测，鈚可能是由壶分化而来的，其关系犹如盨之于簋。Bg 型壶形制与粗矮体觯（鑵）（参见本书"其他酒器的定名与自名"节）相似，但前者下腹向上伸出一对象鼻状鋬，又，自带专名的粗矮体觯（鑵）极少见，故 Bg 型壶的定名目前宜依从其专名。此外，Bg 型壶所在的扶风庄白伯𢼸墓本身又随葬 1 件细体觯（鍴），与同墓之爵构成组合关系[②]，更能说明 Bg 型壶目前宜定名为壶。

[①] Aa 型和 Ba 型内部各次亚型的数量比重大小不等，但它们在形制上的共同特征较多，故即使有的次亚型壶数量比重很低，也应当定名为壶。

[②] 扶风县文化馆、陕西省文管会：《陕西扶风出土西周伯𢼸诸器》，《文物》1976 年第 6 期。

表 2—2—4　自带专名"壶"的亚型、次亚型青铜器数量及总比重表

亚型	次亚型	数量	次亚型比重	亚型比重	亚型	次亚型	数量	次亚型比重	亚型比重
Aa	AaⅠ	56	32.000%	38.286%	Ba	BaⅠ	47	26.857%	37.714%
	AaⅡ	8	4.571%			BaⅡ	12	6.857%	
	AaⅢ	2	1.143%			BaⅢ	6	3.429%	
	AaⅣ	1	0.571%			BaⅣ	1	0.571%	
Ab	AbⅠ	11	6.287%	8.000%	Bb		2	1.143%	1.143%
	AbⅡ	3	1.714%		Bc		2	1.143%	1.143%
Ac		3	1.714%	1.714%	Bd		1	0.571%	0.571%
Ad		10	5.714%	5.714%	Be		1	0.571%	0.571%
Ae		1	0.571%	0.571%	Bf		2	1.143%	1.143%
Af		1	0.571%	0.571%	Bg		1	0.571%	0.571%
Ag		2	1.143%	1.143%	—		—	—	—
Ah		1	0.571%	0.571%	—		—	—	—
Ai		1	0.571%	0.571%	—		—	—	—

注：有 11 件圆壶盖和 5 件方壶盖，由于器身形制不详，不计入。A、B 型的分型标准仅为器物横截面的差异，各自内部的相关亚型之间形制差异或较大，故本表仅计算亚型、次亚型器物的出现频次和比重。

要之，青铜壶的标准形制主要是前文划分的 Aa、Ab、Ad、Ba 型壶。Ac、Ag、Bb、Bc、Bf、Ae、Af、Ah、Ai、Bd、Be 型在壶的判别上参考价值较低，其中不排除个别亚型因日后新材料的积累而改变其定名的可能。与青铜壶形制接近的器类主要有两种：一是本书划分的"尊缶"，二是传统青铜器分类体系中的卣。

圆形尊缶形制（参见本书"缶的定名与自名"节之甲类 Aa、Ab、Ac 型缶）与前文划分的 Ab 型壶（包含Ⅰ、Ⅱ次亚型）最相近，方形尊缶（参见本书"缶的定名与自名"节之甲类 B 型缶）形制与前文划分的 Bc 型壶最相近，但两者之间仍然有区分，

且有规律可循。首先，尊缶腹部普遍圆鼓或为广肩，Ab 和 Bc 型壶腹部普遍稍带扁长；其次，尊缶平底无圈足或有极矮的圈足①，Ab 和 Bc 型壶有圈足且相对较高；再次，尊缶一般在腹部最鼓处设环形系钮，有的环形钮套接提链，Ab 和 Bc 型壶一般在肩部设铺首耳或设套接提链的环形耳。

  商周青铜礼器中，至今未发现专名为"卣"者，故本书不专门论述这一器类。"卣"这一器名为宋人根据文献记载所定，由于使用日久，现已近乎为约定俗成的器类名。传统青铜器分类体系中的卣，其形制可以参考马军霞《中国古代青铜器整理与研究·青铜卣卷》划分的"甲类：主流形态青铜卣"。② 至于该书划分的"乙类：非主流形态青铜卣"中，参考本节对自带专名"壶"的礼器的类型划分，其横截面为圆形的 Aa、Ab、Cb 型应定名为壶，其余诸亚型的定名可以存疑。前文划分的诸亚型壶中，与"主流形态青铜卣"形制比较接近的实际只有 Be 型壶，后者目前只有冀仲饮壶（《铭图》10863）1 件标本，由于关键性材料很少，我们认为目前不能轻易地将冀仲饮壶归属于卣类，当然也不能轻易地将"卣"这一器类名废除，把传统青铜器分类体系中的卣都划入壶类，现在最妥当的办法是维持原状。

四、自名与器型

  含带专名"壶"的青铜礼器自名有 38 种形式，各种自名形式与器物类型的对应关系如表 2-2-5 所示。这 38 种自名形式中，"行壶"为青铜鉌所使用，但青铜壶亦使用"行壶"，故青铜

---

① 部分尊缶从外表来看，似乎有较高的圈足，实际上只有贴地的极矮部分可能为圈足，其上部分为假圈足，如淅川下寺 M2：60 佣壶（《新收》0461）。

② 马军霞：《中国古代青铜器整理与研究·青铜卣卷》，北京：科学出版社，2015 年。

壶仍然有 38 种自名形式，这些自名按内容结构可以分为两类。

1. 甲类

此类仅含专名"壶"，有 30 例。"壶"这种自名的使用频次仅次于"尊壶"和"宝壶"，其出现于西周早期，一直使用到战国晚期，存在时间最长。

2. 乙类

此类专名由"壶"加上前缀词或后缀词而形成自名。其中，后缀词用字只有"盖"。前缀词用字有"宝""尊""彝""禋""酒""宗""华""羞""用""安""行""从""旅""戎""田""鬻""佋""醴""馈""飨""饮""郁""弄""重""金""络""盥""盘""旁""盒""肆""媵""隋"，每个前缀词多由其中的一个字或两个字组成，关于这些字词的含义，我们在本书第五章专门进行解释。可以确定，没有哪一种自名形式与前文划分的某个亚型"壶"形成特殊的对应关系。

青铜壶的自名中，有一种自名为"盘壶"，见于公子土斧壶（《铭图》12423）。这种自名可能与墓葬所见青铜盘、壶间的组合有关①，也与《周礼·春官·司尊彝》所载某些祭祀用彝配舟有关，其中的"舟"实际就是盘。

表 2-2-5 含"壶"的自名与器型对应表

序号	自名形式	器物型式	器例	频次	年代跨度
1	壶	AaⅠ、AaⅡ、AbⅠ、Ac、Ad、Ag、BaⅠ、BaⅡ、Bc、无图	《铭图》12343	30	西早—战晚

---

① 2012 年宝鸡石鼓山 M3 之 6 号壁龛放置盘一、卣一（参见石鼓山考古队：《陕西宝鸡石鼓山西周墓葬发掘简报》，《文物》2013 年第 2 期），说明盘、卣在实际使用中是组合器物，这种组合也可视为盘壶组合，因为卣与壶在组合中往往可以互相替换。

续表

序号	自名形式	器物型式	器例	频次	年代跨度
2	壶盖	无图	《铭图》12327	1	春秋时期
3	彝壶	Bc	《铭图》12455	1	战中
4	禋壶	AaⅠ	《铭图》12400	1	春晚
5	祼壶	圆壶盖	《铭图》12401	1	西中
6	宗彝尊壶	BaⅢ	《铭图》12424	2	战中
7	尊壶	AaⅠ、AaⅡ、AbⅠ、AbⅡ、Ac、BaⅠ、BaⅡ、圆壶盖、方壶盖、无图	《铭图》12183	59	西中—战中
8	尊华壶	BaⅠ	《铭图》12397	1	西中后段
9	宝壶	AaⅠ、AaⅡ、Ad、BaⅠ、BaⅡ、圆壶盖、无图	《铭图》12221	38	西早—春早
10	宝尊壶	AaⅢ、BaⅠ、BaⅡ、圆壶盖、无图	《铭图》12285	9	西中前段—春早
11	用壶	AaⅣ	《铭图》12111	1	西早
12	安壶	AaⅡ	《铭图》12149	1	西早
13	行壶	AaⅠ、AaⅡ、Ac、BaⅠ、BaⅢ、Bf、无图	《铭图》12120	12	春早—春晚
14	从壶	BaⅠ、无图	《铭图》12245	2	春早
15	旅壶	AaⅠ、AaⅡ、Ad、Bb、圆壶盖、无图	《铭图》12223	18	西早—春中
16	戎壶	Ag	《铭图》12323	1	春早
17	田壶	Ae、BaⅣ	《铭图》12132	2	西早
18	佤壶	AbⅠ	《铭图》12298	1	战国

续表

序号	自名形式	器物型式	器例	频次	年代跨度
19	馈壶	方壶盖	《铭图》12405	1	西中前段
20	饗壶	无图	《铭图》12371	1	春晚
21	饮壶	Ai、Be、Bg、无图	《铭图》10857	4	西中
22	郁壶	AaⅡ、圆壶盖	《铭图》12178	2	西中
23	醴壶	AaⅠ、圆壶盖、无图	《铭图》12321	15	西晚—春晚
24	醴壶/宝醴壶	无图	《铭续》836	1	春晚
25	宝醴壶	AaⅠ	《铭续》835	1	两周之际
26	羞醴壶	AaⅠ	《铭图》12239	2	西晚前段
27	鬻壶	BaⅢ	《铭图》12188	2	春晚
28	盥壶	AbⅠ、Af	《铭图》12453	2	春早—春晚
29	盥□壶	Ah	《铭图》12358	1	春晚
30	媵盥壶	AbⅠ、无图	《铭图》12367	2	春秋
31	重金络壶	AbⅠ	《铭图》12411	1	战中
32	弄壶	AbⅡ	《铭图》12428	1	春晚
33	盘壶	AbⅡ	《铭图》12423	1	春晚
34	旁壶	Bd	《铭图》12301	1	西早后段
35	盉壶	AbⅠ	《铭续》822	1	战晚
36	肆壶	Ad	《铭续》815	1	西早前段
37	媵壶	AaⅠ、BaⅠ、BaⅡ、无图	《铭图》12294	7	西中后段—春早
38	隋壶	BaⅠ	《铭图》12443	2	西晚

五、青铜壶使用的其他专名与自名

经过前文分析,判别青铜壶的形制标准主要是本节前文划分的 Aa、Ab、Ad、Ba 型壶。由此,我们可以系联一批使用其他专名的青铜壶,其使用频次都较低,使用它们的器形不出 Aa、Ab、Ad、Ba 型壶之外,即各自不能单独构成当时的一种通用的器类名,应当是壶的别名。如表 2-2-6,这些专名共有 6 个,除了"䀇(dòu)"对应两个自名外,其余 5 个各自对应 1 个自名。下面,我们对各个专名进行简要说明。

表 2-2-6 青铜壶使用的其他专名与自名表

自名形式	器型	器例	频次	年代跨度
尊䀇	AbⅠ	《铭图》12157	1	战早
荐䀇	无图	《铭图》12297	1	春早
钟	AbⅠ、无图	《铭图》12419	3	战晚
羞鉈	AaⅠ	《铭图》12449	2	春晚
筲	AbⅠ	《铭图》12209	1	战早
梁	AbⅠ	《铭图》12308	1	战中
行尊牰	BaⅡ	《铭续》832	1	西中

䀇(dòu):原篆见表 2-2-1·31-32,与表 2-2-1·1-30 字形相比,皆无"壶盖"构形,很有可能是字书中的"䀇"字。其中,表 2-2-1·32 原篆右半为"匕"旁,是义符,该字应当是"䀇"字别体。《说文·金部》:"鎠,酒器也。从金,䀇象器形。䀇,鎠或省金。"王筠《说文释例》:"䀇,象形,必古文,其形似壶之下半。壶有盖、有颈、有腹,䀇则无盖也。"徐颢《说文解字注笺》:"此字当先有䀇,象形,然后加金旁。"

第二章 酒 器

锺：原篆见表2—2—1·33—34，皆不从金旁。《说文·金部》："锺，酒器也。从金，重声。"《正字通·金部》："锺，壶属。汉大官铜锺，即壶也。俗谓酒卮。""锺"是很晚出的一个礼器专名，目前所见不早于战国中期。

鈚：原篆见表2—2—1·35—36，其中，"金"旁为义符，声符部分，有学者认为是"匕"，并进一步认为该字通"鈚""瓶"。① 因为青铜壶、鈚形制相似，现已确定存在青铜鈚使用专名"壶"的情况，反之，也很可能存在青铜壶使用专名"鈚"的情况，故前述观点可备一说。但是，该字之声符构形与同时期的"匕"字或其他字的"匕"旁形体差异较大，故该声符未必是"匕"。退一步而言，即使表2—2—1·35—36中的两个专名可释为"鈚"，但两周时期的礼器专名"鈚"字之声符皆为"比"，如果认为"鈚"通"鈚"，则较难解释为何独有两件齐侯壶（《铭图》12449、12450）的专名从"匕"声。我们一度怀疑该字的声符构形与"刀"字相似，但如果将该字释为"釖"或"钊"，也难以解释它为何成为礼器专名。总之，该字暂且存疑。

筲：原篆见表2—2—1·37，隶定为"𥫗"，不见于字书，可能通"筲"。《玉篇·竹部》："筲，斗筲，竹器。"《仪礼·既夕礼》："筲三：黍、稷、麦。"郑玄《注》："筲，畚类也。其容盖与簋同，一觳也。"《论语》："筲筲之人何足算也。"何晏《集解》引郑玄曰："筲，竹器，容斗二升者也。"筲本为竹制容器之名，大阎壶（《铭图》12209）或借用其为壶的别名。

梁：原篆见表2—2—1·38，从"邑"旁，根据金文字形的使用规律，从"邑"旁之字一般用作地名，今用作器物专名，显得颇为奇怪，很难理解。当然，不排除存在一种可能，即"梁"

---

① 匕与比音近，从匕声之字与从比声之字大多相通，传世文献和出土文献中的例证不烦列举。

所在的椁佗壶（《铭图》12308）铭文存在省略，"梁"指某地名，其后本应连接的器物专名被省去，而直接连接器物的容量词"料"。

牳：原篆见表2-2-1·39，不见于字书，未识。

青铜壶别名所构成的自名中，前缀修饰词有"尊""荐""羞""行"，其中，"荐"暂未见于由"壶"构成的自名。

第三节　缶的定名与自名

一、器型分析

自带专名"缶"的青铜容器有40件，其中形制不明者4件，其余36件，可根据器身形制的差异分为两类。

（一）甲类

甲类器身相对瘦高。根据器身横截面形状的不同，又可分为两型。

A型：圆缶，器身横截面为圆形。再根据器身具体形态的不同，分为三个亚型。

Aa型：短颈。标本：1978年河南淅川下寺春秋墓M1∶51佣缶（《铭图》14055），属于春秋晚期前段。盖略隆起、有折边、子口、窄沿、短颈、溜肩、收腹、平底，肩有小环钮，套接提链。腹饰蟠虺纹，通高38.5厘米、口径15.5厘米。盖、器同铭，各有铭文1行4字："佣之尊缶。"（图2-3-1，1）

Ab型：颈稍长。标本一：1955年安徽寿县西门内春秋墓19.1蔡侯申缶（《铭图》14065），属于春秋晚期后段。弧顶盖，盖缘有三个环钮，直口，颈较直，溜肩，收腹，平底，假圈足，肩部有半环钮。腹饰嵌红铜兽纹。通高54.5厘米、口径20.0厘米。盖、器铭文相同,各有1行6字:"蔡侯申之尊缶。"(图2-3-1,2)标本二:栾书缶(《铭图》14094),属于春秋中期。弧顶盖,盖缘有四个环钮,直口、平沿,颈较直,广肩稍平,收腹,平底,假圈足,肩部有半环钮。素面。颈及肩部有错金铭文5行40字:"正月季春元日己丑,/余畜孙书也,择其吉/金,以作铸缶,以祭我/皇祖……"(图2-3-1,3)

Ac型:相对前两个亚型,器体更加瘦高,长颈。标本:1988年湖北襄樊市余岗春秋墓M1:7郑庄公之孙缶(《铭图》14095),属于春秋晚期。盖面略隆起,侈口,束颈较粗,溜肩,收腹较深,平底,肩部设三个半环钮。盖饰勾连纹和绹索纹。通高39.0厘米、口径16.0厘米。颈部有铭文40余字:"余郑庄公之孙,余刺之子……其正仲月己亥(?),升刺之尊器,为之若(?)缶,其献下都……"(图2-3-1,4)

B型:器身横截面为方形。标本:1955年安徽寿县西门内春秋墓20.1蔡侯申方缶(《铭图》14064),弧顶盖,盖缘有四个环钮,直口、平沿,颈较直,广肩稍平,收腹,平底,假圈足,肩部有半环钮。器身饰嵌红铜兽纹和夔鸟纹,盖边、唇、圈足饰密集蟠虺纹。通高39.7厘米、口13.6×13.2厘米。盖、器铭文相同,各有1行6字:"蔡侯申之尊缶。"(图2-3-1,5)

(二)乙类

乙类器身矮胖,短颈,广肩,底径与肩径之比相对较小。根据器身形制不同分为二型。

A型:器身横截面为圆形。标本:1978年河南淅川下寺春秋墓M3:6倗缶(《铭图》14053),属于春秋晚期前段。隆顶盖、有折边,直口,收腹,肩、腹均外凸,圈足极短,半环兽首耳。盖面和肩下缘饰圆涡纹与蟠虺纹。通高39.6厘米、口径23.5厘米。盖、器同铭,各有1行3字:"倗之缶。"(图2-3-1,6)

B型：器身横截面为方形。标本：2013年湖北随州文峰塔曾国墓地 M18：2 曾侯丙缶（《铭续》0904），属于战国中期。平顶盖，四边各有一环钮。直口、方唇、溜肩、平底、矮直圈足，肩部有套环兽首耳。通体饰嵌金属菱形纹。大小暂且不详。盖内有铭文 10 字："曾侯丙辻缶，硖以为长事。"（图 2-3-1，7）

图 2-3-1 甲、乙类缶

1. 甲 Aa 型（佣缶） 2. 甲 Ab 型（蔡侯申缶） 3. 甲 Ab 型（栾书缶）
4. 甲 Ac 型（郑庄公之孙缶） 5. 甲 B 型（蔡侯申方缶） 6. 乙 A（佣缶） 7. 乙 B（曾侯丙缶）

二、"缶"字构形分析和解释

作为青铜器专名的"缶"字，其构形可分二型：

A型：38 例。即"缶"字，原篆如表 2-3-1·1-4 所示。使用年代为春秋中期至战国中期。

B型：2 例。从"金""缶"，原篆如表 2-3-1·5 所示，隶作"錇"。使用年代为春秋中晚期。

表 2-3-1 青铜器专名"缶"字字形表

字形					
序号	1	2	3	4	5

1. 蔡侯申缶（《铭图》14078）　2. 芮子佣缶盖（《铭图》14068）
3. 蔡侯申缶（《铭图》14065）　4. 曾旨尹喬缶（《铭续》0902）
5. 栾书缶（《铭图》14094）

A 型（缶），《说文·缶部》："缶，瓦器，所以盛酒浆。秦人鼓之以节歌。象形。"东周时期，缶并非都是陶器，也用作青铜器名。

B 型（鉙），该字形不见于字书，从"金"，乃言其质地。如表 2-3-2，A、B 型字一同用作甲 Ab 型器、乙 A 型器之专名，故我们认为"鉙"为"缶"字之异体。

表 2-3-2 器物类型与专名字形对应关系表

器物类型	专名		
	类型	频次	比重
甲 Aa	A	5	100.000%
甲 Ab	A	5	83.333%
	B	1	16.667%
甲 Ac	A	2	100.000%
甲 B	A	1	100.000%
乙 A	A	20	95.238%
	B	1	4.762%
乙 B	A	1	100.000%

三、自名与类别名的确立

如本节开首所述，自带专名"缶"的东周青铜礼器共 40 件，这一数量足以说明先秦青铜礼器中确实存在"缶"这一器类。青铜缶在形制上很少受到其他器类的影响，只有部分青铜壶与缶的形制相对接近，但二者不难区分开来，关于区分标准，我们在"壶的定名与自名"一节中详细论述。在专名的使用上，青铜缶既不单独使用其他器类的专名，也不使用其他器类专名与"缶"组成的连名。因此，我们在前文划分的甲、乙类缶之各型或亚型都是青铜缶的标准形制。

如表 2-3-3，含专名"缶"的自名形式有 12 种，根据其结构特征分为两类：第一类，由专名"缶"单独构成；第二类，由"前缀词+缶"构成。前缀词有"宝""尊""盥""贵（浣）""行""卵""若""飤""浴""御""辻"，关于它们的具体含义，我们专辟一章进行说明。

缶的自名与器型有明显的特殊对应关系，以使用频次较高的几个自名形式为例，尊缶、行缶皆使用于甲类缶，盥缶、浴缶、辻缶皆使用于乙类缶。自名尊缶者，言其功用为盛酒；自名盥缶、浴缶者，言其功用为盛水盥洗之用。因此，有学者尝试将甲类缶和乙类缶划分为两种器类，前者归入酒器之属，称之为"尊缶"，后者归入水器之属，称之为"浴缶"或"盥缶"。[1] 我们认为，这种器类划分是可行的，商周青铜礼器中只有尊缶、浴缶大致能以其自名作为器类名之代表。

---

[1] 马承源主编：《中国青铜器》（修订本），上海：上海古籍出版社，2003 年，第250~251、271~272 页。

表 2-3-3　自名与器型对应关系表

自名形式	器物类型	器例	频次	年代跨度
缶	甲 Ab、乙 A	《铭图》14053	4	春中—春晚
宝缶	乙 A	《铭续》0906	1	春晚
盥缶	乙 A	《铭图》14063	2	春晚
贵（浣）缶	乙 A	《铭图》14051	1	春晚
行缶	乙 A、无图	《铭图》14086	4	春中—春晚
卵缶	甲 Aa	《铭图》14093	1	春晚
若缶	甲 Ac	《铭图》14095	2	春晚
飤缶	乙 A	《铭续》0907	1	春晚
浴缶	乙 A、残器	《铭图》14079	6	春晚
御缶	甲 Aa、乙 A	《铭图》14058	2	春晚
辻缶	乙 A、乙 B	《铭续》0902	5	春早—战中
尊缶	甲 Aa、甲 Ab、甲 B、无图	《铭图》14064	11	春晚—战早

第四节　鈚的定名与自名

一、器型分析

专名为"鈚"的青铜礼器共 10 件，其中 1 件形制不明，其余 9 件，可根据器身形制的不同分为以下几型：

A 型：器身横截面为矩形或椭圆形，颈部较粗。可分为两个亚型。

Aa 型：4 件。器身横截面为矩形，侈口，束颈，鼓腹，平底。标本：2002 年湖北郧县五峰乡肖家河 M1：2 鍚子仲濒儿鈚（《铭图》14035），属于春秋晚期。有较矮的假圈足，肩部设半环耳。颈饰蟠螭纹和绹索纹，通高（无盖）27.0 厘米、口径 13.8×11.4 厘米。腹外壁有铭文 3 行 20 字："唯正十月初吉丁/亥，鍚子仲濒儿择/其吉金，铸其御鈚。"（图 2—4—1，1）

图 2—4—1 A、B、C **型"瓶"**

1. Aa 型（鍚子仲濒儿鈚） 2. Ab 型（鄀□孟城鈚） 3. Ab 型（土匀錍） 4. B 型（魏公鈚） 5. C 型（佥父瓶）

Ab：2 件。器身横截面为椭圆形。标本一：鄀□孟城鈚（《铭图》14037），属于春秋早期。侈口，束颈，鼓腹，平底，肩部设套环半环耳。肩部饰一周窃曲纹。通高 26.5 厘米、腹深 25.9 厘米、口 10.0×8.67 厘米。颈外壁残存铭文 5 行 21 字："鄀□孟城/作为行鈚，/其眉寿/无疆，子子孙孙/永宝用之。"（图 2—4—1，2）标本二：土匀錍（《铭图》14032），属于战国晚期。侈口，束颈，溜肩，扁圆腹，矮圈足，肩部设小环耳一对。腹饰绹索状络带纹。通高 32.0 厘米、口 16.7×11.0 厘米。颈部刻铭 1 行 5 字："土均，容四斗鈚。"（图 2-4-1，3）

B 型：3 件。扁体，颈部以下横截面略呈矩形，小口。标本：魏公鈚（《铭图》14033），属于战国晚期。侈口，束颈，宽肩，收腹，圈足外撇，肩部有铺首耳一对。腹饰方格纹，方格内填羽状纹。通高（无盖）31.7 厘米、宽 30.5 厘米。肩部刻铭 8 字："魏/公/鈚，/三斗/二升，/取。"（图 2-4-1，4）

二、"鈚"字构形分析和解释

作为青铜礼器专名的"鈚"字，其构形可分为以下二型：
A 型：均从比声。
Aa 型：3 例。从"金""比"，原篆见表 2-4-1·1-2，即"鈚"字。使用于春秋晚期和战国。
Ab 型：1 例。从"金""比""皿"，原篆见表 2-4-1·3，隶定为"鎞"。仅见于春秋晚期。
Ac 型：1 例。从"缶""比"，原篆见表 2-4-1·4，隶定为"鈚"。使用于春秋早期。
Ad 型：2 例。从"囟""比"，原篆见表 2-4-1·5，隶定为"鈚"。使用于春秋中期至战国晚期。
Ae 型：1 例。从"卤""比"，原篆见表 2-4-1·6，隶定为"鈚"。仅见于春秋中晚期。
B 型：2 例。从"金""卑"，原篆见表 2-4-1·7，隶定为"錍"。仅见于战国晚期。

表 2-4-1　"鈚""瓶"字形表

字形								
序号	1	2	3	4	5	6	7	8

1. 𬭚子仲瀕儿鈚（《铭图》14035）　2. 蔡侯申鈚（《铭图》14031）　3. 郜□孟城鈚（《铭图》14037）　4. 陈公孙𢼊父鈚（《铭图》14034）　5. 引鈚（《铭图》14038）　6. 土匀錍（《铭图》14032）　7. 霝父君金父鈚（《铭图》14036）　8. 金父瓶（《铭图》14036）

Aa 型（鈚），从"金"，乃言其质地。此字形未见于《说文》，《玉篇·金部》："鈚，铁也。"《广韵·齐韵》："鈚，鈚箭。"《集韵·齐韵》："錍，《方言》：'箭镞广长而薄镰谓之錍。'或作鈚。"《类篇·金部》："鈚，斧属。"马王堆一号汉墓出土遣策（简 166、167）所载之鈚指取食器——匕。① 字书中的"鈚"皆不指盛物容器，先秦青铜鈚消亡后，"鈚"字转而用于指代他物。

Ab 型（錍），从"皿"，乃言其类。该字形未见于字书，如表 2-4-2 所示，它与 Aa 型字等一同用作前文划分的 Ab 型器之专名，又它们的声符相同，故 Ab 型字为"鈚"字之别体。

Ac 型（錍），从"缶"，亦言其类。该字形未见于字书，与 Ab 型相似，也为"鈚"字之别体。

Ad 型（𣬉），从"囟"，《说文·囟部》："𣬉，人脐也。从囟，囟取气通也。从比声。"该字用作青铜容器名，系借字，通"鈚"。

Ae 型（𣬉），历代字书几乎未录，仅见于晚出的《篇海类编》（明代）。此字用作器物名，亦系借字，通"鈚"。

---

① 湖南省博物馆、中国科学院考古研究所：《长沙马王堆一号汉墓发掘报告》（上册），北京：文物出版社，1973 年，第 143 页。

B 型：錍，《说文·金部》："錍，錍也。"桂馥《说文解字义证》："錍，短斧也。"《广雅·释器》："錍，镝也。"《集韵·齐韵》："錍，《方言》：'箭镞广长而薄镰谓之錍。'或作鈚。"由此可知，古书中"錍""鈚"可互作。又，《说文》有"錍"而无"鈚"，B 型字与 Ac 型字、B 型字与 Aa 和 Ad 型字分别一同用作前文划分的 Ab 型器、B 型器之专名（见表 2-4-2），可以推断"鈚""錍"互为异体字。①

以上各型字中，A 型的使用频次、时间长度显然远远超过 B 型，出现时间也远早于 B 型，如果再排除 A 型中的借字、未见于字书者，那么以 Aa 型（鈚）作为前文划分的 A、B 型器的专名用字之代表，是比较合适的。当然《说文》未将"鈚"附于"錍"字条下，可能别有原因。

表 2-4-2　器型与专名类型对应关系表

器物类型	专名			器物类型	专名		
	类型	频次	比重		类型	频次	比重
Aa	Aa	1	25.000%	B	Aa	1	33.333%
	Ab	1	25.000%		Ad	1	33.333%
	Ad	1	25.000%		B（錍）	1	33.333%
	Ae	1	25.000%	C	瓨（瓶）	1	100.000%
Ab	Ac	1	50.000%	—	—	—	—
	B（錍）	1	50.000%				

---

① 关于东周青铜容器专名鈚、錍，裘锡圭先生有详细考释，参见裘锡圭：《说鈚、榼、椑榼》，载《裘锡圭学术文集·杂著卷》，上海：复旦大学出版社，2012 年。

三、类别名的确立与判别标准

如本节开首所述,自带专名"鈚"的东周青铜礼器共 8 件,数量虽少,但形制与其他器类概不相混,仅使用"鈚"这一专名,同时其他器类不使用"鈚"这一专名。因此,我们在前文划分的 Aa、Ab、B 型鈚都是青铜鈚的标准形制。

四、自名与器型

如表 2-4-3,含带专名"鈚"的青铜礼器的自名形式有 5 种,没有任何一种形式为其他器类所使用。这 5 种自名形式按内容结构可以分为两类。甲类,仅含专名"鈚",出现频次最高,有 5 例。乙类,由"前缀词+专名"构成自名。前缀词用字有"行""旅""御""金"。在各种自名形式中,没有哪一种与前文划分的青铜鈚之某一亚型或型形成特殊的对应关系。

表 2-4-3　自名与器型对应关系表

自名形式	器物类型	器例	频次	年代跨度
鈚	Aa、Ab、B、无图	《铭图》14031、14032	5	春晚—战晚
行鈚	Ac	《铭图》4037	1	春早
旅鈚	Aa	《铭图》14034	2	春早—春中
御鈚	Aa	《铭图》14035	1	春晚
金鈚	B	《铭图》12272	1	战时
金瓶	瓶	《铭图》14036	1	春早

五、关于瓶与鈚

商周青铜礼器中有 1 件专名为"栟（瓶）"者，即 2002 年山东枣庄市东江小邾国墓地 M1 出土佥父瓶（《铭图》14036），属于春秋早期。尖斗盖，侈口，鼓腹，平底，口下有贯耳一对。通体素面。通高 26.5 厘米、腹深 19.5 厘米、口径 14.2×20.2 厘米。盖、器同铭，均铸于外壁，器铭 4 行 21 字："霝父君佥父，/作其金瓶，眉/寿无疆，子子/孙孙永宝用之。"（图 2－4－1，5）专名原篆字形见表 2－4－1·8，从"并""支"，隶定为"栟"。《玉篇·支部》："栟，打板声。"此字当应通"瓶"，《说文·缶部》："缾，罋也。从缶，并声。瓶，缾或从瓦。"鈚字 B 型（錍），古属帮纽支部，缾古属并纽耕部，帮、并旁钮，支、耕阴阳对转，可以相通；鈚字 A 型从"比"声，"比"与"卑"古音相近，故亦可与"缾"相通，因此学者或将"鈚（錍）"释为"瓶"。我们认为，"鈚（錍）"与"瓶"字之间只是音理上相通，古书从"卑"声之字与从"并"声之字从无通假之例，又从前文的器物类型分析来看，青铜鈚（錍）与瓶的形制显然相差甚远，姑且不论青铜鈚与青铜瓶是否属于同一器类，"鈚（錍）"显然不能直接读作"瓶"。我们现在暂且将"瓶"视为"鈚（錍）"之别名，待专名为"瓶"的青铜礼器材料积累更多后再做进一步研究。

第五节　匜的定名与自名

一、器型分析

专名为"匜"的青铜容器共 5 件，可根据器身形制的不同，分为三型。

A 型：器腹横截面为椭圆形。根据足部形态差异，又可将其分为两个亚型。

Aa 型：1 件。平底无足或有极矮的圈足。标本：上海博物馆藏伯游父匜（《铭图》19239），有盖，束颈，鼓腹，平底，腹设一对兽首耳，通盖高 12.9 厘米、口径 10.5×14.8 厘米。铸有铭文 26 字："……黄季之伯游父作其旅觥（匜），其眉寿无疆，永宝是尚。"（图 2-5-1，1）

Ab 型：1 件。器底下接四条腿。标本：1966 年河南洛阳市玻璃厂春秋墓出土哀成叔匜（《铭图》19235），隆顶盖，盖上有小兽蹄形腿，可却置；折沿，鼓腹，平底。通盖高 11.8 厘米、口径 18.0×12.7 厘米。铸有铭文 5 字："哀成叔之鉇（匜）。"（图 2-5-1，2）

B 型：1 件。器体接近球形。标本：传世史孔匜（《铭图》19236），无盖，弇口，小平底，无耳。通高约 10.0 厘米、腹径约 10.0 厘米。铸有铭文 11 字："史孔作和（匜），子子孙孙永宝用。"（图 2-5-1，3）

C 型：1 件。器体接近半球形，有短流。标本：左关匜（《铭图》18809），小平底，流对侧腹部有鋬，通高 10.8 厘米、口径 19.4 厘米（不含流）。铸有铭文 4 字："左关之鉇（匜）。"

（图 2-5-1，4）

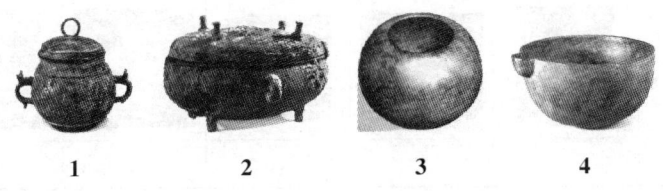

图 2-5-1 A、B、C 型 "卮"

1. 伯游父卮（《铭图》19239）   2. 哀成叔卮（《铭图》19235）
3. 史孔卮（《铭图》19236）   4. 左关卮（《铭图》18809）

二、"卮"字构形之分析和解释

作为青铜礼器专名的"卮"字，最早见于春秋早中期，其构形可分为以下三型：

A 型：从木、口，参考其他型别，"口"应为"只"之省形，原篆见表 2-5-1·1，可隶定为"枳"或"杊"。

B 型：从"金""木""只"，"木"与"只"共用 1 笔或"只"省略下半部，原篆见表 2-5-1·2-3，可隶定为"鉫"或"鉫"。

C 型：从"角""只"，原篆见表 2-5-1·4，可隶定为"觓"。

表 2-5-1　"厄"字字形表

字形					
序号	1	2	3	4	5

1. 史孔厄（《铭图》19236）　2. 蔡太史厄（《铭图》19238）
3. 哀成叔厄（《铭图》19239）　4. 伯游父厄（《铭图》19237）
5. （《铭图》19237）

以上三型中，仅 A 型（枳）见于字书，《说文·木部》："枳，木，似橘。从木，只声。"用作青铜容器名称，显系借字。B 型从"金"，乃言其质地。C 型从"角"，乃言其功用，大凡从"角"之器，往往与饮酒有关，《说文》所载颇多，不烦列举。从这一角度出发，可证此类器物为酒器。参考其他青铜礼器专名的偏旁结构规律，B 型字似可作为 A、B、C 三型字的金文正体。根据李学勤先生的研究，前述三型释"厄"[①]，虽然主要依靠声韵通假进行释读，但从目前来看，该说是最合理的一种解释，本书依从其说。《说文·厄部》："厄，圜器也。一名觛。所以节饮食也。象人，卩在其下也。《易》曰：'君子节饮食。'"前述专名字形学者最初释"鉫"，或认为与"盉"字有演变关系[②]，这种隶定的字形直到现在仍为不少学者所采用，姑且不论其该释读为何字，至少在隶定上显然不妥当。

[①]　李学勤：《释东周器名厄及有关字》，《文物中的古文明》，北京：商务印书馆，2008 年。

[②]　刘翔：《说鉫》，《江汉考古》1986 年第 2 期。

三、类别名的确立与自名

自带专名"匜"的青铜容器数量虽然少,但其形制特殊,不与其他器类接近,不使用其他常见器类的专名,专名"匜"也不使用于其他器类,因此,青铜匜可以列为一个独立的器类。青铜匜的形制判别标准主要为前文划分的 Aa 型和 Ab 型匜。C 型标本——左关匜,子禾子釜(《铭图》18818)铭文提到此器,同时也提到左关釜,但都是用作量器,兹不深论。

青铜匜的自名只有"匜"与"旅匜"两种,其中"匜"出现4次,"旅匜"出现1次,由于总体数量少,不宜探讨二者与器型的对应关系。

通过青铜匜标准器系联可知,这一器类还使用专名"盌",目前仅有叔子毃匜(《铭图》19237)1例。先秦青铜盌(碗)形制与现今所用之碗差别不大,如廿五年盌(《铭图》19244),是非常晚出的器类,目前没有明确证据显示这类器物属于礼器的组成部分。

第六节 其他酒器的定名与自名

本节所论青铜礼器包括两大类:第一类,使用的名称绝大部分为共名,如尊彝、宝尊彝等,虽然目前也发现了这些器类使用一些疑似"专名"的称谓,但它们出现频次很低,从青铜礼器定名研究史来看,仅凭这些材料我们尚不能明确判断这些"专名"是相应器类使用的小共名或真正专名的方言名,或许正因为如此,目前学界对这几种器类的定名仍然遵循传统定名方式。第二类,器物形制罕见,无论其有无专名或共名,这些名字出现的频次均极低。

一、第一类

关于其他酒器的第一类别，我们按照其传统定名，分别介绍其专名与自名。

（一）尊

"尊"本来是青铜礼器的一种共名，然而宋人在金石著作中设立了尊类青铜礼器，便一直为后人所遵循。在这种分类逻辑中，"尊"只代表一种器类，不过，由于过去学者在认识上的局限性，导致"尊"实际上仍然统摄了多种器类。即便到了民国时期，容庚先生对"尊"这一器形所做的界定[①]，其统摄的器物类别仍然不够单纯，如牺尊、筒形尊很可能就不是同一类器物。容庚先生界定的青铜尊类器物，目前所见的"专名"有四个。

1. 鹽

鹽，原篆见表 2－6－1·1。该专名见于 1965 年陕西长安马王镇大原村出土子黄尊（《铭图》11797），年代为商末周初。该尊形制似觚，侈口，鼓腹，圈足外撇。通高 25.3 厘米、腹深 21.6 厘米、口径 19.5 厘米。圈足内有残铭 36 字："乙卯，子见在太室……王商子黄瓒一，贝百朋。子光赏姒丁贝，用作己宝鹽。举。"（图 2－6－1，1）

2. 鹽

鹽，原篆见表 2－6－1·2。该专名见于近年流出的楚君畲啹尊（《铭图》11790），属于战国中晚期。该尊喇叭口，腹部甚瘪鼓，圈足外撇，足缘有宽折边。颈饰蕉叶状蟠螭纹，腹饰羽翅

---

① 容庚：《商周彝器通考》，香港：大通书局，1973 年，第 391～401 页。

纹，圈足饰蟠螭纹。通高31.0厘米、口径24.5厘米。口沿内铸铭文28字："唯正月初吉，楚君酓嚉则其吉金，自作尊盬……"（图2-6-1，2）

3. [字形]

[字形]，原篆见表2-6-1·3。该专名见于1955年安徽寿县西门蔡侯墓16：1蔡侯申尊（《铭图》11815），属于春秋晚期后段。该尊喇叭口，鼓腹，圈足较直，足缘极外撇。腹饰兽面纹，通高29.7厘米、腹深21.0厘米、口径25.0厘米。口内铸有铭文95字："元年正月初吉辛亥，蔡侯申虔恭大命……用作大孟姬媵彝[字形]，禋享是台……"（图2-6-1，3）[字形]字中段残泐，下半部当为"皿"，左上为"金"，右上因部分笔画残缺无法判断原本从哪一个字。右上部构形，或以为是"缶"字，故释[字形]为"缶"，但其构形与独立的"缶"字或合体字所从之"缶"差别较大，应当不是"缶"。《商周青铜器铭文选》以该字为未识字，是比较稳妥的。

4. 盬

盬，原篆见表2-6-1·4。这一专名见于2006年陕西扶风五郡村J1：7、8五年琱生尊（《铭图》11816、11817），二尊形制、纹饰、大小、铭文基本相同，属于西周晚期。五年琱生尊为大口，束颈，陡肩，收腹，平底内凹。腹自上而下饰重环纹、宽带曲折纹。通高（无盖）31.0厘米、腹深29.0厘米、口径32.5厘米。内壁铸铭112字："唯五年九月初吉，召姜……琱生对扬朕宗君休，用作召公尊盬……"（图2-6-1，4）

商周青铜礼器定名与自名研究

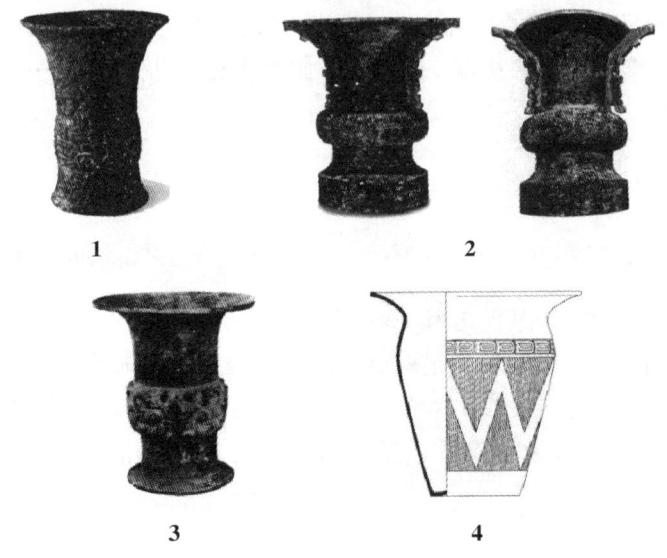

图 2-6-1　青铜尊

1. 子黄尊（《铭图》11797）　2. 楚君舍嘂尊（《铭图》11790）　3. 蔡侯申尊（《铭图》11815）　4. 五年琱生尊（《铭图》11817）

如图 2-6-1 所示，子黄尊、楚君舍嘂尊、蔡侯申尊皆属于传统青铜器分类体系中的觚形尊，它们使用的盨、䀇、🙰三个专名中，前两个专名皆从"舟"，可能是同字异体的关系，第三字或许是前两专名的别名。关于前两个字，有学者读作"舟"，即《周礼·司尊彝》所载之"舟"①，具体指承尊的盘形器，由

---

① 《周礼·春官·司尊彝》曰："司尊彝掌六尊、六彝之位，诏其酌，辨其用，与其实。春祠、夏礿，祼用鸡彝、鸟彝，皆有舟。其朝践用两献尊，其再献用两象尊，皆有罍。诸臣之所昨也，秋尝、冬烝，祼用斝彝、黄彝，皆有舟。其朝献用两著尊，其馈献用两壶尊，皆有罍，诸臣之所昨也。凡四时之间祀、追享、朝享，祼用虎彝、蜼彝，皆有舟。其朝践用两大尊，其再献用两山尊，皆有罍，诸臣之所昨也。凡六彝六尊之酌，郁齐献酌，醴齐缩酌，盎齐涚酌，凡酒修酌。大丧，存奠彝。大旅，亦如之。"

· 206 ·

第二章 酒 器

于二者是配套组合关系,故青铜尊也可使用这种盘形器的专名。[①] 当然,承尊的圆盘形器至今仍未见其自名,故学者所谓"舟"为承尊之盘形器的专名论断,在客观上仍属于一种推测,有待更多的出土材料来验证。如此,觚形尊的专名仍无着落。要之,尽管觚形尊上已经出现这三个专名,但由于它们出现频次很低,楚君酓嘼尊也来源不明,理论上不能绝对排除伪器的嫌疑,故目前仍不宜对觚形尊重新定名。

五年琱生尊的形制与前述三件觚形尊相差较远,不排除它们实际属于两种不同器类的可能。五年琱生尊器形与甲骨文、金文中的"酉"字非常相似,酉字构形像酒尊,甲骨文中的"酉"可读为"酒","尊"字亦从"酉",故不排除如五年琱生尊这类形制的青铜礼器之专名可能是尊,但仍有待将来出土资料的验证。"饐",或许是这类器物的别名。

[①] 李学勤:《论擂鼓墩尊盘的性质》,《江汉考古》1989 年第 4 期。李学勤:《说祼玉》,载《重写学术史》,石家庄:河北教育出版社,2002 年,第 53~60 页。何景成、王彦飞:《自名为"舟"的青铜器解说》,载《古文字研究》(第 30 辑),北京:中华书局,2014 年。苏建洲:《论新见楚君酓延尊以及相关的几个问题》,载《出土文献》(第 6 辑),上海:中西书局,2015 年。按:苏建洲先生释"饐"为"盘",我们赞同,以此类推,"饐"也应释为"盘"。关于这两个专名用字及其名之青铜礼器,本书在"盘的定名与自名"节还会提到。

表 2-6-1　盨、盙、鑪、𥂴字形表

字形					
序号	1	2	3	4	5

1. 子黄尊（《铭图》11797）　2. 楚君舍嗬尊（《铭图》11790）　3. 蔡侯申尊（《铭图》11815）　4. 五年琱生尊（《铭图》11816）　5. 五年琱生尊（《铭图》11817）

（二）觚

青铜觚，目前所见其名称也绝大部分为共名，没有一件青铜器专名为"觚"。"觚"源于宋代金石学家的定名，由于久未见其自名，遂成为学者对这类器物约定俗成的称呼，但它未必是商周时期古人对这类器物的命名。近年来，相传出自山西的一件内史亳丰觚（《铭图》9855）（图 2-6-2，1）[①]，自名"祼同"，"同"为其专名，字形见表 2-6-2·1。作为青铜礼器专名之"同"，从"同""𠔊"，"𠔊"像饼状金属块，在此字中用作义符。《说文·冂部》："同，会合也。从冂、从口。"徐铉等曰："同，爵名也。《周书》曰：'太保受同，哜'，故从口。"（见大徐本《说文·冂部》）经籍中，器物名"爵"通常为酒器的泛称，《周书》所记之"同"与内史亳丰觚之"同"很可能指的是同一个东西。

那么，我们是否应当据内史亳丰觚铭文将宋代以来定名为"觚"的器物皆改为"同"呢？笔者认为时机尚未成熟。首先，内史亳丰觚不是经过科学发掘出土的器物，始终难免摆脱"伪器"的嫌疑。其次，有自名的青铜觚仅内史亳丰觚一器，不排除

[①] 吴镇烽：《内史亳丰同的初步研究》，《考古与文物》2010 年第 2 期。

"同"只是觚形器的一种别名,类似后文"壘"之于青铜爵。因此,这类青铜器名称暂时仍以宋代以来约定俗成的"觚"为名比较稳妥。

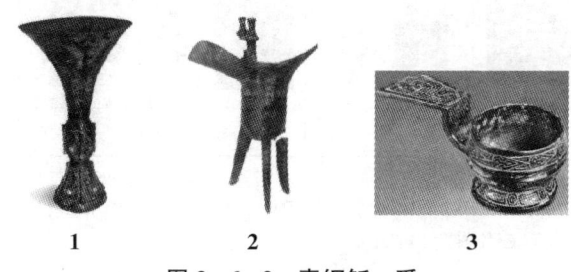

图 2-6-2　青铜觚、爵
1. 内史亳丰觚　2. 霸国墓地 M1 旨爵(B)　3. 伯公父斗

(三) 爵

一般所言之青铜爵,口沿有两柱,前流后尾,底下连接三条腿。爵之有名称者,绝大部分使用的是共名,没有一件专名为"爵"的。近年来,翼城大河口霸国墓地 M1 出土的两件旨爵(图 2-6-2,2),铭文为"旨作父辛壘"。二器专名皆为"壘"[①],原篆字形见 2-6-2·2-3。谢文明先生在分析后认为,这个字与清华简七《封许之命》中记载的周成王赏赐吕丁一组荐彝中的"钲"(字形见表 2-6-2·4)同指[②],其论证精辟,可从。据此,"壘"可读作"钲"。当然,以现有材料,还不足以证明"壘"为青铜爵的正名,暂可视为其别名。

[①] 山西省考古研究所等:《呦呦鹿鸣:燕国公主眼里的霸国》,北京:科学出版社,2014 年,第 62~63 页。
[②] 谢文明:《谈谈青铜酒器中所谓三足爵形器的一种别称》,《出土文献》(第七辑),上海:中西书局,2015 年。

表 2－6－2　"同""羃""钲""爵"字形表

字形					
序号	1	2	3	4	5

1. 内史亳丰觚（《铭图》9855）　2. 旨爵（A）（《呦呦鹿鸣》第 62 页）
3. 旨爵（B）（《呦呦鹿鸣》第 63 页）　4. 《清华简七·封许之命》07
5. 伯公父爵（《铭图》14191）

另外，1976 年陕西扶风云塘 H1 出土两件伯公父斗（《铭图》14191、14192），属于西周晚期，形制与本书划分的标准青铜斗相似，敛口，鼓腹，圈足外撇，柄部前段弯曲、后段扁平，其中 1 件通长 19.3 厘米、口径 8.4 厘米×9.4 厘米、腹深 5.1 厘米。二器铭文连读，共 14 字："伯公父作金爵，用献用酌，用享用孝。"其专名字形见表 2－6－2·5。学界对该字考释存在争议，部分学者主张释"爵"，可备一说。该字究竟应释读为哪一个字，还需要积累更多的出土材料。

（四）觯

目前所见的青铜觯，其名称绝大部分为共名，没有一件专名为"觯"的。青铜觯之名"觯"，源于宋代金石学家的定名，由于该类青铜器久未见其自名，"觯"遂成为千年来学者对这类器物约定俗成的名称，但它未必是商周时期古人对这类器物的定名。目前所见青铜觯的专名有三种，各自对应的器形差异较大。

1. 鑵

专名为"鑵"的青铜容器，也即传统青铜器分类系统中的粗矮体觯，出现于殷墟文化二期，流行于殷墟文化四期至西周中期前段，器身横截面为椭圆或椭方形。标本：2011 年湖北随州叶家山曾国墓地 M27：10 作宝罐（《铭图》10574）[①]，属于西周早期后段。隆顶盖，桥形盖钮，侈口，束颈，垂鼓腹，圈足较外撇，盖面、颈、圈足饰弦纹。通高 18.6 厘米、腹深 11.0 厘米、口 8.0×9.8 厘米。盖、器同铭，各 2 行 4 字："作宝/瓒罐。"（图 2-6-3，1）

作为青铜器专名的"罐"字，字形见表 2-6-3·1-2，其构形可分两型。

A 型：1 例。从"萑""吅"，即"雚"字。见于西周早期后段。

B 型：2 例。从"金""雚"，即"鑵"字。见于西早期后段与西周中期前段。

A 型（雚），《说文·萑部》："雚，小爵也。从萑、吅声。《诗》曰'雚鸣于垤'。"段玉裁《注》："爵，当作雀。雚，今字作鹳。"雚之本义为鸟名，最初用作青铜礼器名，显系借字，后来别造形声字"鑵"。B 型（鑵），唐慧琳《一切经音义》卷八十三："鑵，《考声》：'瓦器也。'《广韵·换韵》："鑵，汲水器也。"《集韵·换韵》："罐，汲器。或从金。"西周时期，自名为"鑵"的青铜器显然不是后来的某种汲水器，那么，只可能是在青铜觯消失后，"鑵"字转而指代他物。

[①] 湖北省文物考古研究所、随州市博物馆：《湖北随州叶家山西周墓地发掘简报》，《文物》2011 年第 11 期。

表 2-6-3　"蘁""鏽"字形表

字形					
序号	1	2	3	4	5

1. 作宝鏽（《铭图》10574）　2. 中鏽（《铭图》19230）　3. 嫊妦进歔（《铭图》10860）　4. 徐王尹又觯（《铭图》10650）　5. 徐王义楚觯（《铭图》10657）

2. 歔

专名为"歔"的青铜容器，也属于传统青铜器分类系统中的粗矮体觯，目前仅有1件，即陕西长安花园村M17∶38 嫊妦进歔（《铭图》10860），弧顶盖、桥形钮，器身为椭方形，侈口，垂鼓腹，圈足较外撇。盖缘和上腹各饰一周长鸟纹。通高18.0厘米、腹深11.5厘米、口径11.5×9.0厘米。盖、器同铭，各9字："亚嫊妦进作/父辛歔。束。"（图2-6-3，2）此器专名为"歔"，字形见表2-6-3·3，从"羔""邑""欠"，字书所无。该字至今未能释读，可能是鏽的别名。

3. 鏽

专名为"鏽"的青铜容器也即传统青铜器分类体系中的细高体觯，这种器物流行于西周早期末与西周中期前段，个别见于春秋晚期，前者迄今未见其自名，后者可能是前者的孑遗或复古形式。标本：1888年江西高安西四十里出土徐王义楚鏽（《铭图》10657），属于春秋晚期。侈口，长颈，垂鼓腹，圈足较外撇。素面。通高20.6厘米、腹深18厘米、口径9.2厘米。器外壁铸有铭文4行35字："唯正月吉日丁酉，徐王义/楚择余吉金，自作祭鏽……"（图2-6-3，3）

作为青铜器专名的"鏽"字，其构形可分两型：

A型：2例。即"耑"字，原篆见表2-6-3·4。

B型：1例。从"金""耑"，即"鍴"字，原篆见表2-6-3·5。

A型（耑），《说文·耑部》："耑，物初生之题也，上象生形，下象其根也。"徐锴《说文系传》："题犹额也，端也。古发端之耑直如此而已。""耑"字用作青铜礼器名，显系借字，通"鍴"。B型（鍴），不见于《说文》，《方言》卷九："鑽谓之鍴。"钱绎《方言笺疏》："此释矛之小者也。"如此，则《方言》所载之"鍴"与作为青铜容器的"鍴"不同类。王国维先生考证"鍴"为经籍记载的"觯"[①]，可从。

图2-6-3 青铜觯
1. 作宝鐈（《铭图》10574） 2. 䰇釱进歔（《铭图》10860） 3. 徐王义楚鍴（《铭图》10657）

二、第二类

（一）鐥

台北故宫博物院藏有一件国佐鐥（《铭图》19256），属于春秋中期齐国铜器，专名为"鐥"（原篆见表2-6-4·1）。平沿，直

[①] 王国维：《释觯觛卮𮝻𬽇》，《观堂集林》，北京：中华书局，1959年。

颈，广肩，收腹，平底，肩下设四个衔环铺首。铸有铭文 53 字："国佐𠑊事岁……铸西墉宝䚇四秉，用实旨酒……"（图 2－6－4，1）

国佐䚇形制罕见，与本书划入青铜罍的番伯官曾罍（《铭图》14006）大略相似，但前者能否归入青铜罍，目前难以定论，故暂列为一个独立的器类，待将来积累的材料相对丰富时再做考虑。

（二）觚形杯

台北故宫博物院藏有一件万杯（《铭图》10865），属于西周中期前段，专名（小共名?）为"壄"（原篆见表 2－6－4·2）。该器侈口，束颈，平度，圈足外撇；通高 14.6 厘米、腹深 11.3 厘米、口径 14.8 厘米。内底铸铭文 37 字："萬諆作兹壄……"（图 2－6－4，2）

以"壄"为专名的青铜礼器仅万壄 1 件，该字未见于字书。万壄形制亦属罕见，整体似亚腰筒状杯，过去有杯、觯、觚三种定名，本书暂将其定名为觚形杯，实乃权宜之计。

表 2－6－4　"䚇""壄""鉌"字形表

字形			
序号	1	2	3

1. 国佐䚇（《铭图》19256）　2. 万杯（《集成》6516）　3. 少司马耳杯（《铭图》10864）

（三）耳杯

专名为"鉌"（字形见表 2－6－4·3）的青铜容器仅有 1 件，即 1992 年山东淄博市临淄商王村田齐墓地 M1：112－4 少司马耳杯（《铭图》10864），属于战国晚期。椭圆形，口微敛，收腹，平底，口沿两侧有云纹方耳。通高4.3厘米、通宽14.0厘米、口15.5×10.8厘米。左耳铭："少司马□□之□。"右耳铭："鉢大式（二）益冢（重）参（三）十货。"（图2-6-4，3）

"鉢"，字书未见，当通"杯"，即《说文》之"桮"字。《说文·木部》："桮，䰞也。从木，否声。㔶，籀文桮。"《集韵·灰韵》："桮，盖今饮器。或作杯。"此器虽自名为"鉢"，但形制与一般所谓的（筒腹）杯差异很大，前者一般约定俗成地称为耳杯。

图2-6-4 觚形杯、耳杯
1. 国佐罈（《铭图》19256） 2. 万杯（《铭图》10865） 3. 少司马耳杯（《铭图》10864）

第三章 水 器

第一节 盂的定名与自名

一、器型分析

自带专名"盂"的青铜礼器有 29 件,其中 4 件形制不详,其余 25 件,可根据其整体形制、体量的不同分为以下 6 型。

A 型:器形大致成碗状,或大或小,根据体量大小,可分为三个亚型。

Aa 型:7 件。体量较大。侈口,深腹,附耳,几乎都有圈足。标本一:北京故宫博物院藏伯盂(《铭图》6222),属于西周早期。侈口、方唇,腹壁较直,圈足外撇,足缘下折,附耳,耳顶低于口沿。口下饰顾首龙纹,腹饰垂叶状兽纹,圈足饰横 S 形龙纹。通高(无盖)39.5 厘米、口径 57.6 厘米。内底铸铭 2 行 16 字:"伯作宝尊盂,其万/年孙孙子子永宝用享。"(图 3-1-1,1)标本二:山西翼城大河口 M1017∶6 霸伯盂(《铭图》6229),属于西周中期前段。侈口,腹壁斜直外张,平底,底接三只象首足,附耳顶超出口沿。口下饰一周窃曲纹。通高(无盖)34.2 厘米、口径 39.5 厘米。腹内铸铭 10 行 117 字:"……

霸伯拜稽首，对扬王休，/用作宝盂，孙孙子子其万年永宝。"（图3-1-1，2）标本三：1959年孟津邙山坡出土齐侯盂（《铭图》6225），属于春秋晚期。侈口，腹微鼓，圈足较外撇，足缘下折形成宽边，套环爬龙大耳。腹饰两周环带纹。高43.5厘米、腹深65.5厘米、口径75.0厘米。腹内铸铭5行26字："齐侯作媵子/仲姜宝盂，其/眉寿万年……"（图3-1-1，3）

图3-1-1　A型"盂"
1. Aa型（伯盂）　2. Aa型（霸伯盂）　3. Aa型（齐侯盂）　4. Ab型（寝小室盂）　5. Ab型（父丁盂）　6. Ac型（燕侯盂）

Ab型：4件。体量偏中。侈口，深腹，圈足，附耳。标本一，河南安阳侯家庄西北冈HPKM1400：R1092寝小室盂（《铭图》6205），属于殷墟文化二期。弧顶盖，瓜蒂形盖钮，侈口，收腹，圈足斜直外撇。盖面和口下各饰一周夔鸟纹，腹饰垂叶状夔纹。通高41.3厘米、腹深21.7厘米、口径40.2厘米。内底铸铭1行4字："寝小室盂。"（图3-1-1，4）标本二：新中国成立前陕西永寿县好畤河村出土父丁盂（《铭图》6219），属于西周中晚期之际。侈口，收腹，足缘较外撇，附耳顶与口沿基本平齐。口下饰一周窃曲化鸟纹,圈足饰斜角目纹。通高(无盖)29.0厘米、腹深23.0厘米、口径42.0厘米。内底残存铭文3行14字:"□作父丁[宝]/盂,其万年永/宝,用享宗宫。"(图3—1—1,5)

Ac型:2件。体量偏小。侈口,腹呈弧形内收,圈足,无耳。标本:燕侯盂(《铭图》6207),属于西周早期。弧顶盖,有圈形捉首,侈口,圈足较外撇。盖、器上腹饰兽面纹,下腹饰垂叶状龙纹。通高18.6厘米。盖、器各铸铭1行5字:"燕侯作旅盂。"(图3—1—1,6)

B型:器形基本似折肩盆,有肩,收腹,底径与肩径之比较小。根据体量大小分为两个亚型。

Ba型:6件。体量较大。标本一:虢叔盂(《铭图》6210),侈口,折颈,肩稍宽,平底,兽首半环耳,肩饰斜角目纹。通高(无盖)18.8厘米、口径34.7厘米。内底铸铭1行5字:"虢叔作旅盂。"(图3—1—2,1)标本二:1994年山东海阳嘴子前M4:73听盂(《铭图》6215),属于春秋中晚期之际。腹较深,宽沿、沿外缘有阶,直颈,窄肩,有极矮圈足,底略内凹,四兽首半环耳。饰吐舌蟠螭纹。高37.0厘米、口径69.5厘米。口沿有铭文7字:"听所献为下寑盂。"(图3—1—2,2)

Bb型:1件。体量较小,实际应属于青铜盆类。标本:娄君盂(《铭图》6226),属于春秋晚期。折肩、较陡,腹斜直内收,小底,兽首半环耳。肩和上腹饰棘刺蟠虺纹、绹索纹。残高12.8厘米、宽33.2厘米。内底铸铭26字:"唯正月初吉,娄君伯□自作馈盂,用祈眉寿无疆……"(图3—1—2,3)

C型:1件。无肩。标本:陕西扶风姚家村许家1号窖藏出土丹叔番盂[①]，属于西周晚期。无肩，深腹内收，底内凹，口沿下有一对套环耳。上腹饰弦纹二周。通高（无盖）27.7厘米、腹深25.2厘米、口径39.9厘米、底径23.7厘米。内壁铸铭2行6字："丹叔番/作宝盂。"（图3-1-2，4）

D型：2件。器形为匜。1982年河北易县出土齐侯匜（《铭图》14997），属于春秋晚期。宽流，兽首鋬，直口，口沿有铺首，圜底，轮形四足。素面。通高14.2厘米、长32.5厘米、宽20.0厘米。内底刻铭6行34字："齐侯作媵甗/圈孟姜盥盂，/用祈……"（图3-1-2，5）

E型：2件。器形为盨。标本：2015—2016年湖北枣阳郭家庙曹门湾M43：3曾大保盆盨[②]，属于春秋早期。折沿，收腹，圈足外撇、有豁口，兽耳半环耳，盖的形制与器身相似，顶部有夔形钮，盖沿有卡扣。盖面和器腹饰卷龙纹，圈足饰窃曲纹。通高23.7厘米、口径31.4×23.5厘米、圈足22.0×15.2厘米。盖、器同铭，各有4行15字："唯曾大保/盆用其吉/金自作宝/盉（盂）用享。"（图3-1-2，6）

1　　　　　　　2　　　　　　　3

[①] 张恩贤、魏兴兴：《周原遗址出土"丹叔番"盂》，《考古与文物》2001年第5期。

[②] 武汉大学历史文化学院、湖北省文物考古研究所等：《湖北枣阳郭家庙墓地曹门湾墓区（2015）M43发掘简报》，《江汉考古》2016年第5期。

图 3-1-2 B、C、D、E 型"盂"
1. Ba 型（虢叔盂） 2. Ba 型（听盂） 3. Bb 型（娄君盂） 4. C 型（丹叔番盂） 5. D 型（齐侯匜） 6. E 型（曾大保盆盨）

二、"盂"字构形分析与解释

作为青铜器专名的"盂"字，其构形可分为以下 5 型：

A 型：1 例。从"于""ᑭ""皿"，原篆见表 3-1-1·1，通常直接隶定为"盂"。仅见于商代晚期。

B 型：21 例。从"于""皿"，原篆见表 3-1-1·2-5，即"盂"字。存在于西周早期至春秋晚期。

C 型：3 例。从"于""皿""丿丶"或"丶"，原篆见表 3-1-1·6-8，通常直接隶定为"盂"。存在于西周早期至春秋晚期。

D 型：从"于""升""皿"，原篆见表 3-1-1·9，隶定为"䀉"。仅见于春秋晚期。

E 型：从"宀""于""皿"，原篆见表 3-1-1·10，隶定为"宯"。仅见于春秋早期。

表 3-1-1 "盂"字字形表

字形					
序号	1	2	3	4	5

字形					
序号	6	7	8	9	10

1. 寝小室盂（《铭图》6205） 2. 燕侯盂（《铭图》6207） 3. 燕侯盂（《铭图》10305） 4. 天盂（《铭图》6218） 5. 齐侯作仲姜盂（《铭图》6225） 6. 王盂（《铭图》6216） 7. 听盂（《铭图》6215） 8. 鲁大司徒元匜（《铭图》6221） 9. 齐侯匜（《铭图》14997） 10. 曾大保盆匜（枣阳曹门湾 M43∶3）

A 型：1　B 型：2—5　C 型：6—8　D 型：9　E 型：10

上述 5 型中，仅 B 型见于字书，《说文·皿部》："盂，饭器也。从皿，亏声。"《说文系传·皿部》："盂，饮器也。"由于 A、B 型字共见于 Ab 型器（见表 3-1-2），参考金文中的其他辞例，可以确定 A 型字为金文"盂"字之繁体。A 型字虽然出现时间最早，但进入西周以后，逐渐被 B 型等字替代。B、C 型字同见于 Aa 型和 Ba 型器，后者所从之"丿丶"或"丶"在"于"之下半部两侧，可能表示水滴之形，故 C 型字也应当是"盂"字。D 型字从"升"，乃表意，其与 C 型字同见于 E 型器（匜），故也应当为"盂"字别体。E 型字从"宀"，乃意符，目前仅见于两件青铜鉴，此字是否为"盂"之别体，或是否可读作"盂"，我们姑且存疑。从出现频次、流行时间长短、在字书中的保存情况来看，应当以 B 型字（盂）为这一专名的代表字形。

表 3—1—2　器型与"盂"字类型对应关系表

器物类型	专名			器物类型	专名		
	类型	频次	比重		类型	频次	比重
Aa	B	6	85.714%	Bb（盆）	B	1	100.000%
	C	1	14.286%	C	B	1	100.000%
Ab	A	1	25.000%	D（匜）	C	1	50.000%
	B	3	75.000%		D	1	50.000%
Ac	B	2	100.000%	E（盨）	E	2	100.000%
Ba	B	5	83.333%	—	—	—	—
	C	1	16.667%	—	—	—	—

三、类别名的确立和判别标准

如前文所述，自带专名"盂"的青铜礼器有 29 件，专名的使用时间从商代晚期至春秋晚期，可知商周青铜礼器中确实存在盂这一类器物。不过，从前文的类型学分析来看，专名为"盂"的青铜礼器形制较复杂，并非各型或亚型皆可定名为盂。从表 3—1—3 中的数据来看，Aa、Ab、Ba 型器物的数量比重较高，而且体量较大，定名为盂自无疑问。Ac、Bb、C、D、E 型器物的数量总比重很低，其定名需要谨慎对待。

先说 Ac 型盂，其形制与 Aa 型簋比较接近，但我们在"簋的定名与自名"一节已详细辨析前者目前暂宜定名为盂，而对于形制、体量与之接近的无自名青铜器的定名，宜参考器物组合、纹饰等方面的内容。

Bb 型"盂"，体量较小，其形制、体量属于青铜盆的范畴，应定名为盆。关于青铜盂与盆的区分标准，我们在"盆的定名与自名"一节已详细分析，兹不赘述。

C 型盂，其形制在整个商周青铜礼器中罕见，暂未见其使用其他专名，故宜可定名为盂。

D 型盂，形制与之相似者，绝大多数以"匜"为其专名，故应定名为匜，属于青铜匜使用了"盂"这一专名的情况。

E 型盂（假设"盠"可读作"盂"），形制与之相似者绝大多数以"盨"为其专名，故前者应定名为盨。

要之，青铜盂的标准形制及体量应当是前文划分的 Aa、Ab、Ba、C 型盂，Ac 型盂的判别则必须借助其专名、组合、纹饰等因素。

表 3-1-3 自带专名"盂"的各型、亚型青铜器数量及总比重表

型	亚型	数量	亚型比重	型比重	型	亚型	数量	亚型比重	型比重
A	Aa	7	24.138%	44.828%	C		1	3.448%	
A	Ab	4	13.793%	44.828%	D	（匜）	2	6.897%	
A	Ac	2	6.897%	44.828%	E	（盨）	2	6.897%	
B	Ba	6	20.690%	24.138%	—	—	—	—	—
B	Bb	1	3.448%	24.138%	—	—	—	—	—

另外，Aa、Ba 型盂的形制和体量与青铜鉴比较接近，关于二者的区分标准，我们认为，仅仅依靠自带专名的鉴、盂的形制去判别很可能有失偏颇。本文以前述两类器物为中心进行排比（参见表 3-1-4），归纳出区分盂、鉴的 6 条标准：

（1）形制。东周时期，青铜盂唇部均相对较薄，其中仅甲 Aa 型盂有极外撇圈足，盆形盂无圈足或有极矮圈足；青铜鉴沿面普遍较窄，唇部或厚或薄，其有圈足者皆为矮直或矮直撇圈足。因此，有窄沿、厚唇、矮直或微直撇圈足者一般可定为鉴，圈足极外撇者或可定为盂，宽沿、薄唇、无圈足者需参考其他标准。

（2）体量。只有春秋中晚期部分青铜盂的体量较大，其余均

普遍较小，器高一般低于 21.0 厘米，口径一般小于 40.0 厘米；青铜鉴体量普遍较大，器高（不含盖，后同）一般超过 30.0 厘米，口径一般大于 50.0 厘米，体量最小者高度也不低于 22.0 厘米，口径不小于 43.0 厘米。我们拟定器高在 20.0 厘米左右及以下、口径在 40.0 厘米左右及以下者应定名为盂，反之则要参考其他标准。

（3）壁厚。Ba 型盂的器壁普遍较薄，青铜鉴中相当一部分器物的壁较厚，因此，器壁较厚者属于鉴的可能性较大。

（4）纹饰。青铜盂中，Aa 型盂主纹有垂叶状龙纹，且比较细长，仅在西周早中期使用；东周时期青铜盂装饰大环带纹、吐舌蟠螭纹、蟠虺纹，均不成垂叶状；青铜鉴特色主纹有大垂叶状蟠虺纹、凤首螭纹两种。因此，装饰大垂叶状蟠虺纹或凤首螭纹者一般可定名为鉴，装饰后三种纹饰者还需参考其他标准。

（5）构造。青铜鉴中的部分器物肩下有一对小环钮，有的腹内近底处亦设置小环钮，后者可能跟置放冰块有关，标准盂均无此类结构。因此，肩下和腹内有小环钮者必定是鉴，反之则需参考其他标准。

（6）组合。墓葬出土青铜鉴中，有的腹内放置尊缶，青铜盂无此特征，故腹内放置尊缶者可定名为鉴。此外，同型器物中有的腹内放置铜壶，其意与放置尊缶相同，这类青铜器也可定名为鉴。腹内置放其他器物或未放置器物者需参考其他标准。

以上 6 条标准须综合运用方可保证铜鉴判别的准确性，根据笔者的判别实践，第（5）（6）两条标准最为紧要，其次是第（1）（2）条，再次是第（3）（4）条，它们之间没有出现相互矛盾的情况，如腹内设置小环钮之器口径却小于 40.0 厘米左右以下。实际上，能够同时达到上述六条标准的铜鉴非常少见，抛开第（5）（6）条标准不说，笔者认为在必须满足第（2）条标准的前提下，只要再满足第（1）（3）（4）中至少两条标准的铜器就可定名为鉴。

表 3-1-4　Aa 和 Ba 型盂与鉴的资料表

器名	年代	器高	口径	纹饰	字数/自名	参考文献
伯盂	西早	39.5	57.6	∽龙纹、垂叶龙纹	16/尊盂	《铭图》6222
永盂	西中	46.0	58.0	简省兽面纹、垂叶龙纹	123/尊盂	《铭图》6230
遾盂	西中	42.0	55.5	象鼻龙纹、环带纹	49/尊盂	《铭图》6228
天盂	西晚	43.2	56.4	∽龙纹、环带纹	12/宝盂	《铭图》6218
齐侯盂	春晚	43.5	75.0	环带纹	26/宝盂	《铭图》6225
虢叔盂	西中	18.0	34.7	斜角目纹	5/旅盂	《铭图》6210
善夫吉父盂	西晚	20.0	35.1	重环纹	16/盂	《铭图》6223
丹叔番盂	西晚	27.7	39.9	弦纹	6/宝盂	《铭图》6213
季姜盂	西晚	20.5	39.3	弦纹	17/宝盂	《铭图》6224
听盂	春中	37.0	69.5	蟠螭纹	7/下寝盂	《铭图》6215
吴王光鉴	春晚	35.7	57.0~60.0	垂叶蟠虺纹	53/荐鉴	《铭图》15066
吴王光鉴	春晚	—	—	垂叶蟠虺纹	53/荐鉴	《铭图》15067
吴王夫差鉴	春晚	44.8	76.4	垂叶蟠虺纹	12/御鉴	《铭图》15059
吴王夫差鉴	春晚	45.0	73.5	垂叶蟠虺纹	13/御鉴	《铭图》15060
吴王夫差鉴	春晚	44.9	75.0	垂叶蟠虺纹	残泐	《铭图》15061
吴王夫差鉴	春晚	—	—	垂叶蟠虺纹	13/御鉴	《铭图》15062
吴王夫差鉴	春晚	—	—	垂叶蟠虺纹	13/御鉴	《铭图》15063

续表

器名	年代	器高	口径	纹饰	字数/自名	参考文献
吴王夫差鉴	春晚	38.5	62.7	垂叶蟠虺纹	13/御鉴	《中国国家博物馆馆刊》2012（2）
吴王夫差鉴	春晚	38.5	62.7	垂叶蟠虺纹	13/御鉴	
智君子鉴	战早	22.7	宽51.8	凤首螭纹、绳纹	6/弄鉴	《铭图》15052
智君子鉴	战早	22.2	43.5	凤首螭纹、绳纹	6/弄鉴	《铭图》15053
王子申鉴	战晚	25	54	弦纹	底/30/金鉴 外壁/5/鉴	《铭图》15065
包山M2：119	战中	24.7	51.7	垂叶蟠虺纹	简265－鉴	《包山楚墓》第108～109页
包山M2：96	战中	24.7	51.7	垂叶蟠虺纹	简265－鉴	

注：荆门包山M2：119、96青铜鉴虽无铭文，但可与同出遣策记录之鉴相对应，故我们将其列入表内，以备参考。另有一件专名为"鉴"的羕伯庸盘（《集成》10130），本表未列入。

四、自名与器型

如表3－1－5，含专名"盂"的青铜礼器自名有13种形式，其结构分为两种：第一种，自名由专名"盂"单独构成；第二种，自名由"前缀词＋专名"构成，共12种形式。前缀词有"宝""尊""饙""飤""饮""盥""濫""旅""寝小室""下寝""中寝馈"。

所有自名中，使用"盥盂""饮盂"的实际为青铜匜，"饙盂"为青铜盆与盂共用，"宝盂"为青铜盨与盂共用。前缀词中有"尊"字的自名，仅流行于西周时期，东周时期不再使用。

目前，暂未发现使用"盂"之别名或其他器类专名的青铜盂。[①]

表 3–1–5　含"盂"的自名与青铜礼器类型对应表

自名形式	器物类型	器例	频次	年代跨度
盂	Ba	《铭图》6223	1	西晚
宝盂（宩）	Aa、Ab、C、盦	《铭图》6218	12	西中—春晚
尊盂	Aa	《铭图》6228	2	西中—西晚
宝尊盂	Aa	《铭图》6222	1	西中
饙盂	Ab、盆	《铭图》6209	2	西早、春晚
盥盂	匜	《铭图》14997	1	战国
滥盂	Ba	《铭续》0535	1	春晚前段
旅盂	Ac、Ba	《铭图》6207	5	西早—西中
寝小室盂	Ab	《铭图》6205	1	殷墟文化二期
飤盂	Ba、无图	《铭续》0534	2	春早—春中
下寝盂	Ba	《铭图》6215	1	春晚
饮盂	匜	《铭图》6221	1	春中
中寝饙盂	Aa	《铭图》6216	1	西早

[①] 自名"滥盂"之"滥"，或有学者认为可以读作"鉴"，实际上并无令人信服的辞例排比推断依据，目前只能存疑。

第二节 鉴的定名与自名

一、器型分析

自带专名"鉴"的青铜礼器 12 件[①],其中 1 件形制不详,其余 11 件可分为三型。

A 型:折肩,收腹。可分二亚型。

Aa 型:7 件。无圈足。标本一:1994 年山西太原金胜村 M673 出土吴王夫差鉴[②],属于春秋晚期后段。宽平沿,直颈,折肩,收腹,底略内凹,两只套环兽首耳。颈饰鳞纹,肩下饰绹索纹,上腹饰蟠虺纹和垂叶状蟠虺纹。大小暂且不详。腹内铸铭 3 行 13 字:"攻吴王夫/差,择厥吉/金,自作御鉴。"(图 3-2-1,1)标本二:吴王夫差鉴(《铭图》15060),形制与前述吴王夫差鉴相似,唯唇稍厚,口沿另有两只爬龙耳。颈、肩下、上腹饰棘刺蟠虺纹,腹最下层蟠虺纹呈垂叶状。通高 45.0 厘米、口径 73.0 厘米。腹内铸铭 4 行 13 字:"攻吴王夫/差,择/厥吉/金,自作御鉴。"(图 3-2-1,2)

Ab 型:2 件。有圈足。标本:1938 年河南辉县出土智君子鉴(《铭图》15052),属于战国早期前段。宽平沿,直颈,折肩,收腹,四只套环兽首耳。颈和下腹饰凤首螭纹,腹饰变形兽首螭纹。唇饰一周贝纹,肩下、腹中和圈足各饰一周绹索纹,通高

[①] 如果加上包山楚墓 M2 遣策所记 2 件青铜鉴——M2:119、96,则自带专名"鉴"的青铜礼器共有 14 件。

[②] 李建生:《辉县琉璃阁与太原赵卿墓相关问题》,《中国国家博物馆刊》2012 年第 2 期。

22.7厘米、宽51.8厘米。内底铸铭1行6字："智君子之弄鉴。"（图3-2-1，3）

B型：1件。直筒腹。标本：1973江苏无锡前洲乡高渎湾出土郱陵君王子申鉴（《铭图》15065），属于战国前期后段。[①] 折沿，无耳，浅腹，平底。素面。通高25.0厘米、口径54.0厘米。内底铸铭35字："郱陵君子王申，攸载造金鉴……王郢姬之鉴。"（图3-2-1，4）

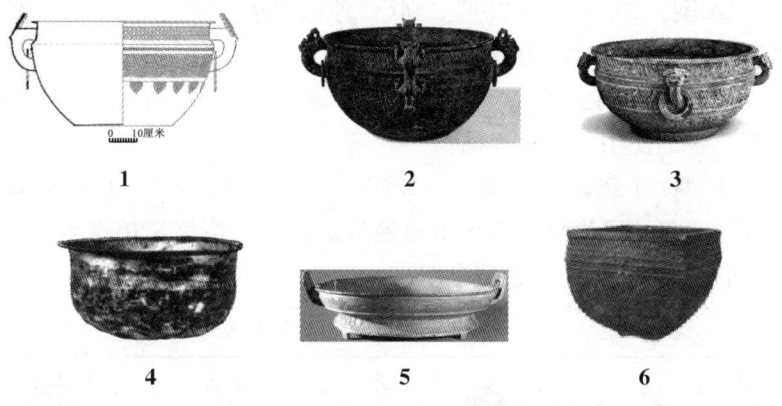

1. Aa型（吴王夫差鉴） 2. Aa型（吴王夫差鉴，《铭图》15060） 3. Ab型（智君子鉴） 4. B型（郱陵君王子申鉴） 5. C型（昶伯庸盘） 6. 陶方鉴（信阳楚墓M1：39）

C型：1件。器形为盘。标本：1964年河南桐柏县月河公社左庄出土昶伯庸盘（《铭图》14460），属于春秋早期。折沿，浅收腹，大平底，圈足下有四支足，附耳。腹饰斜角雷纹，圈足为垂鳞纹。内底铸铭4行17字："昶伯庸自/作宝鉴，其万/年疆无，子/孙永用享。"高13.0厘米、口径38.0厘米。（图3-2-1，5）

上述A、B、C型皆为圆鉴，与之对应的青铜方鉴中仅有蔡

---

① 李零、刘雨：《楚郱陵君三器》，《文物》1980年第8期。

侯申方鉴（《铭图》15054）自带专名，但其专名为"匜"。东周墓葬出土遣策中有方鉴的记录，对应之器为陶方鉴（信阳楚墓M1：39）。①（图3-2-1，6）

二、"鉴"字构形分析与解释

作为青铜礼器专名的"鉴"字，其构形可分三型：

A型：10例。从"卧""皿"，原篆见表3-2-1·1-5，即"监"字。使用时间为春秋早期至战国中期。

B型：4例。从"金""监"，原篆见表3-2-1·6-7，即"鑑"字。使用于春秋晚期。

C型：1例。从"水""监"，原篆见表3-2-1·8，即"滥"字，该字形见于王子申攸鉴口沿背面，惜铭文拓本至今尚未刊布②，使用时间为战国晚期。

表3-2-1 "鉴""匜"字形表

1	2	3	4	5	6	7	8	9

1. 吴王夫差鉴（《铭图》15063） 2. 吴王夫差鉴（《铭图》15060） 3. 王子申鉴（《铭图》15065） 4. 信阳长台关M1：39陶方鉴（信阳楚简2-01） 5. 羕伯庸盘（《集成》10130） 6. 智君子鉴（《铭图》15053） 7. 吴王光鉴（《铭图》15066） 8. 郑陵君王子申鉴（《铭图》15065） 9. 蔡侯申方鉴（《铭图》15054）

A型：1-5 B型：6-7 C型：8

---

① 河南省文物研究所：《信阳楚墓》，北京：文物出版社，1986年，第47页，图版三五，简2-01。

② 周晓陆：《〈郑陵君鉴〉补》，《江汉考古》1987年第1期。

第三章 水 器

A型（監），《说文·皿部》："監，临下也。从卧，衉省声。𥁃，古文監。"唐兰《殷墟文字记》："象一人立于盆侧，自有監其容之意。"该字形具有借助器皿中的水俯首照面之意，乃会意字，其本义不是器物器名，这个字在青铜鉴产生之前早已出现，用作器物名显系借字。"監"通"鑑"，《周礼·春官·凌人》："春始治鑑"，唐陆德明《释文》："鑑，本或作監。"又A、B型字共同用作Aa、Ab型器的专名（见表3-2-2），也可为证。

B型（鑑），《说文·金部》："鑑，大盆也。一曰鑑诸，可以取明水于月。"该型字从金，乃言其质地，其出现于青铜鉴产生之后。

C型（濫），《说文·水部》："濫，氾也。从水，監声。一曰濡上及下也。""濫"与"監""鑑"相通。如表3-2-2，A、C型字共同作为B型器的专名。此型字从水，表示鉴与盛水有关。

参考各型字的使用频次及各型字的本义，青铜鉴的专名用字似以B型字（鑑）为正字，目前金文所见"濫"字，皆与器物名有关，我们推测C型字最初或可能是以B型字的异体身份出现的。不管怎样，"監""鑑""濫"三字用作器物专名的字形，现今通行写作"鉴"。

表3-2-2 器型与专名"鉴"字类型对应关系表

器物类型	专名		
	类型	频次	比重
Aa	A	5	71.429%
	B	2	28.571%
Ab	A	2	50.000%
	B	2	50.000%
B	A/C	1	100.000%
C（盘）	A	1	100.000%

三、类别名的确立和判别标准

如前文所述，自带专名"鉴"的青铜礼器有 11 件，专名的使用时间从春秋早期到春秋晚期，算上楚墓遣策所记之鉴，则专名使用至战国中期后段，是知两周青铜礼器中应当存在鉴这一类器物。不过，从前文的类型学分析来看，专名为"鉴"的青铜礼器形制较复杂，并非各型或亚型皆可定名为鉴。从表 3-2-3 中的数据来看，Aa、Ab 型鉴的数量比重较高，定名为鉴自无疑问。B、C 两型数量总比重很低，其定名需要谨慎对待。

B 型鉴形制跟 A 型相差较大，与汉代的青铜盆比较接近，然其体量较大，可能属于"大盆"一类的鉴，目前还没有发现跟 B 型鉴形制、体量接近且使用其他专名的青铜礼器，故我们认为 B 型鉴暂宜定名为"鉴"。

C 型"鉴"，形制与 A、B 型皆相差较远，同型器物绝大多数以"盘"为其专名，故其属于青铜盘借用"鉴"这一专名的情况。

要之，一般判断无自名圆形青铜鉴，主要以 Aa、Ab 型鉴的形制、体量为参考标准，方鉴则以信阳楚墓 M1：39 陶方鉴为标准。

春秋晚期青铜鉴的形制与青铜盂比较接近，但二者之间也有区分规律可循，我们在"盂的定名与自名"节已做详细分析，兹不赘述。

表 3-2-3 自带专名"鉴"的各型、亚型青铜器数量及总比重表

型	亚型	数量	亚型比重	型比重	型	亚型	数量	亚型比重	型比重
A	Aa	7	63.636%	81.818%	B	—	1	9.091%	
	Ab	2	18.182%		C	—	1	9.091%	

四、自名与器型

如表 3-2-4，含专名"鉴"的青铜礼器自名有 6 种形式，其结构分为两种：第一种，自名单独由专名"鉴"单独构成；第二种，自名由"前缀词＋专名"构成。前缀词有"宝""金""弄""御""宗彝荐"。所有自名中，使用"宝鉴"的实际为青铜盘。目前，暂未发现使用"鉴"的别名。另外，参考鉴的标准形制，我们可以系联出使用其他器类专名的青铜鉴，即蔡侯申方鉴（《铭图》15054），其自名为"尊匜"。

表 3-2-4 含"鉴"的自名与器型对应表

自名形式	器物类型	器例	频次	年代跨度
宝鉴	盘	《铭图》14460	1	春早
金鉴/鉴	B	《铭图》15065	1	战晚后段
弄鉴	Ab	《铭图》15052	2	战早
御鉴	Aa、无图	《铭图》15059	6	春晚后段
宗彝荐鉴	Aa	《铭图》15066	2	春晚后段
尊匜	方鉴	《铭图》15054	1	春晚后段

第三节 盉的定名与自名

一、器型分析

自带专名"盉"的两周青铜器共 51 件，其中 15 件器形不明，1件仅有盖，其余35件，可根据器身形态的不同分为四型。

A型：腹部横截面为圆形，设管状流，分裆，柱形腿。其中，又可根据腿数，分为两个亚型。

Aa型：三条腿。标本：陕西省长安张家坡西周铜器窖藏（37号）伯庸父盉（《铭图》14761），年代为西周中期。通高22.3厘米、口径17.2厘米，鼓腹束颈，口微外侈，弧裆，三柱足，兽首鋬。盖面隆起。（图3—3—1，1）

Ab型：四条腿。标本：季嬴霝德盉（《铭图》14738），年代为西周中期前段。通高28.0厘米、通长31.1厘米。口呈椭方形，侈口长颈，分裆四柱足，管状流，兽首鋬，隆起的盖上有半环钮，以链条与鋬相连。（图3—3—1，2）

B型：腹部横截面为圆形，几乎都设管状流，圜底不分裆，根据腿的形态，又可分为两个亚型。

Ba型：柱形腿或兽蹄腿。根据整体形态的差异，又可分为两个次亚型。

BaⅠ型：柱形腿，皆三条。标本一：作册吴盉（《铭图》14797），年代为西周中期前段。通高20.5厘米、通长47.0厘米、口径20.5厘米、腹深18.7厘米。器作低体宽腹式，侈口束颈，肩微折，腹外鼓，浅腹圜底，其下有三条细柱足，半环形鋬。（图3—3—1，3）标本二：传世共盉（《铭续》0962），年代为西周中期。通高25.3厘米、流至鋬通长22.8厘米、腹径16.8厘米、口径11.0厘米、腹深21.5厘米。小侈口，无盖，颈部较长，垂腹，口部设有小流槽。（图3—3—1，4）

BaⅡ型：兽蹄腿，皆为三条，小口，圆鼓腹，肩部设有提梁。标本：江苏枫桥镇何山1号春秋墓所出途盉（《铭图》14746），年代为春秋晚期。通高25.2厘米、口径10.8厘米。扁圆体，直口短颈，平顶折沿盖，半环龙形提梁，曲形龙首流，与流相对的一侧有镂空扉棱，圜底下有三个兽蹄足。（图3—3—1，

5)

　　BaⅢ型：柱形腿，有四条。标本：应侯盉（《铭续》0967），年代为西周中期前段，通高25.5厘米、鋬至流口长29.5厘米。璧形钮盖，直颈，瘪鼓腹。（图3-3-1，6）

　　Bb型：锥状腿，折肩较宽，收腹。标本：季良父盉（《铭图》14774），年代为西周晚期。体较扁，直口方唇，宽肩圜底，肩一侧有龙首管状流，另一侧有龙首鋬。（图3-3-1，7）

　　C型：2件。器腹为平鼓状，设管状流。标本：1976年陕西临潼西段村西周铜器窖藏出土王盉（《铭图》14762），年代为西周晚期。通高36.0厘米、口横11.0厘米、口纵9.0厘米、腹深21.0厘米。体呈悬鼓形，另一侧有兽首形鋬，上有短颈椭方形口，盖作圆雕卧鹜，尾部有链条与器相连，下部有四条扁兽形足。（图3-3-1，8）

　　D型：1件。器身整体为鸟形，鸟胸前设管状流。标本：山西翼城大河口霸国墓地M2002：23第传盉（《铭图》14795），年代为西周中期前段。通高36.0厘米、通长37.0厘米。立体鸷鸟形，肥体长颈，昂首钩喙，尾下有一卷鼻象首，背上开有椭方形口，其上置盖。（图3-3-1，9）

　　E型：1件。形制实为青铜匜。标本：传世毳匜（《铭图》14934），属于西周晚期。身高19.8厘米、口宽23.8厘米、口长45.2厘米，流槽上翘，收腹，兽首鋬，底有四条兽形腿。铸有铭文16字："毳作王母媿氏沫盉，媿氏其眉寿万年用。"（图3-3-1，10）

1　　　　　　　　2　　　　　　　　3

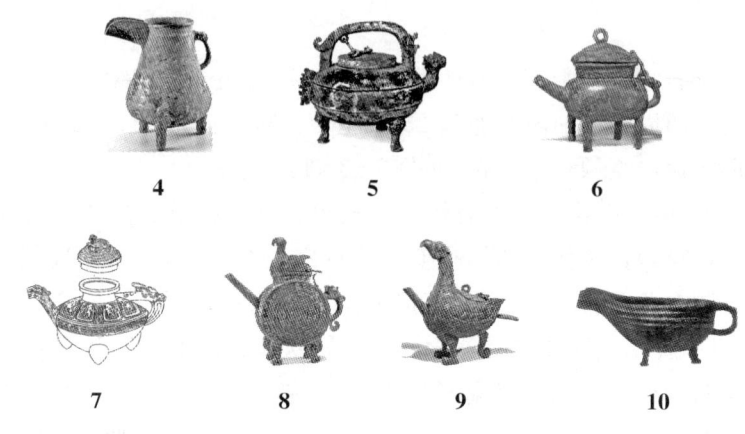

图 3-3-1　A-E 型"盉"

1. Aa 型（伯庸父盉）　2. Ab 型（季嬴霝德盉）　3. BaⅠ型（作册吴盉）　4. BaⅠ型（共盉）　5. BaⅡ型（途盉）　6. BaⅢ型（应侯盉）7. Bb 型（季良父盉）　8. C 型（王盉）　9. D 型（箒传盉）　10. E 型（羣匜）

二、"盉"字构形分析和解释

作为青铜礼器专名的"盉"字，其构形可分为以下七型，某些型下还可分为若干亚型，代表性字形如表 3-3-1 所示。

A 型：又可分为 2 个亚型。

Aa 型：从"皿""禾"，"禾"为声符（下同）。原篆见表 3-3-1·1-9，即字书中的盉字。

Ab 型：从"🖻""禾"。原篆见表 3-3-1·10，"🖻"为某种带盖容器的正视形，可与"皿"旁同义互换，姑且隶定为盉。

B 型：从"皿""禾""金"。原篆见表 3-3-1·11-12，隶定为"鎶"。

C 型：从"皿""禾""又"。原篆见表 3-3-1·13，"禾"与"又"两个偏旁，构形像以手持禾形。隶定为"盉"。

D 型：又可分为 2 个亚型。

Da 型：从"皿""攴"。原篆见表 3-3-1·14-15，隶定为"皿攴"。

Db 型：从"皿""攴""廾"。原篆见表 3-3-1·16，隶定为"𥂴"，字形构形与 Da 型相似，但多出意符"廾"，像双首托举器皿之形。

E 型：从"皿""禾""止"。原篆见表 3-3-1·17，隶作"盉"。

F 型：从"金""禾"。原篆见表 3-3-1·18，隶定为"鉌"。

G 型：从"金""禾""鼎"。原篆见表 3-3-1·19，隶定为"鼺"。

表 3-3-1　青铜器专名"盉"字字形表

字形								
序号	1	2	3	4	5	6	7	8
字形								
序号	9	10	11	12	13	14	15	16
字形					—	—	—	—
序号	17	18	19	20				

1. 仲自父盉（《铭图》14722）　2. 䇂传盉（《铭图》14795）　3. 幽王盉（《铭图》14723）　4. 来父盉（《铭图》14753）　5. 季嬴霝德盉（《铭图》14738）　6. 应侯盉（《铭续》0967）　7. 史昔衰盉（《铭图》

14772） 8. 逨盉（《铭图》14777） 9. 陈侯盉（《铭续》0975） 10. 伯春盉（《铭图》14710） 11. 王盉（《铭图》14668） 12. 途盉（《铭图》14746） 13. 季良父盉（《铭图》14774） 14. 遣盉《铭图》14757） 15. 伯庸父作季姞盉（《铭图》14783） 16. 伯庸父盉（《铭图》14761） 17. 黄子娄盉（《铭续》0973） 18. 春成侯盉（《铭图》14786） 19. 伯宜盉（《铭图》14728） 20. 伯百父鎜（《铭图》14743）

Aa 型：1—9 Ab 型：10 B 型：11—12 C 型：13 Da 型：14—15 Db 型：16 E 型：17 F 型：18 G 型：19

表 3-3-2 各型"盉"字出现频次及年代表

型别	频次	比重	年代	型别	频次	比重	年代
Aa	37	72.549%	西早—战中	Db	2	3.922%	西中
Ab	1	1.961%	西中	E	1	1.961%	春晚
B	3	5.882%	西中—战早	F	1	1.961%	战晚
C	2	3.922%	西中—西晚	G	2	3.922%	西中—西晚
Da	2	3.922%	西中				

Aa 型（盉），《说文·皿部》："盉，调味也。从皿，禾声。"从表 3-3-2 可知，Aa 型专名出现时间最早，使用时间最长，使用频次总比重超过 72%，无疑是"盉"字正体。其余诸型或亚型未见于字书，除了 Da、Db 型稍特殊外，其他型或亚型的共同特点是皆从"禾"声。在使用的器型上，如表 3-3-3，Ab、B、C、Da、Db、E、F、G 型专名也相应地与 Aa 型共同使用于前文划分的 Aa、BaⅡ、Bb 型青铜礼器。从前述两点可以推断，B、C、E、F、G 型字无疑是"盉"字之异体。Da、Db 型字释为"盉"的证据稍显薄弱，即缺乏声韵上的联系，然从目前材料来看，将它们释为"盉"字不失为一种妥当的办法。在字形特点上，Da 型和 Db 型所从之"攴"当为 C 型"以手持禾"之省，或许是受到"簋"字构形类化所至。

表 3-3-3 器型与"盉"字类型对应关系表

器物类型	专名			器物类型	专名		
	类型	频次	比重		类型	频次	比重
Aa	Aa	8	57.143%	BaⅡ	Aa	2	33.333%
	Ab	1	7.143%		B	2	33.333%
	C	1	7.143%		E	1	16.667%
	Da	2	14.286%		F	1	16.667%
	Db	1	7.143%	BaⅢ	Aa	1	100.000%
	G	1	7.143%	Bb	Aa	1	50.000%
Ab	Aa	5	100.000%		C	1	50.000%
BaⅠ	Aa	2	100.000%	C	Aa	3	100.000%
D	Aa	1	100.000%	E（匜）	Aa	1	100.000%

三、类别名的确立与判别标准

如本节开首所述,自带专名"盉"的两周青铜器共 51 件,年代跨度从西周早期至战国晚期,说明两周青铜礼器中确实存在"盉"这一器类。当然,凡自带专名"盉"的青铜礼器未必皆可定名为盉。因此,我们必须确定前文各型自带专名"盉"的青铜器中哪些才是真正的青铜盉,哪些只是借用了"盉"这一专名的其他器类。

如表 3-3-4,前文划分的各型盉中,A 型和 B 型的总比重明显偏高,定名为"盉"显然没有问题。C 型总比重虽然偏低,但并非最低,且该型青铜礼器从不使用其他器类的专名,故也可确定为青铜盉。D 型的主体形制与鸟尊相似,但与后者不同的是,器形胸前设有管状流以倾注水,这一点与 A、B、C 型青铜盉存在共性,说明它们的功用相同;加之 D 型青铜器在目前发现的商周青铜礼器中绝无仅有，因此将其定名为盉最为妥当。E型青铜器不但总比重极低，而且同种形制的青铜礼器普遍使用专名"匜"，可见它应当归属于青铜匜类。要之，青铜盉的标准形制主要是前文划分的 A、B、C 型盉，D 型盉暂可视为青铜盉的标准形制。

表 3-3-4 自带专名"盉"的各型、亚型青铜器数量及总比重表

型	亚型	数量	亚型比重	型比重	型	亚型	数量	亚型比重	型比重
A	Aa	14	40.000%	54.286%	C		3	8.571%	—
	Ab	5	14.286%		D		1	2.857%	
B	BaⅠ	2	5.714%	28.571%	E（匜）		1	2.857%	
	BaⅡ	6	17.143%		—		—	—	
	BaⅢ	1	2.857%		—		—	—	
	Bb	2	5.714%		—		—	—	

四、自名与器型

含带专名"盉"的青铜礼器自名约有 13 种形式，各种自名形式与器物类型的对应关系见表 3-3-5·1-13。其中，仅有 1 种自名已确定为其他器类（匜），即"沬盉"，但这一自名也使用于青铜盉①，故青铜盉的自名总共仍有 13 种。下面我们具体来分析这 13 种自名的特征。

---

① 以"沬盉"为自名的另一件铜器（《铭图》14767）形制不详，与鼌匜为同人之器，或可能是青铜盉。

表3－3－5 含专名"盉"的自名与器型对应关系表

序号	自名	器物类型	频次	器例	年代跨度
1	盉	Aa、Ab、BaⅡ、C、无图	12	《铭图》14746	西早—战晚
2	宝盉	Aa、Ab、Bb、无图	13	《铭图》14761	西中—西晚
3	宝盘盉	C、D、BaⅢ	3	《铭图》14762	西中—西晚
4	宝媵盉	Aa	1	《铭图》14783	西中
5	宝尊盉	Aa、盖	2	《铭图》14772	西中
6	尊盉	C	1	《铭图》14777	西中—西晚
7	尊盘盉	Aa	1	《铭图》14787	西中前段
8	旅盉	Ab、BaⅠ、无图	8	《铭图》14722	西早—西中
9	遣盉	Aa	1	《铭图》14757	西中
10	用盉	Aa、无图	2	《铭图》14728	西中—西晚
11	沫盉	匜、无图	2	《铭图》14934	西晚
12	汤盉	BaⅡ	1	《铭续》0977	春晚
13	盘盉	Aa、BaⅠ、Bb	4	《铭图》14775	西早—西晚
14	鎏	Bb、残器、无图	3	《铭图》14747	西晚—春早
15	宝鎏	BaⅠ	1	《铭图》14712	西中
16	宝盘媵	Aa	1	《铭图》14793	西中
17	盘鎏	Aa	2	《铭图》14726	西中
18	媵鎏	Bb	1	《铭图》14743	西晚

表3－3－5中的13种青铜盉自名，按内容结构可以分为两类。

1. 甲 类

此类仅含专名"盉"，有12例。"盉"这种自名的使用频次仅次于"宝盉"，前者在所有自名中出现时间最早，使用时间最长。

2. 乙类

此类专名由"盉"加上前缀词形成自名。前缀词使用的单字有"宝""尊""旅""遣""用""沬""汤""媵""盘"等，关于这些字的含义，我们将专辟一章进行解释说明。需要指出的是，自名中的前羉词"盘"并不具有修饰、说明作用，在墓葬中，盉与盘通常构成一套稳定的水器组合，"盘盉"表明在铸造该盉时，同时也铸造了配套的盘。

从表 3-3-5 中的数据来看，青铜盉的自名与器型不存在显著的关联性。全部自名中，"盉""宝盘盉""旅盉"出现频次相对较高，但在总比重上没有形成绝对优势。青铜盉作为盥洗器，其自名也有自身特色，如前缀词没有出现"饙""飤""馈""荐"等字，这一点与青铜盘、匜的自名修饰词存在相通性。

五、其他专名与自名

经过前文分析，自带专名"盉"的 A、B、C、D 型青铜容器可以作为判别青铜盉的形制标准。由此，我们可以系联一批使用其他专名的青铜盉。这些专名分为两类：其一，使用频次较低，使用它们的器形不出 A、B、C、D 型之外，即各自不能单独构成当时的一种通用的器类名。其二，使用频次较高，使用它的器形绝大部分在 A、B、C、D 型盉之外，可单独构成一种通用的器类名。

第一类专名目前仅发现 1 个——"鋚"，原篆见表 3-3-1 · 20，使用的铜器有 8 例。该字出现于西周中期，明显晚于"盉"的出现时间，如此可以确定"鋚"是"盉"的别名。《说文·金部》："鋚，器也。从金，荧省声。读若铣。"郭沫若先生谓"鋚与錾同,以铜铸之,故从金,以陶为之,故从缶耳"①。《说文·缶部》:"錾,备火长颈缾也。从缶,荧省声。"作为青铜礼器专名的"鎣",其存在时间较短,到了后来,这个字用于指代其他器物。自带专名"鎣"的青铜盉自名共有5种形式(见表3-3-6),皆不出"盘"之修饰词的范围。

第二类专名中,"盘"属于本书划分的青铜盘的专名,青铜盉共使用该专名2次。由于青铜盉、盘的功能相近,在礼制上常构成一套固定的组合,故会出现代用专名的现象。至于青铜盉为何使用鼎的专名,尚有待研究。

表3-3-6 青铜盉使用的其他专名与自名表

自名形式	器型	器例	频次	年代跨度
鎣	Bb、残器、无图	3	《铭图》14747	西晚—春早
宝鎣	BaⅠ	1	《铭图》14712	西中
宝盘媵	Aa	1	《铭图》14793	西中
盘鎣	Aa	2	《铭图》14726	西中
媵鎣	Bb	1	《铭图》14743	西晚
鼎	BaⅡ	1	《铭图》14669	战中
宝盘	Aa、C	2	《铭图》14800	西中—春早

---

① 郭沫若:《长安县张家坡铜器群铭文汇释》,《考古学报》1962年第1期,第11页。

第四节　匜的定名与自名

一、器型分析

据我们目前搜集的材料，两周时期自带专名"匜"两周青铜礼器 140 件，其中器形不明者 38 件，其余 102 件根据器身整体形态分为 5 型。

A 型：体呈瓢形或扁桃形，器底有腿，可分两个亚型。

Aa 型：器底接四条腿，腿皆粗长，一般为圜底。标本：1974 年陕西蓝田县枝家湾村（原简报误为指甲湾）出土宗仲匜（《铭图》14861），年代为西周晚期。体呈瓢形，微收腹，圜底，龙首形鋬，兽爪形腿。通高 15.0 厘米、通长 30.0 厘米、腹深 8.2 厘米。铸有铭文 2 行 6 字："宗仲作/尹姞匜。"（图 3-4-1，1）

Ab 型：器底接三条腿，

AbⅠ型：2 件。腿较粗长。标本：上海博物馆藏晋侯对匜（《铭图》14965），属于西周晚期。体呈长瓢状，收腹，圜底，龙形鋬，立人状腿。通高 15.3 厘米、流至鋬长 34.5 厘米、腹宽 15.3 厘米。铸有铭文 4 行 21 字："……晋侯对/作宝▨匜，其子/孙万年永用。"（图 3-4-1，2）

AaⅡ型：1 件。腿较细短，平底。标本：1979 年河南淅川县下寺 M7∶1 东姬匜（《铭图》15002），属于春秋晚期前段。体呈扁桃形，短流带盖，龙首形鋬，通高 10.0 厘米、通长 22.0 厘米、口宽 10.0 厘米。铸有铭文 7 行 37 字："……宣王之孙，雍/王之子东姬，自作会/匜，其眉寿/……"（图 3-4-1，3）

B 型：器底有矮圈足。标本：标本：滕太宰得匜（《铭图》

14879），属于春秋中期。微敛口，深腹内收，窄短流，流下有小环钮，兽首形小鋬。通高 12.7 厘米、口长 29.5 厘米、口宽 28.8 厘米。内底铸铭 2 行 7 字："滕太宰得/之御匜。"（图 3－4－1，4）

C 型：平底无圈足或器腿。标本：1985 年江苏盱眙县旧铺乡农科站王庄出土工吴季生匜（《铭图》14901），属于春秋晚期。体呈扁桃形，兽头形短流，折沿，直颈，收腹，龙首形鋬。通高 19.0 厘米、流至鋬长 29.0 厘米、口宽 23.0 厘米。铸有铭文 1 行 9 字："工吴季生作其盥会匜。"（图 3－4－1，5）

D 型：形制属于本书划分的青铜盉（具体属于 BaⅡ型）。标本：嘉仲盉（《铭图》14776），属于战国早期。瘪鼓腹，兽蹄腿，高 25.1 厘米、腹深 15.8 厘米、口径 15.2 厘米。铸有铭文 1 周 19 字："嘉仲者比用其吉金，自作匜，子子孙孙，其永用之。"（图 3－4－1，6）

E 型：形制属于方鉴。标本：1955 年寿县西门内蔡侯墓 24.1 蔡侯申鉴（《铭图》15054），属于春秋晚期。方体，直口方唇，束颈，收腹，腹内壁亦有四个小环钮。通高 28.3 厘米、口横 38.5 厘米、口纵 37.0 厘米、腹深 25.0 厘米。铸有铭文 1 行 6 字："蔡侯申之尊匜。"（图 3－4－1，7）

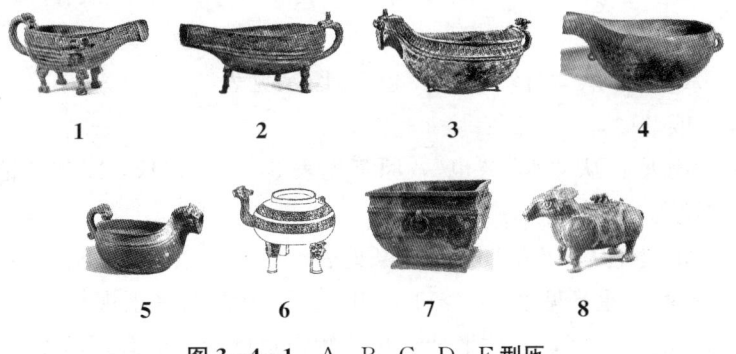

图 3－4－1　A、B、C、D、E 型匜

1. Aa 型（宗仲匜） 2. AbⅠ型（晋侯对匜） 3. AbⅡ型（东姬匜） 4. B 型（滕太宰得匜） 5. C 型（工吴季生匜） 6. D 型（嘉仲盉） 7. E 型（蔡侯申鉴） 8. 弡伯匜鐎（《铭图》11685）

二、"匜"字构形分析和解释

作为青铜礼器专名的"匜"字（含假借字），其构形可分为三型，其中部分型下还可分若干亚型，代表性字形见表 3-4-1。

A 型：从"也"声。

Aa 型：即"也"字，亦为"它"字，原篆见表 3-4-1·1-8。

Ab 型：从"金""也"，原篆见表 3-4-1·9，隶作"鉇"或"鉈"。

Ac 型：从"皿""也"，原篆见表 3-4-1·10-12，隶作"盌"或"盇"。

Ad 型：从"金""皿""也"，原篆见表 3-4-1·13，隶作"鑸"或"鑑"。

Ae 型：从"斗""也"，原篆见表 3-4-1·14，隶作"斝"或"斜"。

Af 型：从"升""也"，原篆见表 3-4-1·15，隶作"舼"或"䏿"。

Ag 型：从"升""皿""也"，原篆见表 3-4-1·16，隶作"盟"或"䀊"。

Ah 型：从"水""也"，原篆见表 3-4-1·17，隶作"池"或"沱"。

Ai 型：从"弖""也"，原篆见表 3-4-1·18，暂不作隶定。

B 型：原篆见表 3-4-1·19-20，为青铜匜正视与侧视形相结合的象形字，其构形特点是从侧视角度看，前有宽槽流，腹内盛满水,匜底连接长条腿;从正视角度看,右边上有錾①;最底下的横笔表示匜所放置的平面。本型不作隶定,以"𨷲"作为代表字形。

C 型:从"曳"声。

Ca 型:即"曳"字,原篆见表 3-4-1·21-22。

Cb 型:从"廾""曳",两个偏旁的笔画或有简省,原篆见表 3-4-1·23-25,隶作"舁"。

Cc 型:从"金""曳",原篆见表 3-4-1·26,隶作"鋬"。

Cd 型:从"皿""曳",原篆见表 3-4-1·27,隶作"盠"。

Ce 型:从"金""廾""曳",原篆见表 3-4-1·28,隶作"鐄"。

Cf 型:从"皿""廾""曳",原篆见表 3-4-1·29,隶作"盝"。

Cg 型:从"金""皿""曳",原篆见表 3-4-1·30,隶作"鑪"。

表 3-4-1 青铜器专名"匜"字形表

字形								
序号	1	2	3	4	5	6	7	8
字形								
序号	9	10	11	12	13	14	15	16

---

① 青铜匜之錾设在槽流的对面一侧,只有从正视角度才容易观察分辨,故在 B 型字中,表示錾的构件在主体之右侧。

续表

字形								
序号	17	18	19	20	21	22	23	24
字形								
序号	25	26	27	28	29	30	31	32
字形								
序号	33	—	—	—	—	—	—	—

1. 㠱叔匜（《铭图》14856） 2. 昶仲匜（《铭图》14953） 3. 堇生匜（《铭图》14969） 4. 郑义伯匜（《铭图》14891） 5. 番昶伯者君匜（《铭图》14972） 6. 冀孟姜匜（《铭图》14929） 7. 齐侯子行匜（《铭图》14929） 8. 散伯匜（《铭图》14875） 9. 仲友父匜（《铭图》14928） 10. 番昶伯者君匜（《铭图》14971） 11. 昶伯匜（《铭图》14947） 12. 晋姞匜（《铭图》14954） 13. 蔡侯申匜（《铭图》14867） 14. 季嫚父匜（《铭图》14907） 15. 虢季匜（《铭图》14873） 16. 蓏媵孟姬匜（《铭图》15003） 17. 曾夫人匜（《铭图》14964） 18. 苏夫人匜（《铭图》14893） 19. 宗仲匜（《铭图》14861） 20. 贾子己父匜（《铭图》14958） 21. 彭子射匜（《铭图》14878） 22. 以邓匜（《铭图》14990） 23. 唐子仲濒儿匜（《铭图》14975） 24. 东姬匜（《铭图》15002） 25. 蔡子佗匜（《铭图》14881） 26. 曾羴臣匜（《铭图》14871） 27. 工吴季生匜（《铭图》14901） 28. 王子申匜（《铭图》14868） 29. 蔡大司马燮匜（《铭续》997） 30. 王子适匜（《铭图》14870） 31. 薑匜（《铭续》996） 32. 弡伯盂鐈（《铭图》11685） 33. 曾子叔㸑匜（《铭续》987）

　　Aa 型：1－8　Ab 型：9　Ac 型：10－12　Ad 型：13　Ae 型：14　Af 型：15　Ag 型：16　Ah 型：17　Ai 型：18　B 型：19－20　Ca 型：21－22　Cb 型：23－25　Cc 型：26　Cd

型：27　Ce 型：28　Cf 型：29　Cg 型：30

《说文·匚部》："匜，似羹魁，柄中有道，可以注水。从匚，也声。"据许慎《说文》对"匜"字的解说，其所指器物实际就是上文划分的 A、B、C 型匜，所谓"柄中有道"者，指的是匜形器的槽状流。目前，古文字材料中虽未发现从"匚""也"的"匜"字（参见表 3-4-1），但典籍中指代青铜礼器的"匜"字都采用这一形体，故可以视为"匜"字正体。

Aa 型（也/它），容庚先生考证，古文字"也"与"它"为一字，甚是①。到东汉许慎著《说文》时，"也"与"它"已明确分化为二字，即使如此，在一些合体结构字中，"也"与"它"作为偏旁仍然存在互用的情况。《说文·它部》："它，虫也。从虫而长，象冤曲垂尾形。上古艸居患它，故相问无它乎。凡它之属皆从它。蛇，它或从虫。"②"它"的本义为蛇，用作青铜礼器之名，系假借，读作"匜"。从表 3-4-2 可以看出，各型"匜"字中，Aa 型字使用频次占据主导地位，是青铜匜较早使用的专名字形之一，使用时间是最长的，作为假借字，这种现象在青铜礼器中很少见。

表 3-4-2　各型"匜"字出现频次及年代表

型别	频次	比重	年代	型别	频次	比重	年代
Aa	84	61.314%	西中—战早	B	4	2.920%	西晚—春早
Ab	10	7.299%	西晚—春晚	Ca	2	1.460%	春早—春中
Ac	15	10.949%	西晚—春秋	Cb	4	2.920%	春晚

---

① 容庚：《金文编》，北京：中华书局，1985 年，第 815、876 页。
② 《说文·也部》："也，女阴也。象形。㇇，秦刻石也字。"容庚先生已指出，许慎《说文》将"也"的本义解释为女阴，乃望文生义，不足为信（参见前一脚注）。

续表

型别	频次	比重	年代	型别	频次	比重	年代
Ad	5	3.650%	春早—春晚	Cc	1	0.730%	战早
Ae	1	0.730%	西晚	Cd	3	2.190%	春晚
Af	1	0.730%	西中	Ce	1	0.730%	春晚
Ag	1	0.730%	春晚	Cf	1	0.730%	春晚
Ah	1	0.730%	春晚	Cg	2	1.460%	春秋—战早
Ai	1	0.730%	西晚	—	—	—	—

  Ab 型（鉈/鍦），《说文·金部》："鍦，短矛也。从金，它声。"Ab 型字用作礼器专名，与指代短矛的"鍦"同字而异词。先秦时期，"鍦"字既可指水器匜，也可指短矛，不过在书面语言中容易混淆，人们在使用过程中逐渐对该字承担的义项做了限定，"鍦"专指短矛，专指水器匜的字则使用其他形体。查检商周青铜兵器，我们尚未发现专名为"鍦"的矛，故 Ab 型字当为"匜"字别体，而非假借字，从"金"者，乃言其材质。

  Ah 型（池/沱），《说文·水部》："沱，江别流也。出崏山东，别为沱。从水，它声。"许慎《说文》以"沱"为河水名，此为青铜礼器名，亦属字同词异的情况，与 Ab 型字的情况相似，Ah 型也是"匜"字别体。

  Ac、Ad、Ae、Af、Ag、Ai 型字皆不见于字书，除了 Ad 型字有 1 例用作青铜方鉴的专名外，其余所对应的器型皆不出前文划分的 Aa、B、C 型匜之外（见表 3-4-3），故皆应当为"匜"字别体无疑。其中，Ac 型字的使用频次仅次于 Aa 型（见表 3-4-2），但终究没有被典籍所采用，可能与它在战国时期不再使用有关。

表 3-4-3 青铜器类型与"匜"字类型对应关系表

器物类型	专名			器物类型	专名		
	类型	频次	比重		类型	频次	比重
Aa	Aa	53	67.089%	C	Ab	2	14.286%
	Ab	6	7.595%		Ad	1	7.143%
	Ac	12	15.190%		Ca	2	14.286%
	Ad	1	1.266%		Cb	2	14.286%
	Ae	1	1.266%		Cc	1	7.143%
	Ag	1	1.266%		Cd	3	21.429%
	Ah	1	1.266%		Ce	1	7.143%
	B	4	1.266%		Cf	1	7.143%
AbⅠ	Aa	2	100.000%		Cg	1	7.143%
AbⅡ	Cb	1	100.000%	D（盉）	Aa	1	100.000%
B	Ad	1	100.000%	E（鉴）	Ad	1	100.000%

B 型字，前文已经分析其为模仿器物匜的象形字，这种构形仅见于西周晚期和春秋早期。从其他青铜礼器专名用字的规律来看，象形字或假借字一般较早出现，之后发展出形声字，但"匜"的象形字出现较晚，使用时间也比较短暂，而且在地域上集中在陕西关中和晋南，这是一个相对特殊的现象。

Ca 型（曳），《说文·申部》："曳，臾曳也。从申，丿声。"《玉篇·曰部》："曳，申也，牵也，引也。""曳"，古音属于月部喻钮，"匜"，古音属于歌部喻钮，二字古音声组相同，韵部阴入对转，可以相通，又 Ca 型字与 Ab、Ad 型字都用作前文划分的 C 型匜的专名（见表 3-4-3），故"曳"当为"匜"的假借字。

Cb、Cc、Cd、Ce、Cf、Cg 型皆不见于字书。① 其中，Cb 型字（鼻）所从之"廾"像双手向上托举状，与"曳"中的双手构形相应，整个字应当是 Ca 型（曳）字的繁体，其用作青铜礼器名，也是"匜"的假借字。Cc—Cf 型字在 Ca 或 Cb 型字构形基础上增加义符"金"或"皿"，变成形声字。从表 3-4-3 可以看出，Cb-Cg 型字与 Ab、Ad 型字皆用作前文划分的 C 型匜的专名，Cb 型字与 Aa 型字皆用作前文划分的 Ab 型匜的专名，故可推断 Cb—Cg 型字为"匜"字的异体字。

C 型字的全部亚型，其出现年代都不早于春秋早期，流行于春秋中期至战国早期，而且具有很强的地域特色，即它们的使用区域都在楚文化区。考虑到方言因素，C 型字不排除为"匜"字别体的可能，换言之，它可能是青铜匜的别名，只是与"匜"字音近而已。

三、类别名的确立与判别标准

如本节开首所述，自带专名"匜"的两周青铜器共 140 件，年代跨度从西周中期至战国早期，这足以说明两周青铜礼器中确实存在"匜"这一器类。当然，凡自带专名"匜"的青铜礼器未必皆可定名为匜。因此，我们必须确定前文各型自带专名"匜"的青铜器中哪些才是真正的青铜匜，哪些只是借用了"匜"这一专名的其他器类。

如表 3-4-4，前文划分的各型匜中，A 型匜总比重占据绝对优势，毫无疑问应定名为匜。C 型匜总比重虽然偏低，但仍超过 13%，仅次于 A 型，故也应定名为匜。B、D、E 型总比重极低，其中存在其他器类的可能。B 型匜总体形态上与 A 型和 C

---

① 《龙龛手鉴·金部》收录"鍦"字，不知从何而来，或许是后起字，与金文"鍦"字没有直接关系。

型匜比较接近，即呈瓢形，而且不以其他类别名作为专名，故仍可定名为匜。D型匜不仅以"匜"为专名，也以"盉"为专名，后者即本书划分的BaⅡ型盉，共有6件（参见"盉的定名与自名"节），故D型匜应定名"盉"。E型匜自带专名者仅有1例，但同型的仿铜陶礼器在遣策中的记录为"方鉴"，在形制上，E型又与A、B、C型匜差异很大，故E型匜应定名为"鉴"。要之，青铜匜的标准形制是前文划分的A、B、C型匜。

表3-4-4 自带专名"匜"的各型、亚型青铜器数量及总比重表

型	亚型	数量	亚型比重	型比重	型	亚型	数量	亚型比重	型比重
A	Aa	82	80.392%	83.333%	C		14	13.725%	13.725%
	AbⅠ	2	1.961%		D		1	0.980%	0.980%
	AbⅡ	1	0.980%		E		1	0.980%	0.980%
B		1	0.980%	0.980%	—		—	—	—

四、器型与自名

含带专名"匜"的青铜礼器自名有23种形式，各种自名形式与器物类型的对应关系见表3-4-5。其中，仅有2种确定为其他器类（匜、鉴）的自名，即"匜""尊匜"，但这一自名也可能使用于青铜匜，故青铜匜的自名总共仍有23种。下面我们具体来分析这23种自名的特征。

表3-4-5 含专名"匜"的礼器自名表

序号	自名	器物类型	器例	频次	年代跨度
1	匜	Aa、C、D（盉）、无图	《铭图》14909	28	西晚—战早
2	尊匜	Aa、E（鉴）、无图	《铭图》15054	3	春早—春晚

续表

序号	自名	器物类型	器例	频次	年代跨度
3	宝匜	Aa、AbⅠ、无图	《铭图》14889	35	西中—春中
4	用宝匜	无图	《铭图》14943	1	春早
5	御匜	B	《铭图》14879	1	春中
6	征匜	Aa	《铭图》14885	1	西晚
7	行匜	Aa、C	《铭图》14900	4	春早—春晚
8	行盘匜	Aa	《铭图》14857	1	春早
9	旅匜	Aa、无图	《铭图》14862	12	西中—西晚
10	旅盘匜	Aa、无图	《铭图》14954	2	西晚—春早
11	媵旅匜	Aa	《铭图》14983	1	西晚
12	盥匜	Aa、C、无图	《铭图》14985	11	春早—春晚
13	会匜	AbⅡ、C、无图	《铭图》14996	12	春早—战早
14	盥会匜	C	《铭图》14901	1	春晚
15	浣匜	无图	《铭图》14962	1	春中
16	沬匜	Aa	《铭图》14896	1	春早
17	沬盘匜	Aa	《铭图》15003	1	春晚
18	沬鼎匜	Aa	《铭图》14936	1	西晚
19	媵沬匜	Aa	《铭图》14932	1	春早
20	淳匜	Aa	《铭图》14968	1	西晚
21	媵匜	Aa、无图	《铭图》14927	19	西晚—春中
22	盘匜	Aa	《铭图》14918	3	春时
23	宝▢匜	AbⅠ	《铭图》14965	1	西晚

表3-4-5所列的23种青铜匜的自名，按其自名结构可以分为两类：

第三章 水 器

1. 甲类

此类仅含专名"匜",有 28 例。"匜"这种自名的使用频次仅次于"宝匜",前者在所有自名中出现时间较早,稍晚于"宝匜""旅匜",但使用时间最长。

2. 乙类

此类由专名"匜"加上前缀词形成自名。前缀词使用的单字有"宝""尊""旅""征""行""用""御""沫""盥""淳""会""浣""媵""▨""鼎""盘"等,关于这些字的含义,我们将专辟一章进行解释说明。需要指出的是,自名中"盘""鼎"之于"匜"并不具有修饰、说明作用,墓葬中,匜与盘通常构成一套稳定的水器组合,"盘匜""行盘匜""旅盘匜"这些自名表明在铸造对应的青铜匜时,同时也铸造了配套的盘。"沫鼎匜"这一自名中,"鼎"与水器专名组合成自名的情况较为罕见,我们怀疑其中的"鼎"可能属于"汤鼎"之类的器物。"用"字虽然是"匜"的修饰词,但不直接修饰"匜"。"尊匜"使用频次很低,说明青铜匜很少用于宗庙祭祀。

从表 3-4-5 中的数据来看,青铜匜的自名与器型不存在显著的关联性。全部自名中,"匜""宝匜""媵匜"出现频次相对较高,但在总比重上没有形成绝对优势。青铜匜作为盥洗器,其自名也有自身特色,如前缀词没有出现"饙""飤""馈""荐"等字,这一点与青铜盘、盂自名中专名的修饰词存在相通性。

五、青铜匜的其他专名及其自名

经过前文分析,判别青铜匜的形制标准是前文划分的自带专名"匜"的 A、B、C 型青铜容器。由此,我们可以系联一批使用其他专名的青铜匜,见表 3-4-6。这些专名分为两类:其一,使用频次较低,使用它们的器形不出 A、B、C 型匜之外,即各

· 255 ·

自不能单独构成当时的一种通用的器类名。其二，使用频次较高，使用它的器形绝大部分在 A、B、C 型匜之外，可单独构成一种通用的器类名。

第一类专名目前发现 3 个，即"𬭟""鑴""𣪘"，现在分别介绍如下：

"𬭟"。原篆见表 3-4-1·31，其字从"皿"，"区"声。未见于字书，待考。

"鑴"。原篆见表 3-4-1·32。使用该专名的礼器仅发现 1 例，即 1974 年陕西宝鸡茹家庄 M2：16 㝬伯盂鑴（《铭图》11685），属于西周中期前段。器形似貘，虎钮盖，貘口即为流，四蹄腿。通高 18.6 厘米、腹深 9.7 厘米、通长 30.8 厘米。盖内铸铭文 2 行 8 字："㝬伯作井/姬用盂鑴。"（图 3-4-1，8）此器因形制似貘，故常被归入牺尊类。在宝鸡茹家庄 M2 内，㝬伯盂鑴与一件青铜盘构成配套组合①，前者显然也是水器，应当归入匜类，不应定名为牺尊或尊，故"鑴"可视为"匜"的别名。

"𬭟""鑴""𣪘"皆宜视为青铜匜的别名，以此为基础构成的自名中，修饰词有"盂""会""沫"，其中仅有"盂"不见于专名"匜"的修饰词，但见于其他器类的专名修饰词中，如"簋"。

"𣪘"。原篆见表 3-4-1·33，从"皿"，上半部构形似"虎"。未见于字书，待考。

第二类专名目前发现 3 个，即"盂""盉""盘"。由于青铜盂、盉、盘与匜的功用相近，且盉与盘、匜与盘在礼制上常构成一套固定组合，故会出现代用专名的现象。

---

① 卢连成、胡智生：《宝鸡㝬国墓地》，北京：文物出版社，1988 年，第 372、373 页。

表 3-4-6　青铜匜使用的其他专名与自名表

自名形式	形制	器例	频次	年代跨度
盂鑐	貘形匜	《铭图》11685	1	西中前段
会匜	C	《铭续》996	1	春晚
沬盥	C	《铭续》987	1	春晚
盥盂	Aa	《铭图》14997	1	春晚
沬盉	Aa	《铭图》14934	1	西晚
旅盉	Aa	《铭图》15004	1	西晚
盥盘	Aa、C	《铭图》14855	3	春晚—战早
宝盘	Aa	《铭图》14999	1	西晚

第五节　盘的定名与自名

一、器型分析

据我们目前搜集的材料，两周时期自带专名"盘"的青铜礼器 169 件，其中 32 件器影不明，2 件为残器，剩余 135 件根据器身形态差异分为三型。

A 型：横截面为圆形，无流。根据器底是否设圈足，可分为二亚型：

Aa 型：有圈足。根据支足的有无，又可分为 2 个次亚型。

Aa①型：圈足下无支足，皆有耳。根据耳的形态差异，可再分为 3 个次亚型。

Aa①Ⅰ型：附耳。标本：晋侯喜父盘（《铭图》14501），属于西周中期后段，通高 14.3 厘米、口径 45.6 厘米。窄折沿，方唇，圈足沿外撇。铸有铭文 4 行 27 字："……/晋侯喜父作朕文/考烈侯宝盘，子子/孙孙……"（图 3-5-1，1）

Aa①Ⅱ型：兽首半环大耳。标本：郑伯盘（《铭图》14431），属于春秋早期，通高 13.5 厘米、口径 37.9 厘米、腹深 5.9 厘米。敞口浅腹，窄折沿，兽首耳，圈足较外撇。铸有铭文 13 字："郑伯作盘匜，其子子孙孙永宝用。"（图 3-5-1，2）

Aa①Ⅲ型：小环耳，耳多有套环。标本：蔡侯申盘（《铭图》14387），属于春秋晚期。通高 11.3 厘米、口径 36.0 厘米、腹深 9.0 厘米。直口方唇，窄沿，圜腹平底，四个小钮衔环耳，圈足较外撇。铸有铭文 2 行 6 字："蔡侯申/之尊盘。"（图 3-5-1，3）

Aa②型：圈足下接支足。根据耳部形态的差异，可再分为 2 个次亚型。

Aa②Ⅰ型：附耳。标本：山东曲阜鲁国故城望父台 M48：8 鲁司徒仲齐盘（《铭图》14451），属于春秋早期。通高 10.3 厘米、口径 38.6 厘米、腹深 6.4 厘米。平沿方唇，附耳上部外撇，裸体人形支足。铸有铭文 3 行 15 字："鲁司徒仲齐/肇作盘，其万/年永宝用享。"（图 3-5-1，4）

Aa②Ⅱ型：兽首半环大耳。标本：芘孟姬盘（《铭续》0935），属于西周晚期，大小不详。平沿，螺角状龙首耳。铸有铭文 3 行 14 字："芘孟姬作/宝盘，其子子/孙孙永宝用。"（图 3-5-1，5）

Ab 型：无圈足。根据器底支足的有无，可分 2 个次亚型。

Ab①型：底有支足。根据耳部形态的不同，可再分为 3 个次亚型。

Ab①Ⅰ型：附耳，个别兼有环形小耳。标本：1994 年湖北随州义地岗 M2：3 可盘（《铭图》14363），属于春秋晚期。通高

7.5厘米、口径22.4厘米、腹深2.8厘米。窄平沿，附耳上部较外撇，底接三只兽蹄足。铸有铭文1行4字："可之行盘。"（图3-5-1，6）

Ab①Ⅱ型：兽首半环大耳。标本：上海博物馆藏者尚余卑盘（《铭图》14524），属于春秋晚期。通高11.5厘米、口径37.0厘米。平折沿，三条兽蹄足，龙首耳。铸有铭文5行40字："……者尚/余卑□于即择其吉/金，自作铸其盘，用祈/眉寿……"（图3-5-1，7）

Ab①Ⅲ型：小环耳，多有套环。标本：2008年河南南阳八一路M38：52彭子射盘（《铭图》14388），属于春秋晚期。通高10.8厘米、口径46.0~47.3厘米。微敛口，窄沿方唇，三条兽蹄足，腹设四个环形小耳，其中两个有套环。铸有铭文2行6字："彭子射/之行盘。"（图3-5-1，8）

Ab②型：器底无支足。根据器耳和腹部深度的差异，可再分为3个次亚型。

Ab②Ⅰ型：半环形或环形小耳，浅腹。标本：1892年河北易县出土齐侯盘（《铭图》14518），属于春秋晚期。通高8.2厘米、口径43.7厘米。直口，收腹，平底，腹设一对半环耳。铸有铭文6行34字："齐侯作媵宽/圉孟姜盥盘，/用祈眉寿……"（图3-5-1，9）

Ab②Ⅱ型：半环形小耳，深腹。标本：1979年江西靖安县兴山南坡出土徐王义楚盘（《铭图》14423），属于春秋晚期。通高14.0厘米、口径37.6厘米。直口，窄沿，收腹平底，大角兽首耳。铸有铭文2行12字："徐王义楚，择其/吉金，自作浣盘。"（图3-5-1，10）

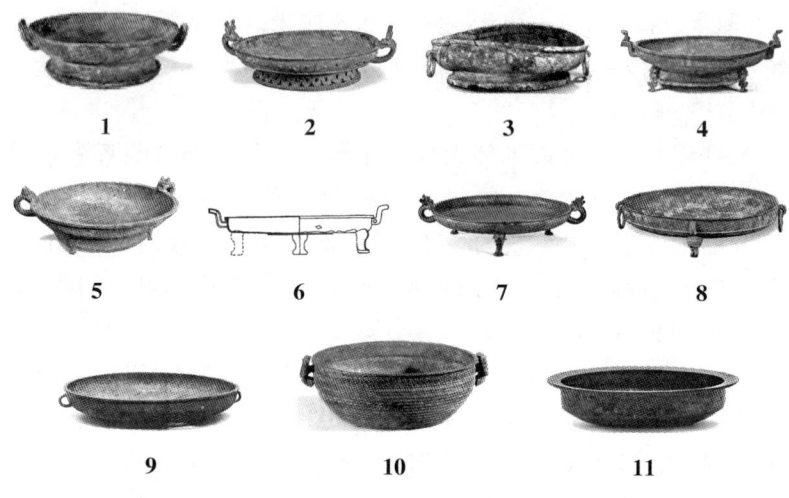

图 3—5—1　A 型盘

1. Aa①Ⅰ型（晋侯喜父盘）　2. Aa①Ⅱ型（郑伯盘）　3. Aa①Ⅲ型（蔡侯申盘）　4. Aa②Ⅰ型（鲁司徒仲齐盘）　5. Aa②Ⅱ型（芇孟姬盘）　6. Ab①Ⅰ型（可盘）　7. Ab①Ⅱ型（者尚余卑盘）　8. Ab①Ⅲ型（彭子射盘）　9. Ab②Ⅰ型（齐侯盘）　10. Ab②Ⅱ型（徐王义楚盘）　11. Ab②Ⅲ型（楚王酓延盘）

　　Ab②Ⅲ型：无耳，皆浅腹。标本：1933 年安徽寿县朱家集李三孤堆出土楚王酓延盘（《铭图》14425），属于战国晚期。通高 7.9 厘米、口径 38.5 厘米。宽平沿，直腹，平底。刻铭 1 周 12 字："楚王酓延作为铸盘，以供岁尝。"（图 3—5—1，11）

　　B 型：横截面大致为圆形，腹部设槽状流。根据支足的有无可分 2 亚型。

　　Ba 型：圈足下不接支足。标本：宗仲盘（《铭图》14386），年代为西周晚期。通高 15.0 厘米、口径 35.5 厘米、腹深 7.3 厘米。平沿方唇，收腹，与流相对的一侧设龙形鋬，圈足较外撇。铸有铭文 2 行 6 字："宗仲作/尹姞盘。"（图 3—5—2，1）

　　Bb 型：圈足下接支足。标本一：陕西永寿好畤河村出土伯考父盘(《铭图》14453),属于西周晚期。通高10.0厘米、口径40.5厘米、腹深7.2厘米。平沿方唇,收腹,圈足下有三条扁足,与流相对的一侧的兽首錾,残。(图3-5-2,2)标本二:1979年湖北随县桃花坡西春秋墓葬出土㠭右盘(《铭图》14500),属于两周之际。通高16.0厘米、口径34.6×36.3厘米、腹深7.0厘米。与流相对的一侧设龙形錾,圈足下承卧牛足。铸有铭文4行26字:"唯右自作用/其吉金宝盘,乃/用……"(图3-5-2,3)

C型:横截面为长方形,腹较深,无流槽。标本:虢季子白盘(《铭图》14538),年代为西周晚期。通高41.3厘米、口横130.2厘米、口纵82.7厘米。直口,方唇,下腹内收,底有曲尺形足,四壁各有兽首衔环耳一对。铸有铭文8行111字:"唯十又二年正月初吉丁亥,虢季子/白作宝盘,丕显子白……"(图3-5-2,4)

图3-5-2 B、C、D、E型盘

1. Ba 型（宗仲盘） 2. Bb 型（伯考父盘） 3. Bb 型（𤳞右盘） 4. C 型（虢季子白盘） 5. Da 型（裘卫盉） 6. Db 型（叔休盉） 7. Ea 型（太师氏姜匜） 8. Eb 型（倗匜） 9. F 型（子黄尊） 10. 徐令尹诸稽耕盘

D 型：形制属于本书划分的青铜盉。根据腹部形态的差异，可分为 2 个亚型。

Da 型：1 件。分裆，三腿。标本：陕西省岐山京当 75QDJ：35 裘卫盉（《铭图》14800），属于西周中期。半环钮盖，管状流，束颈，鼓腹。通高 27.0 厘米、口径 20.1 厘米、腹深 13.9 厘米。盖有铭文 12 行 132 字："……卫用作朕文考惠/孟宝盘，卫其万年永宝用。"（图 3-5-2，5）

Db 型：1 件。鼓形腹，四腿。标本：传世叔休盉（《铭图》14778），属于西周晚期。鸳鸯形盖，兽首管状流，底部承接兽形腿。腹有铭文 1 周 20 字："𩰬者君司卤叔休作宝盘，其万年子子孙孙永保用。"（图 3-5-2，6）

E 型：形制属于本书划分的青铜匜。根据底部支足的有无，可分为 2 个亚型。

Ea 型：2 件。底有支足。标本：山西曲沃县羊舌村晋侯墓地 M5 出土太师氏姜匜（《铭图》14999），属于春秋早期。槽形流，底有四条兽形足，龙形鋬。通高 16.0 厘米、通长 30.0 厘米。铸有铭文 35 字："唯王三月丁丑，太师氏姜作宝盘，其万年……"（图 3-5-2，7）

Eb 型：2 件。平无支足。标本：1978 年河南省淅川下寺 M2：53 倗匜（《铭图》14855），属于春秋晚期。兽首流，平底，龙形鋬。通高 13.6 厘米、通长 26.0 厘米、腹深 7.6 厘米。铸有铭文 1 行 4 字："倗之盥盘。"（图 3-5-2，8）

F 型：2 件。形制与传统青铜分类体系中的觚形尊相似（参见本书第二章第五节）。标本：1965 年陕西长安大原村出土子黄尊（《铭图》11797），年代为商末周初。喇叭口，鼓腹，圈足外撇，通高 25.3 厘米、腹深 21.6 厘米、口径 19.5 厘米。圈足内有残铭 36 字："乙卯，子见在太室……王商子黄瓒一，贝百朋。子光赏姒丁贝，用作己宝䬭。举。"（图 3-5-2，9）

二、"盘"字构形分析和解释

作为青铜礼器专名的"盘"及其假借字构形，见表 3-5-1·1-28，根据所从偏旁"舟"的有无，可分为两型。

A 型：基本偏旁分别为"舟""攴"。可分为 4 个亚型。

Aa 型：从"舟""攴"，原篆见表 3-5-1·1-7，隶作"舣"。[①]

Ab 型：从"舟""攴""皿"，原篆见表 3-5-1·8-12，隶作"盤"。

Ac 型：从"舟""攴""金"，原篆见表 3-5-1·13，隶作"鎜"。也即"鎜"字。

Ad 型：从"舟""攴""廾"，原篆见表 3-5-1·14，"㇀"疑为常见金文"攴"之讹变，故权隶作"舝"。疑为"擎"字。

B 型：基本偏旁分别为"舟""殳"。

Ba 型：从"舟""殳"，原篆见表 3-5-1·15-16，即"般"字。

[①] 表 3-5-1·6 右半偏旁似金文"又"字，但笔势与后者不同。具体而言，如果金文"又"字之"手指"有三根，则外侧两根"手指"独成一笔，大致为一条弧线形状，中间那根与"手臂"构成一笔，整个字由两笔构成；如果"又"字之"手指"有两根，则两根"手指"往往独成一笔，"手臂"另外构成一笔，整个字也由两笔构成。表 3-5-1·6 右半偏旁显然是由三笔构成，最上面的横画独立构成一笔，其下方显然为"两指"的"又"形，实际上很可能是表 3-5-1·5"攴"旁的简省形式，故我们将该字形划入 Aa 型。表 3-5-1·7 右半偏旁无"又"的构形，可能是"攴"的省形，由于只有 1 例，我们不再单独划分亚型。

Bb 型：从"舟""殳""皿"，原篆见表 3－5－1·17，即"盤"字。

C 型：从"舟""止""皿"，原篆见表 3－5－1·18，其中，所谓"止"不排除为"攴"的讹变形式，权隶定为"盤"。

D 型：从"舟""水""皿"，原篆见表 3－5－1·19－20，隶定为"盤"。

E 型：从"舟""酉""皿"，原篆见表 3－5－1·21，隶定为"盤"。

F 型：从"舟""鬯""皿"，原篆见表 3－5－1·22，隶定为"盤"。

G 型：从"舟""言""皿"，原篆见表 3－5－1·23，隶定为"盤"。

H 型：从"舟""又"，原篆见表 3－5－1·24，隶定为"叙"。

I 型：从"舟""𣪍"，原篆见表 3－5－1·25，"𣪍"似金文"求"字，疑为"攴"或"殳"的讹变，不作隶定。

J 型：原篆见表 3－5－1·26，即"舟"字。

K 型：基本偏旁为"攴"，可分 2 个亚型。

Ka 型：原篆见表 3－5－1·27，即"攴"字。

Kb 型：从"攴""金"，原篆见表 3－5－1·28，即"鈘"字。

表 3－5－1　专名"盘"字形表

字形								
序号	1	2	3	4	5	6	7	8

第三章 水 器

续表

字形								
序号	9	10	11	12	13	14	15	16
字形								
序号	17	18	19	20	21	22	23	24
字形								
序号	25	26	27	28	29	30	31	32

1. 強伯盘（《铭图》14367） 2. 楚季盘（《铭图》14465） 3. 虢宫父盘（《铭图》14406） 4. 鲁伯俞父盘（《铭图》14448） 5. 师西盘（《铭续》0951） 6. 㝬右盘（《铭图》14500） 7. 芮伯盘（《铭续》0939） 8. 彭子射盘（《铭图》14388） 9 蔡侯盘（《铭图》14519） 10. 楚王酓延盘（《铭图》14425） 11. 寿盘（《铭续》0921） 12. 綏君单盘（《铭图》14472） 13. 伯侯父盘（《铭图》14458） 14. 仲姞盘（《铭图》14418） 15. 伯百父盘（《铭图》14399） 16. 者尚余卑盘（《铭图》14524） 17. 唐子仲濒儿盘（《铭图》14504） 18. 作宝盘（《铭图》14373） 19. 虖丘君堂盘（《铭续》0931） 20. 強伯盘（《铭图》14366） 21. 蔡侯申盘（《铭图》14387） 22. 子黄尊（《铭图》11797） 23. 楚君酓啍尊（《铭图》11790） 24. 鄎伯盘（《铭续》0941） 25. 叔休盘（《铭图》14482） 26. 晋韦父盘（《铭图》14434） 27. 叔多父盘（《铭图》14533） 28. 苏公盘（《铭图》14404） 29. 转盘（《铭图》14359） 30. 家父盘（《铭图》14427） 31. 蔡侯申盘（《铭图》14535） 32. 昶伯墉盘（《铭图》14460）

Aa 型：1—7 Ab 型：8—12 Ac 型：13 Ad 型：14 Ba 型：15—16 Bb 型：17 C 型：18 D 型：19—20 E 型：21

F型：22　G型：23　H型：24　I型：25　J型：26　Ka型：27　Kb型：28

《说文·舟部》："般，辟也。象舟之旋。从舟，从殳。殳，所以旋也。𣌾，古文般从支。"段玉裁《说文解字注》改"支"为"攴"，并谓"各本作'从支'，误，今正。从攴犹从殳也"。据此，Aa型与Ba型一样，皆为"般"字。段玉裁谓"般"为会意字，甚是。不过，"舟"旁也具有表音功能，详见后文J型字（舟）的分析。无论怎样，该字用作礼器专名，属于假借。从表3-5-2可以看出，Aa型字是各型"盘"字中使用频次最高、出现时间比较早、使用时间较长的字，这种现象在青铜礼器专名中是比较特殊的了。

表3-5-2　各型"盘"字出现频次及年代表

型别	频次	比重	年代	型别	频次	比重	年代
Aa	96	59.627%	西早—春晚	E	1	0.621%	春晚
Ab	42	26.087%	西早—战晚	F	1	0.621%	商末周初
Ac	2	1.242%	西晚—春晚	G	1	0.621%	春早
Ad	1	0.621%	西中前段	H	1	0.621%	春早
Ba	6	3.727%	西中前段—春晚	I	1	0.621%	春早
Bb	2	1.242%	春时	J	1	0.621%	西中前段
C	1	0.621%	西中	Ka	2	1.242%	西晚
D	2	1.242%	西中前段—战晚	Kb	1	0.621%	西晚

《说文·木部》："槃，承槃也。鎜，古文从金。盤，籀文从皿。"如此，Ab型、Ac型、Bb型皆为《说文》之"槃"，今字皆作"盤"，简体为"盘"。Ab型和Bb型皆从"皿"，表示"盘"之物类性质。从表3-5-2可以看出，Ab型字使用频次仅次于Aa型，其出现时间也较早，但使用时间最长，应当是金文

"盘"字之正体，也是《说文》盘字籀文的来源。Ac 型字从"金"，表示盘的材质。

表3－5－3　器型与"盘"字类型对应关系表

器物类型	专名			器物类型	专名		
	类型	频次	比重		类型	频次	比重
Aa①Ⅰ	Aa	51	73.913%	Ab①Ⅰ	Aa	1	16.667%
	Ab	9	13.043%		Ab	4	66.667%
	Ad	1	1.449%		Bb	1	16.667%
	Ba	3	4.348%	Ab①Ⅱ	Ab	1	50.000%
	C	1	1.449%		Ba	1	50.000%
	D	1	1.449%	Ab①Ⅲ	Ab	6	85.714%
	H	1	1.449%		D	1	14.286%
	Ka	1	1.449%	Ab②Ⅰ	Aa	1	100.000%
	Kb	1	1.449%	Ab②Ⅱ	Aa	1	100.000%
Aa①Ⅱ	Aa	2	66.667%	Ab②Ⅲ	Ab	2	100.000%
	Ab	1	33.333%	Ba	Aa	1	100.000%
Aa①Ⅲ	Aa	3	60.000%	Bb	Aa	1	50.000%
	Ab	1	20.000%		Ab	1	50.000%
	E	1	20.000%	C	Ab	1	100.000%
Aa②Ⅰ	Aa	12	60.000%	Da	Aa	1	100.000%
	Ab	5	25.000%	Db	—		
	Ba	1	5.000%	Ea	Aa	2	100.000%
	I	1	5.000%	Eb	Ab	2	100.000%
	J	1	5.000%	F	F	1	50.000%
Aa②Ⅱ	Aa	1	100.000%		G	1	50.000%

注：Db 型青铜器（盉）只有1件，专名字形模糊，不能辨其属于哪一型，故不计入总数并计算比重。

Ad、C、D、E、F、G、H、I 型字出现频次都非常低，且未见于字书。如表 3-5-3，Ad、C、D、H 型字与 Ab 型字（盤）皆用作前文划分的 Aa①Ⅰ型青铜礼器之专名，E 型字与 Ab 型字（盤）皆用作前文划分的 Aa①Ⅲ型青铜礼器之专名，I 型字与 Ab 型（盤）字皆用作前文划分的 Aa②Ⅰ型青铜礼器之专名。又，Ad、C、D、E、H、I 型字在金文中除了用作器物专名外，尚未发现其他的义项，故它们应当是"盘"字别体，或部分为"盘"的通假字。另需说明的是，D 型字（湴）从"洀"，《玉篇·水部》："洀，水文也。"即水波纹之义。《字汇补·水部》："洀，与盤同。"《管子·小问》："意者，君乘驳马而洀桓。"尹知章《注》："洀，古盤字。""洀桓"之"洀"，本为"般"的假借字，即回旋之义，后来多假借"盤"为之。故结合"湴"字从"皿"的情况，足以证明"湴"为"盘"字别体。F 型字（盤）和 G 型字（盤），皆用作前文划分的 F 型青铜礼器——尊的专名，与 Aa 型（般）、Ab 型（盤）等字在器型上暂未发现直接联系，目前来看，将 F 型、G 型字释为"盘"只有两条证据：其一，它们与 Aa 型、Ab 型字等皆从"舟"，声韵上存在相通的可能；其二，春秋晚期和战国时期，长江流域一些墓葬出现尊盘组合①，从商周时期青铜礼器组合内部某器类使用专名的规律来看，青铜尊有可能使用盘的专名，犹如盥洗器盘盉、盘匜组合，当中的青铜盉或匜存在使用专名"盘"的情况。前述证据相对薄弱，不排除将来相关材料增多后，F 型、G 型字可能会改释为其他字。

---

① 如 1955 年寿县西门蔡侯墓出土尊盘（参见安徽省文物管理委员会、安徽省博物馆：《寿县蔡侯墓出土遗物》，北京：科学出版社，1956 年）；1977 年随州擂鼓墩曾侯乙墓出土曾侯乙尊、盘（参见湖北省博物馆：《曾侯乙墓》，北京：文物出版社，1989 年）；2006 年襄阳陈坡 M10 出土尊盘（参见湖北省文物考古研究所等：《襄阳陈坡》，北京：科学出版社，2013 年）。

第三章　水　器

J 型（舟），《说文·舟部》："舟，船也。古者共鼓、货狄，刳木为舟，剡木为楫，以济不通。象形。""舟"字本为船的象形字，其用作礼器专名，要么属于假借，要么别有原因。郭沫若先生认为，甲骨文中的"凡"为"盘"字初文[1]，商王盘庚之"盘"在甲骨文中即写作"凡"，也写作"舟"。[2] 表示总括意义的"凡"，最初系假借"盘"字初文，由于长久使用，人们后来在使用表示器物盘之本名的用字时假借"般"，进而别造"盤""鎜"等字来表示其本义。"凡"与"舟"字构形相近，作为偏旁，故甲骨文中的"般"字或从"舟"，或从"凡"，在周代金文中，"凡"既不单独用作青铜盘的专名，也不作为偏旁出现在青铜盘的其他专名用字中，取而代之的是"舟"。故有学者认为，"舟"应当有两读，一是读作表示其本义——船的"舟"，二是读作与之形近且渐被其取代的"凡"字的本义——器物盘的"盘"[3]，我们表示赞同。此外，J 型字与 Ab、Aa 型字等皆用作前文划分的 Aa② I 型青铜礼器之专名，故它们存在音读相同的可能。要之，J 型字（舟）应读作"盘"。

由此可以推断，Aa、Ab、Ac、Ad、Ba、Bb、C、D、E、F、G、H、I 型字的"舟"旁不仅残留着一丝表意功能，同时也有表音作用，应读如"盘"，如此也才好理解为何"舟"旁普遍分布于青铜盘的专名用字中。

Ka 型字（攴），《说文·攴部》："攴，小击也。从又，卜声。""攴"之本义与礼器实体无关，此用作器物名，系假借字。Kb 型字（鈘），《说文·攴部》："鈘，持也。从攴，金声。读若

---

[1] 郭沫若：《卜辞通纂》（《郭沫若全集·考古编》第二卷），北京：科学出版社，1983 年，272~274 页。

[2] 参见徐中舒主编：《甲骨文字典》，成都：四川辞书出版社，2006 年，第 1450~1452、949 页。

[3] 何琳仪：《说"盘"》，《中国历史文物》2004 年第 5 期。

琴。"王筠《说文句读》："鈘，俗作擒。"作为青铜盘专名的"鈘"字与字书所载之"鈘"字，显然形同而词异。字书中又有"鈂"字，《玉篇·金部》："鈂，器也。"《广韵·昔韵》："鈂，小矛。"可知，青铜盘专名"鈘"不太可能是字书中的"鈂"字。从礼器专名用字的结构规律来看，Kb 型字的"金"旁当为义符，"攴"旁为声符。此"攴"很可能为"般"的省声，其根据有三：(1)"攴"本为般字构形之一部分，这种从母字中截取一部分形体充当与母字读音相同或相近之字的声符的现象，在古文字中不是孤例；(2)"攴"与"般"，上古皆属唇音帮系字，前者属于滂母，后者属于帮母，声纽很近；(3) 见表 3—5—3，Ka、Kb 型与 Aa、Ab 型字皆用作前文划分的 Aa①Ⅰ型青铜礼器的专名，它们存在音读相同的可能。当然，前述推论存在的障碍是，传世文献显示的"攴"与"般"字古音韵部相隔较远，前者属于屋部，后者属于元部，这一问题有待日后解决。

三、类别名的确立与判别标准

如本节开首所述，自带专名"盘"的两周青铜器共 169 件，年代跨度从商末周初到战国晚期，说明两周青铜礼器中确实存在"盘"这一器类。当然，凡自带专名"盘"的青铜礼器未必皆可定名为盘。因此，我们必须确定前文划分的各型盘中哪些才是真正的青铜盘，哪些属于借用了"盘"这一专名的其他器类。

表 3-5-4　自带专名"盘"的各型、亚型青铜器数量及总比重表

型	亚型	数量	亚型比重	型比重	型	亚型	数量	亚型比重	型比重
A	Aa①Ⅰ	70	51.852%	91.111%	B	Ba	1	0.741%	2.222%
	Aa①Ⅱ	4	2.963%			Bb	2	1.481%	
	Aa①Ⅲ	5	3.704%		C		1	0.741%	0.741%
	Aa②Ⅰ	21	15.556%		D	Da	1	0.741%	1.481%
	Aa②Ⅱ	1	0.741%			Db	1	0.741%	
	Ab①Ⅰ	6	4.444%		E	Ea	2	1.481%	2.963%
	Ab①Ⅱ	2	1.481%			Eb	2	1.481%	
	Ab①Ⅲ	9	6.667%		F		2	1.481%	1.481%
	Ab②Ⅰ	2	1.481%		—	—	—	—	—
	Ab②Ⅱ	1	0.741%		—	—	—	—	—
	Ab②Ⅲ	2	1.481%		—	—	—	—	—

　　如表 3-5-4 所示，前文划分各亚型或次亚型盘的数量比重可以分为两个梯次：第一梯次，总比重超过 91.000%，为 A 型，其内部的 Aa 型、Ab 型总比重分别为 74.815%、17.037%；第二梯次，总比重在 3.000% 以下，包括 B、C、D、E、F 型器。A 型中的两个亚型——Aa 和 Ab 型作为青铜盘的标准形制，基本不存在问题。B、C、D、E、F 型总比重均偏低，理论上存在为其他器类的可能。其中，B、C 型器暂未发现使用其他专名者，故宜定名为盘。Da 型器与本书划分的 Aa 型盉没有差别（参见"盉的定名与自名"节内容），二者数量比例为 1∶8；Db 型器与本书划分的 C 型盉没有差别，二者数量比例为 1∶3。由此可以确定，前文划分的 Da 和 Db 型盘皆为青铜盉。Ea 型、Eb 型盘与本书划分的青铜匜相应的型别几乎没有差异（参见"匜的定名与自名"节内容），故二者应为青铜匜。F 型盘的形制与 A、B、C、D、E 型盘之间的差异较大，可以确定其既非盘，亦非盉

或匜，这种形制的礼器，其通用专名目前并不明确，故暂宜采用传统青铜礼器分类体系中的名称——尊（参见"其他酒器的定名与自名"节内容）。

B型盘带流，形制略与匜形鼎和青铜匜相似，但B型盘腹部横截面很接近圆形，而且为浅腹、大平底，这些特征是匜形鼎和青铜匜所不具备的，故B型盘不难与匜型鼎或青铜匜区分开来。

Ab②Ⅱ型之徐王义楚盘和C型之虢季子白盘腹部相对较深，故有些学者认为它们是鉴而不是盘。徐王义楚盘、虢季子白盘通高与口径之比分别为1∶2.686、1∶3.153，本书确定的标准形制青铜鉴的通高与口径之比一般在1∶1.959～1∶1.622之间，唯有鄢陵君王子申攸鉴（《铭图》15065）的通高与口径之比较大，为1∶2.160，即使如此，这一比值仍然大于徐王义楚盘、虢季子白盘的通高与口径之比，因此，徐王义楚盘和虢季子白盘不应定名为鉴。

四、自名与器型

含带专名"盘"的青铜礼器自名有30种形式，各种自名形式与器物类型的对应关系见表3－5－5。这30种自名形式中，"尊盘""宝盘""盥盘"相应为青铜尊、青铜盉、青铜匜所使用，但同时也为青铜盘所使用，故青铜盘仍然有30种自名形式。这些自名按内容结构可以分为两类。

1. 甲类

此类仅含专名"盘"，有28例。"盘"这种自名的使用频次仅次于"宝盘"，其出现于西周中期，虽然不是出现最早的自名形式，但其一直使用到战国晚期，存在时间也比较长。

2. 乙类

此类由专名"盘"加上前缀词或后缀词而形成自名。其中，前缀词用字有"尊""宗""彝""宝""用""御""饔""小""行""旅""盟""浣""沬""媵""鉴"等。每个前缀词多由其中的一个字或两个字组成，最多为三个，除了"鉴"字外，其余对专名"盘"都具有修饰说明作用，关于这些字词的含义，我们在本书第五章专门进行解释。后缀词用字有"盉""鉴""匜"，三者以及前缀词中的"鉴"皆为其他青铜礼器类别名，它们与"盘"并列出现，表明所在青铜盘被铸造时，一同铸造的还有青铜盉或鉴、匜，它们与青铜盘构成组合器物。

从表3-5-5所列的信息来看，没有哪一种自名形式与前文划分的某个型或亚型盘形成特殊的对应关系。

商周青铜器中，有1件自名为"卢（炉）盘"的器物，即1979年江西靖安县李家村兴山南坡出土徐令尹诸稽耕盘（《铭图》19268），该青铜器与Ab①Ⅲ型盘大略相似（图3-5-2，10），由自名可知其为盛炭燃火的生活器具①，其造型特征也与这一功能相适应，故未进行分型。

表3-5-5 含专名"盘"的自名与器型对应表

序号	自名	器物类型	器例	频次	年代跨度
1	盘	Aa①Ⅰ、Aa②Ⅰ、Ab①Ⅱ、Ab②Ⅲ、Ba、残器、无图	《铭图》14406	28	西中前段—战晚
2	尊盘	Aa①Ⅰ、Aa①Ⅲ、F（尊）	《铭图》14387	3	西中—战晚
3	宗彝盘	Aa①Ⅰ	《铭续》952	1	春中

---

① 徐令尹诸稽耕盘（《铭图》19268）的专名修饰字词为"卢"，应读作"鑪"（炉）。《说文·金部》："鑪，方鑪也。从金，盧声。"《说文》大徐本自注曰："今俗别作炉。"段玉裁《说文注》："凡然炭之器曰鑪。"《玉篇·火部》："炉，火炉也。"《广韵·模韵》："炉，火床。"

续表

序号	自名	器物类型	器例	频次	年代跨度
4	宝盘	Aa①Ⅰ、Aa①Ⅱ、Aa①Ⅲ、Aa②Ⅰ、Aa②Ⅱ、Bb、C、Da（盉）、Db（盉）、Ea（匜）、F（尊）、无图	《铭图》14400	47	商末周初—春中
5	宝尊盘	Aa②Ⅰ、无图	《铭图》14543	2	西晚
6	用盘	Aa①Ⅰ	《铭图》14366	1	西中前段
7	御盘	Aa①Ⅰ、Ab①Ⅰ	《铭图》14504	2	春秋
8	飨盘	Aa①Ⅰ	《铭图》14447	1	西晚
9	小盘	Ab②Ⅲ	《铭图》14508	1	战国晚期
10	行盘	Aa①Ⅰ、Aa①Ⅱ、Ab①Ⅰ、Ab①Ⅲ、无图	《铭图》14408	6	春早—春晚
11	旅盘	Aa①Ⅰ、Aa②Ⅰ、无图	《铭图》14481	5	西早—春早
12	宝旅盘	Aa①Ⅰ	《铭图》14418	1	西中前段
13	盥盘	Aa①Ⅰ、Aa①Ⅲ、Aa②Ⅰ、Ab①Ⅰ、Ab①Ⅲ、Ab②Ⅰ、Ea（匜）、Eb（匜）、无图	《铭图》14362	17	春早—战早
14	浣盘	Aa①Ⅰ、Ab①Ⅰ、Ab①Ⅲ、Ab②Ⅱ、无图	《铭续》921	7	西中后段—战晚
15	沫盘	Aa①Ⅰ、Aa①Ⅲ、Aa②Ⅰ、无图	《铭图》14407	8	西晚—春中
16	盘盉	Aa①Ⅰ、Aa②Ⅰ	《铭图》14523	5	西中前段—西晚
17	宝盘盉	Aa①Ⅰ	《铭图》14385	2	西中—西晚
18	宝尊盘盉	Aa①Ⅰ	《铭图》14536	1	西中前段
19	盘鉴	Aa①Ⅰ	《铭图》14367	1	西中前段

续表

序号	自名	器物类型	器例	频次	年代跨度
20	鋬盘	无图	《铭图》14421	1	西晚
21	宝盘鋬	Aa①Ⅰ	《铭续》950	1	西中
22	旅盘鋬	Aa①Ⅰ	《铭续》917	1	西中
23	盘匜	Aa①Ⅰ、Aa①Ⅱ	《铭图》14431	4	西中—春早
24	行盘匜	Aa②Ⅰ	《铭图》14393	1	春早
25	旅盘匜	Aa①Ⅰ、无图	《铭图》14461	2	西晚—春早
26	媵盘	Aa①Ⅰ、Aa②Ⅰ、无图	《铭图》14456	14	西中—春中
27	媵沬盘	Aa①Ⅰ、无图	《铭图》14448	3	两周之际
28	媵盥盘	Ab②Ⅰ	《铭图》14512	1	春晚
29	尊媵盥盘	Aa②Ⅰ	《铭图》14465	1	春早
30	媵盘匜	Ab①Ⅰ	《铭图》14499	1	春中

五、青铜盘使用的其他专名与自名

经过前文分析，判别青铜盘的形制标准主要是本节前部划分的 A、B 型盘中的各亚型及 C 型盘。由此，我们可以系联一批使用其他专名的青铜盘，如表 3-5-6，"艦" "𤮫" "䀍" "监（鉴）"的使用频次都较低，使用它们的器形不出 A 型盘之外。其中，除了"鉴"为青铜鉴之类别名外，"艦" "𤮫" "䀍"皆未见用作其他器类的专名，可视为"盘"的别名。艦，原篆见表 3-5-1·29，《方言》卷九："（船）首谓之閤闾，或谓之艦艏。"此字作为青铜盘的专名，其中的"舟"仍应为"盘"字初文"凡"的讹变。"𤮫"，原篆见表 3-5-1·30，不识。"䀍"，原篆见表 3-5-1·31，上半部右边偏旁为"鬲"，但该字能否释为"鬲"，目前无法确定。"監"（鉴），原篆见表 3-5-1·32，有学者认为该字为"盘"①，本书从释"鉴"之说。又，这四个专名构成的自名中，前缀词用字有"宝""彝""媵"，皆不出专名"盘"的前缀词用字之外。

表 3-5-6　青铜盘使用的其他专名与自名表

自名形式	器型	器例	频次	年代跨度
宝䤩	Aa②Ⅰ	《铭图》14359	1	西早
宝	Aa②Ⅰ	《铭图》14427	1	西早后段
媵彝䤭	Aa①Ⅱ	《铭图》14535	1	春晚
宝鉴	Aa①Ⅰ	《铭图》14460	1	春早

---

① 何琳仪：《说"盘"》，《中国历史文物》2004 年第 5 期。

第四章　礼器附属物的定名与自名

青铜礼容器有一些附属性器物，以辅助其使用，如匕、斗、棒形器等，其中已发现有专名者共两类器物，即匕与斗，下面进行具体分析。

第一节　匕的定名与自名

自带专名"匕"的青铜器，共有4件，在形制上可分两型。

A型：3件。匕匙横截面为尖叶形。标本：陕西扶风庄白76FZH1：73微伯瘨匕（《铭图》6307），通长32.4厘米、柄长17.3厘米。铸有铭文5字："微伯瘨作匕。"（图4-1，1）本型3件匕皆属于西周中期后段。

B型：1件。匕匙横截面为不太扁的椭圆形。标本：传出山西浑源之鱼鼎匕（《铭图》6319），属于战国时期。残长18.87厘米。残存错金铭文36字，专名位于匙心，与其他铭文内容没有联系（图4-1，2）。

上述4件青铜匕的专名字形见表4-1·1-2，皆为字书中的"匕"字。《说文·匕部》："匕，相与比叙也。从反人。匕，亦所以用匕取饭，一名柶。"这4件青铜匕之自名亦皆为"匕"。

第二节　斗的定名与自名

自带专名"斗"的青铜器目前仅发现 2 件，即 2011 年湖北随州义地岗 M6：4 曾公子弃疾斗（《铭续》0913）、传世黄子戉斗（《铭续》0912），二器形制相近，皆属于春秋晚期。曾公子弃疾斗，管状柄，折沿，敛口，鼓腹，圜底，通长 25.6 厘米、口径 16.6 厘米、腹深 7.8 厘米，铸有铭文 8 字："曾公子弃疾之让斗。"（图 4－1，3）

上述 2 件斗之专名字形见表 4－1·3－4，可分两型。

A 型：即"斗"字，原篆见表 4－1·3。《说文·斗部》："斗，十升也。象形，有柄。"

B 型：从"斗""丁"，原篆见表 4－1·4，左半偏旁有泐损，不识。B 型字很可能是"斗"字的异体。

斗的自名有"盥斗""让斗"两种，表明其用作水器。①《诗·大雅·行苇》："酌以大斗，以祈黄耇。"传统观点据此认为斗乃酒器，虽不能说有误，但古文字材料显示，斗的功用比酒器更加广泛。

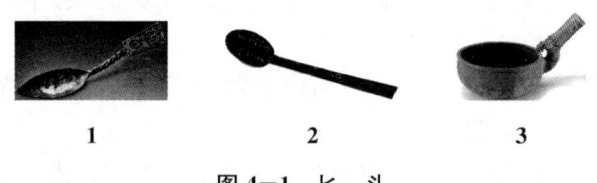

　　　1　　　　　　2　　　　　　3

图 4－1　匕、斗

1. A 型匕（微伯癏匕）　2. B 型匕（鱼鼎匕）　3. 曾公子弃疾斗

---

①　青铜缶中有一种专门用作盛水器的缶，自名"盥缶""浴缶""让缶"等，可作旁证。

表 4-1　"匕""斗"字形表

字形				
序号	1	2	3	4

1. 微伯兴匕（《铭图》6307）　　2. 鱼鼎匕（《铭图》6319）
3. 曾公子弃疾斗（《铭续》0913）　　4. 黄子戌斗（《铭续》0912）

第五章 专名修饰字词解释

青铜礼器自名中,除了专名外,还有多种修饰专名的字词,其功能和性质不尽相同。这些字词,根据修饰对象数量的不同,可分为两类:第一类,修饰的器类在 2 个及以上;第二类,专门修饰某一种器类,这些器类有鼎、鬲、甗、簋、盨、簠、敦/盏、豆、铺、盂、缶、瓿、鍴。

第一节 第一类专名修饰字词

第一类专名修饰字词所用的单字共有 31 个(不计通假字),见表 5-1-1。下面,我们具体分析每个字词的含义。

宝:金文或写作"保",假借为"宝"。《说文·宀部》:"宝,珍也。"有宝贵、珍贵之义,具有敬辞性质,用来敬称礼器。

表 5-1-1　第一类专名修饰字词表

	斗	匜	盉	盘	䥽	耑	罐	爵	觚	尊	卮	鈚	缶	壶	罍	鉴	盂	镐	铺	豆	盏/敦	盆	盨	簋	簠	甗	鬲	鼎
宝		✓	✓	✓	✓	✓	✓			✓			✓	✓	✓		✓		✓			✓	✓	✓	✓	✓	✓	✓
尊		✓	✓	✓						✓			✓	✓	✓		✓		✓	✓			✓	✓	✓	✓	✓	✓
牺														✓														✓
彝			✓	✓						✓				✓		✓												✓
宗																												✓
盥																	✓											
登																	✓											
荐			✓											✓			✓											✓
盖																	✓											✓
饎																												✓
用												✓							✓		✓	✓				✓		✓
馈																					✓							✓
饙		✓											✓								✓							✓
御		✓												✓												✓		✓
飤													✓				✓											✓

续表

	鼎	鬲	甗	簋	盨	盆	盏/敦	豆	铺	镐	盂	鉴	罍	壶	缶	钫	卣	尊	觚	爵	罐	鐏	鐎	盘	盉	匜	斗
饔	√					√	√	√	√															√			
膳						√	√				√			√							√						
饮	√													√													
盥	√													√													
会	√																										
弄	√																										
告	√														√												
盟	√														√									√	√	√	
浴	√																										
让	√																										
汤	√																										
洗																								√		√	
沫																								√	√	√	
大	√																							√	√	√	√
小	√																							√	√	√	√

续表

	琯	盂	旅	行	征	从	金	媵
匜			✓	✓	✓			✓
盉			✓					✓
盘			✓	✓				✓
鳍								
端								
罐			✓					
爵						✓		
瓠								
尊								✓
卮			✓					
鈚			✓	✓				
缶					✓			
壶		✓	✓	✓		✓		✓
罍			✓					✓
鉴						✓		
盂			✓					
鬲								
铺			✓					
豆				✓				
盏/敦				✓			✓	
盆			✓				✓	
簠			✓	✓			✓	✓
簋	✓		✓	✓	✓		✓	
簠	✓	✓	✓		✓		✓	
瓿						✓		✓
鬲			✓	✓			✓	
鼎		✓	✓	✓		✓		✓

尊：《说文·酋部》："尊，酒器也。从酋，廾以奉之。"甲骨文、金文"尊"字又多从"阝"，有"奉献登进之意"①，引申为尊贵、尊高之义，其用来修饰礼器专名，则具有敬辞性质，用来敬称礼器。"尊"除了用于修饰礼器专名外，也可单独用作器物名，一般来讲，这种名称属于共名，王国维《观堂集林·说彝》："尊彝皆礼器之总名也……然尊有大共名之尊（礼器全部），有小共名之尊（壶、卣、罍等总称），又有专名之尊（盛酒器之侈口者）。彝则为共名而非专名。"准此，青铜礼器自名结构中存在"共名＋专名"的形式，可备一说。

鬻：《玉篇·鼎部》："鬻，煮也。亦作鬵。"

彝：《说文·糸部》："彝，宗庙常器也。"从各类青铜礼器使用的名称来看，当如王国维先生之说，为礼器之总名、共名。

宗：《说文·宀部》："宗，尊祖庙也。从宀，从示。"

齍：《说文·皿部》："齍，黍稷在器以祀者。""齍＋专名"表示盛黍稷的某种礼器。齍也可单独用作器物名，主要为鼎、鬲两类礼器使用，显然是一种小共名，泛指盛黍稷的祭器。容庚《金文编》："齍，或从鼎，鼎之方者。"即方鼎的专用名为"齍"，此说为不少学者所信从。从我们统计的数据来看，方鼎以"齍"为名者确实不少，但鼎的其他类型和鬲的名称中也有"齍"者，故容庚之说不可信。

登：《礼记·月令》："（孟夏之月）农乃登麦。"郑玄《注》："登，进也。"登有登进、进献之义。"登＋专名"，表示其用作向祖先鬼神进献牺牲或粢盛的某种礼器。不少学者认为"登"与"升"相通，但"登"用于修饰鼎、甗、簠、盨，"升"只用于修饰鼎，可见二者不是在任意一个礼器自名中都可以相通。

---

① 徐中舒主编：《甲骨文字典》，成都：四川辞书出版社，2006年，第1606页。

第五章 专名修饰字词解释

荐：《玉篇·艸部》："荐，进献也。"

羞：《说文·丑部》："羞，进献也。"《周礼·天官·笾人》："凡祭祀，共其笾荐羞之实。"郑玄《注》："荐、羞，皆进也。未食未饮曰荐，既食既饮曰羞。"《左传·隐公三年》："苟有明信……潢、污、行潦之水，可荐于鬼神，可羞于王公。"杜预《注》："羞，进也。""荐""羞"皆有进献之义，与"登"之义相近。

鬲：字书未见。吴振武先生将该字释为"沥"，读作"历"，训为陈列①，这是民国以来对该字考释诸说中最为精审且影响力最大的一种说法。由于该字几乎都出现于青铜礼器自名中，缺少其他类别辞例的推勘，故这一说法并非定论。近年来，又有学者提出释"㺇"，读作"延"，训为陈列②，也仅可备一说。要之，该字的释读还需积累更多的关键性出土材料。

用：《说文·用部》："用，可施行也。"《礼记·王制》："用器不中度，不粥于市。"郑玄《注》："用器，弓矢、耒耜、饮食器也。"该字修饰的专名包括食器和水器之属，可见用器的范围不止饮食器，还有盥洗器。

馈：《说文·食部》："馈：饷也。从食，贵声。"《周礼·天官·膳夫》："凡王之馈，食用六谷，膳用六牲。"郑玄《注》："进物于尊者曰馈。"

饙：《说文·食部》："饙，滫饭也。从食，奔声。饋，饙或从贵。餴，饙或从奔。"《尔雅·释言》："饙、馏，稔也。"郭璞《注》："今呼馈饭为饙，饙熟为馏。"邢昺《疏》："稔，熟也。孙炎曰：'蒸之曰饙，均之曰馏。'"《诗·大雅·泂酌》："可以饙

---

① 吴振武：《释鬲》，载《文物研究》（第六辑），合肥：黄山书社，1990年。
② 邓佩玲：《铜器自名前修饰语"鬲"字试释——兼谈"延钟、反钟"等辞》，载《古文字研究》（第30辑），北京：中华书局，2014年。

饎"，陆德明《经典释文》引《字书》："饎，一蒸米也。"一言蔽之，饎即蒸饭。

御：《诗·小雅·六月》："饮御诸友，炰鳖脍鲤。"《毛传》："御，进也。"《潜夫论·赞学》："黼黻之章……可御于王公。"《广雅·释诂二》："御，进也。"御有进献、进用之义，转而引申为用。《楚辞·九章·涉江》："腥臊并御。"王逸《注》："御，用也。"

飤：《说文·食部》："飤，粮也。从人、食。"段玉裁《注》："以食食人、物，本作食，俗作飤，或作饲。""飤+专名"表示用于给人或鬼神供食的某种礼器。

饔：《说文·食部》："饔，熟食也。"邵瑛《群经正字》："饔，今经典作饔。"《诗·小雅·祈父》："胡转予于恤？有母之尸饔。"《毛传》："熟食曰饔。"

膳：《说文·肉部》："膳，具食也。"《周礼·天官·膳夫》："掌王之食饮膳羞，以养王及后、世子。"郑玄《注》："膳，牲肉也。""膳"，狭义指肉食，广义包括肉食和饭食。由于该字修饰的专名有簠、盨一类的盛黍稷稻粱之器，知该字在修饰礼器专名时乃用其广义上的含义。

饮：《玉篇》："饮，咽水也。"《周礼·天官·膳夫》："膳夫掌王之食饮膳羞。"郑玄《注》："饮，酒浆也。"《周礼·天官·酒正》："辨四饮之物，一曰清，二曰医，三曰浆，四曰酏。"青铜礼器自名结构若为"饮+专名"，表明其为盛流质（酒或水）之器。

尝：《广雅·释诂二》："尝，食也。"青铜鼎、簠、盏（敦）中有"以供岁尝"（《集成》2794）、"以烝以尝"（《集成》4647）、"用烝用尝"（《集成》2681）等显示作器用途的铭辞，《尔雅·释天》："秋祭曰尝。""冬祭曰烝。"该字用于修饰礼器专名时，应当指尝祭。

会：修饰的专名有鼎和匜。鼎属于烹饪器，修饰鼎的"会"可有两种解释：其一，读作"脍"。《说文·肉部》："脍，细切肉也。"脍鼎指烹肉之鼎。其二，读作"禬"。《说文·示部》："禬，会福祭也。从示，从會，會亦声。《周礼》曰：'禬之祝号。'"即消灾除病之祭祀。禬鼎指用于禬祭之鼎。青铜盆、敦中皆有以"鐈"为名者，可能是一种小共名。羣氏詹盆自名"膳鐈"[①]，西替敦（《铭图》6257）自名"馈钲鐈"、羣氏詹盘（《铭图》19243）自名"膳鐈"，其功用皆与膳食有关，故我们倾向于将"会"字读作"脍"。匜属于水器，修饰匜的"会"，不少学者主张读作"沫"（"沫"字释义见后文）。[②] 会之古音属见/匣纽月部，沫之古音属明纽物部，二字古音差异较大，发生通转的可能性很小。又，"会"是流行于楚文化区专名"匜"的修饰词，"沫"是流行于齐鲁文化区的水器专名"盘""盉""匜"的修饰词，由此来看，二字也不大可能相通。我们认为，"会"或可能读作"浍"。《尔雅·释水》："水注沟曰浍。"青铜匜的槽形流像沟状，"浍"正说明青铜匜的注水之功能。

弄：《说文·廾部》："弄，玩也。从廾，持玉。"青铜器自名结构若为"弄+专名"，则表明其用作贵族的把玩之器，礼器成分相对较弱，弄器的体量一般来说比同类其他器物更小。

造：字作"告"，通"造"。[③]《周礼·春官·大祝》："掌六祈以同鬼神示，一曰类，二曰造，三曰禬，四曰禜，五曰攻，六

---

① 陈佩芬：《中国青铜器辞典》（第一册），上海：上海辞书出版社，2013年，第34页。

② 杨树达：《积微居金文说》，北京：中国科学院，1952年，第167页。陈昭容：《从古文字材料谈古代的盥洗用具及其相关问题——自淅川下寺春秋楚墓的青铜水器自名说起》，载《"中央研究院"历史语言研究所集刊》，2000年第71本第4分，第890～891页。

③ 何琳仪：《战国古文字典》，北京：中华书局，1998年，第170～171页。

曰说。"郑玄《注》："造，祭于祖也。郑司农云：'类、造、襘、禜、攻、说，皆祭名也。'"造修饰的礼器专名，目前仅见于"鼎""盨"两类，表示其为祭祖之鼎、盨。

盥：《说文·皿部》："盥：澡手也。从臼、水，临皿。《春秋传》曰：'奉匜沃盥。'"盥器，即用于洗手之器。盥鼎用于烧水，盥缶大概用于盛放烧热后的水，盥斗用于将盥鼎或盥缶内的水舀进匜内，匜用于"沃盥"，即把所盛之水浇灌于手上进行洗涤，盂、盘则用于盛放洗手后的污水。

浴：《说文·水部》："浴，洒身也。"即洗澡。浴鼎用于烧洗澡水，浴缶用于盛放烧好的洗澡水。浴鼎与盥鼎、浴缶与盥缶，器型大多相同，两者之间功用相通，如浴鼎也可以用来烧水。

辻：字又作"赵"，皆未见于字书。关于该字释读，众说纷纭①，就释字而言，存在释"辻"、释"迅"两种意见，我们赞同释"辻"。"辻"修饰的礼器专名不出"盥""浴""汤"三者修饰的全部专名之外，所对应的礼器器型也不出"盥""浴""汤"所对应的全部礼器器型之外，如辻鼎与汤鼎皆属于本书划分的F型标准鼎，辻斗与盥斗属于同一型别的斗，显然与用水有关。"辻"，季旭升先生认为读作"沐"，广濑薰雄承此说并做了深入论证②，"辻"读作"沐"，已被学界广为接受。但是，该观点缺乏文献辞例推勘依据，又，文献中也无从"卜"声之字与从"木"声之字相通之例，故仅可备一说。"辻"究竟该如何训读，仍然有待将来新材料的发现。

汤：《说文·水部》："汤，热水也。从水，易声。"汤鼎专门

---

① 参见田河：《出土战国遣策所记名物分类汇释》，吉林大学博士学位论文，2007年，第61页；广濑薰雄：《释"卜缶"》，载《古文字研究》（第二十八辑），北京：中华书局，2010年。

② 广濑薰雄：《释"卜缶"》，载《古文字研究》（第二十八辑），北京：中华书局，2010年。

用来烧水，汤盉盛放烧好的水并根据需要浇灌于手上或头上。

浣：原篆字形不见于字书，李家浩先生释“浣”，可从。[①]《说文》：“瀚，濯衣垢也。从水，倝声。浣，瀚或从完。”段玉裁《说文解字注》：“作‘瀚’者，今俗字也。”《公羊传·庄公三十一年》：“临民之所漱浣。”何休《注》：“无垢加工曰漱，去垢曰浣，齐人语也。”修饰盘、匜之浣当泛指清洗。

沬：《说文》：“沬，洒面也。从水，未声。湏，古文沬从頁。”《文选·报任少卿书》：“沬血饮泣。”李善《注》：“言流血在面如盥頮也。”甲骨文“湏”本像人就皿掬水洗面之形，为会意字。金文构形与甲骨文相近。《说文》小篆作“沬”，则为形声字。沬修饰礼器专名，皆为洒洗之义。

大：《说文·大部》：“大，天大、地大、人亦大，故大象人形。”“大+专名”是指对应的礼器体量大。

小：字或作“少”，通“小”。《说文·小部》：“小，物之微也。”“小+专名”是指对应的礼器体量小。

𩅪：《说文·雨部》：“𩅪，凝雨说物者。从雨，彗声。”此字通“鏏”，《淮南子·说林》：“水火相憎，鏏在其间，五味以和。”高诱注：“鏏，小鼎。又曰，鼎无耳为鏏。”从“彗”之字有“小”义。《淮南子·说山》：“鼎错日用而不足贵。”王念孙《读书杂志》引王引之说，曰：“错当为鏏，鏏字本在鼎字上。鏏鼎，小鼎也。……鏏，小貌。小鼎谓之鏏，小棺谓之槥，小星谓之嘒，其义一也。”𩅪簠指体量较小的簠，𩅪盨同理。

盂：此字并非表示器物专名之“盂”。关于这个字的训解，一是以陈梦家先生为代表，认为“盂”有大义，盂鼎是指一种较大的特鼎[②]；二是以高明先生为代表，认为该字应读作“镬”，

① 李家浩：《信阳楚简“浍”字及从㑹之字》，《中国语言学报》，1983 年 1 期。

② 陈梦家：《寿县蔡侯墓铜器》，《考古学报》1956 年第 2 期。

盂鼎是指专用作炊器的镬鼎。① 此字如果通"镬",则"盂簠"不知该如何解释,故陈梦家之说较优,但仍非定论。

旅:关于该字的训解,主要有两种意见:其一,陈列。《尔雅·释诂》:"旅,陈也。"《诗·小雅·宾之初筵》:"殽核维旅。"《毛传》:"旅,陈也。"《汉书·郊祀志上》:"旅于泰山。"颜师古《注》:"旅,陈也,陈礼物而祭之也。"其二,以黄盛璋先生为代表,训为行旅、出行②,"旅+专名"对应的礼器体量一般比同类型其他礼器稍小,适合行旅之用。第二种意见在学界影响很大,也是本书所赞同的,但客观而言,并非定论。

行:指空间上的移动,有出行、行旅之义。《诗·秦风·无衣》:"与子偕行。"《毛传》:"行,往也。"

征:《说文·辵部》:"延,正行也,从辵,正聲。征,延或从彳。"《尔雅·释言》:"征,行也。"金文中恒见"永征用行"(《集成》0933)、"以征以行"(《集成》2646)之辞,自名"征某"者,表示其可用作行旅之器。

从:《说文·从部》:"从,随行也。"《汉书·韩信传》:"称疾不朝从。"颜师古《注》:"从,从行也。"与"行""旅"之义相近。

金:《说文·金部》:"金,五色金也。黄为之长。久埋不生衣,百炼不轻,从革不违。西方之行,生于土,从土;左右注象金在土中形。今声。凡金之属皆从金。釜,古文金。"《诗·小雅·车攻》:"赤芾金舄,会同有绎。"郑玄《笺》:"金舄,黄朱色也。"《说文·金部》:"铜,赤金也。""金+专名"乃形容铸造出来的青铜礼器之外表颜色,有尊赞之意。

---

① 高明、俞伟超:《周代用鼎制度研究》(上),《北京大学学报(哲学社会科学版)》1978年第1期。

② 黄盛璋:《释旅彝——铜器中"旅彝"问题的一个全面考察》,《历史地理与考古论丛》,济南:齐鲁书社,1982年。

媵：金文作"倂"，经典作"媵"。《说文·人部》："䞕，送也。从人，灷声。"《玉篇·人部》："倂与媵同。"《尔雅·释言》："媵，送也。"《左传·僖公五年》："执虞公及其大夫井伯，以媵秦穆姬。"杜预《注》："送女曰媵。""媵＋专名"对应的礼器指专门用于陪嫁之器。

第二节　第二类专名修饰字词

第二类为专名修饰字词，按修饰器类的不同，可分为18种。现分列如下。

（1）鼎：载、比、升、厨、庖、饙、鬻、簟、牛、羊、兔、隹、䳿、鮨、复、簫、宜、突、私、䇟、方、鬲、匜、鐈、鎑、宫、盇；盟、薾、黄、将。

载：《诗·大雅·旱麓》："清酒既载，骍牡既备。"《说文·丌部》："𠩺，设饪也。从丌，从食，才声。读若载。"马瑞辰《毛诗传笺通释》："《韩诗章句》云：'载，设也。'载与𠩺音同。《说文》：'𠩺，设饪也。'"据此，"载"有陈设、陈列之义。

饙：有学者释"饀"（见《铭图》1748），《集韵·之韵》："饀，饘名。"《说文·食部》："饘，糜也。从食，亶声。周谓之饘，宋谓之餬。"则"饙鼎"表示煮稠粥之鼎，可备一说。"饙"从"甾"声，"甾"与"才"：相通，则"饙"或可读作"𠩺"，表陈设、陈列之义。

比：字或作"庀"，通"比"。《尚书·牧誓》："称尔戈，比尔干。"孙星衍《疏》："比者，《说文》云：相次比也。"即并列、排列。又或可训"从"，《诗·大雅·皇矣》："克顺克比。"《毛传》："择善而从曰比。"比鼎特指从行、随行之鼎。

升：《仪礼·士冠礼》："若杀，则特豚，载合升。"胡培翚

《正义》:"凡牲煮于爨上之镬,谓之亨;由镬而实于鼎,谓之升;由鼎而盛于俎,谓之载。"升鼎指升牲之鼎①,由于其功能特殊,时人为又这种鼎创造了一个专名——"䵼"。

厨:《说文·广部》:"厨,庖屋也。从广,尌声。"厨鼎指庖厨专用之鼎。

庖:《说文·广部》:"庖,厨也。从广,包声。"

牛、羊、兔、隹、鷄:皆膳牲之属。其中,鷄字未识,它与隹皆为鸟类动物。鼎负责盛放的牲肉或有不同,有的专门盛放牛、有的专门盛放羊、有的专门盛放兔等,故各自自名牛鼎、羊鼎、兔鼎、隹鼎、鷄鼎。

鮨:《仪礼·公食大夫礼》:"炙南醢以西,牛胾醢牛鮨。"郑玄《注》:"《内则》谓鮨为䏽。""䏽"通"脄",指细切的肉,则鮨鼎与脄鼎功用无别。"脄"与"鮨"皆为荐羞之属,钱玄先生认为"鮨"为"脄"之最细者②,可从。

鸎:该字未见于字书,学界或释"熯",可备一说。③

簟:《说文·竹部》:"簟,竹席也。"此字或应读作"禫",《说文·示部》:"禫,除服祭也。"即服丧期满,行除丧服之祭。

匍:《说文·勹部》:"匍,重也。从勹,復声。匍,或省彳。"此字或可读作"復",《说文·彳部》:"復,往来也。"疑復鼎亦指行旅往来之鼎。

宜:《尔雅·释天》:"起大事,动大众,必先有事乎社而后出,谓之宜。"邢昺《疏》:"其祭之名,谓之为宜。"《礼记·王制》:"天子将出,类乎上帝,宜乎社,造乎祢。诸侯将出,宜乎社,造乎祢。"郑玄《注》:"类、宜、造,皆祭名,其礼亡。"宜

---

① 高明、俞伟超:《周代用鼎制度研究》(上),《北京大学学报(哲学社会科学版)》1978年第1期。
② 钱玄:《三礼通论》,南京:南京师范大学出版社,1996年,第134页。
③ 参见本书"鼎的定名与自名"节内容。

第五章 专名修饰字词解释

鼎指用于宜祭之鼎。

窊：张亚初释"竈"①，可备一说。《说文·穴部》："竈，炊竈也。""竈"即"灶"字，如果释读正确，其作为鼎的修饰词，或许是与鼎的炊煮功能有关。

私：《正字通·禾部》："私，对公而言谓之私。"私鼎指私有之鼎。

方：《集韵·阳韵》："方，矩也。"方鼎即腹部横截面为矩形之鼎，该自名与所在器型恰好对应。

鬲：《说文·鬲部》："鬲，鼎属。实五觳，斗二升曰觳。象腹交文，三足。瓹，鬲或从瓦。䰜，汉令鬲，从瓦，厤声。"该字所在青铜鼎仅有1件——諆鼎（《铭图》2169），形制不明，自名"宝鬲鼎"，或可能是形容该鼎形制像青铜鬲，亦有可能"鬲"与"鼎"为连名。

匜：《说文·匚部》："匜，似羹魁，柄中有道，可以注水。从匚，也声。""匜"本为器类名，匜鼎由其形制可知，该类青铜器为外形像匜的鼎。

鐈：《说文·金部》："鐈，似鼎而长足。从金，乔声。"鐈鼎是一种特定形制的鼎，时人又给这类鼎专门创造了一个专名——"鐈"，字亦作"䯫"。

緐：《说文·糸部》："緐，马髦饰也。从糸，每声。《春秋传》曰：'可以称旌緐乎。'䋣，緐或从䰁。䰁，籀文弁。"緐鼎是一类具有特殊功用的鼎，时人又给这类鼎专门创造了一个专名——"䕅"。

宫：凡两见，其一为伯振鼎（《铭图》2480），此"宫"指器主文考濒公之庙，《诗·大雅·云汉》："不殄禋祀，自郊徂宫。"郑玄《笺》："宫，宗庙也。"其二为信右佞宫鼎（《铭续》0142），

---

① 张亚初：《殷周金文集成引得》，北京：中华书局，2001年，第679页。

此"宫"当指器主的宫室,乃生人所居,《尔雅·释宫》:"宫谓之室,室谓之宫。"

盇:《说文·血部》:"盇,覆也。"段玉裁《注》:"盇,其形隶变作盇。"《尔雅·释诂》:"盇,合也。"青铜鼎的自名"盇鼎"仅有1例(《铭图》2037),所在鼎的形制不明,该自名之义未详。

盟:《说文·囧部》:"盟,《周礼》曰:'国有疑则盟。'诸侯再相与会,十二岁一盟。北面诏天之司慎、司命。盟,杀牲歃血,朱盘玉敦,以立牛耳。从囧,从血。䀿,篆文从朙。盟,古文从明。"《周礼·秋官·序官》:"司盟。"郑玄《注》:"盟,以约辞告神,杀牲歃血,明著其信也。"金文中多有"恭厥盟祀""敬厥盟祀""敬恤盟祀"等辞例,推知自名"盟镬"之鼎是指行盟祀之鼎。

黹:《说文·黹部》:"黹,箴缕所紩衣。从㡀,丵省。"《说文系传·黹部》:"黹,箴缕所紩衣。从㡀,丵省。象刺文也。"汤余惠先生认为,"黹"为刺绣花纹的象形字,就属性而言光彩鲜丽①,则鼎的自名"宝黹鬻"指纹饰华美的鼎。

黄:可有两解。其一,《说文·黄部》:"黄,地之色也。"黄镬指金黄色的镬鼎。其二,《诗·大雅·生民》:"茀厥丰草,种之黄茂。"毛《传》:"黄,嘉谷也。"黄镬指烹煮谷物的镬鼎。两种说法,未详孰是。

将:所在自名仅有1例(《铭续》0178),可有两解。其一,《诗·周颂·敬之》:"日就月将,学有缉熙于光明。"《毛传》:"将,行也。"自名"将彝鬻䵼"指一种用于行旅之鼎。其二,《诗·小雅·四牡》:"王事靡盬,不遑将父。"《毛传》:"将,养

---

① 汤余惠:《略论战国文字形体研究中的几个问题》,《古文字研究》(第15辑),北京:中华书局,1986年,第58页。

也。""养"有生养、死养（指孝养、祭祀）之别①，《诗》所言之"养"指生养。鼎铭之"养"可能指死养、祭祀，因为同篇铭文中有"恭盟祀"之语。两解之中，未详孰是。

箫、𥁕：未识。

（2）鬲：豐、叀。

豐：《说文·豆部》："豐，豆之豐満者也。从豆，象形。一曰《乡饮酒》有豐侯者。""豐"引申为"大"，《玉篇·豐部》："豐，大也。"豐鬲可能指形体较大的鬲。

叀：《说文·辵部》："叀，先导也。"通"率"，可训为"行""从""将"。《左传·昭公十二年》："率事以信为共。"杜预《注》："率，行也。"《战国策·东周策》："率土之滨。"鲍彪《注》："率，从也。"《广韵·质韵》："率，将也。"叀鬲指可用于行旅之鬲。

（3）甗：鎣、礐。

鎣：不见于字书，未识。

礐：不见于字书，未识。或与鼎的别名"礐鼎"有关。

（4）簋：𣪘、屦、䛆、叀、匫、曡、縢、圅、圂、𩰬、孰、鱧、㲾、鼎、皿、皇、盨。

𣪘：不见于字书，有学者释"寝"②，或释"馨"③，从目前来看，证据皆不是很充分，仅可备一说。

叀：《说文·叀部》："叀，专小谨也。"徐灏《说文解字注笺》："叀，即古専字，《寸部》：'専，一曰纺専'，纺専所以收

---

① 黄益飞：《平顶山应国墓地出土"无"鼎铭文研究》，《考古》2015 年第 4 期。

② 河南省文物考古研究所、平顶山市文物管理局：《平顶山应国墓地Ⅰ》，郑州：大象出版社，2012 年，第 718~721 页。

③ 何景成：《应侯盨"馨簋"解说》，载《古文字研究》（第 31 辑），北京：中华书局，2016 年。

丝，其制以瓦为之。《小雅·斯干》传：'瓦，纺專'是也，今或以竹为之。"在自名"叀簠"中，"叀"之义未详。

匫：该字未见于字书，在青铜盨的一些名称里作"匫"或"匚"，故知二者为异体字。《说文·匚部》：" 匚，受物之器，象形。凡匚之属皆从匚，读若方。 匚，籀文匚。""匫"作为器名，仅见于青铜盨，作为礼器专名的修饰词，仅见于青铜簠，由此推测，"匫"可能是盛放黍、稷、稻、粱类粢盛器的一种小共名。在青铜礼器自名中，小共名作为定语修饰专名是一种较普遍的现象。

朁：《集韵·薛韵》："朁，陈饮食也。"即陈列之义。此外，该字所在的青铜簠仅1件——牧簠（《铭图》4493），自名"少朁朁（簠）"，不排除其中一个"朁"字系衍文。

甾、甾：皆从"甾"声。《广雅·释草》："甾，萆也。"王念孙《疏证》："甾，或作栽"。则"甾"与"才"相通，故"甾""甾"皆可能读作"飤"。《说文·丮部》："飤，设饪也。从丮，从食，才声。读若载。"据此，"甾""甾"有陈设、陈列之义。

孰：字又作"䵞"。《说文》："䵞，食饪也。从丮，𦎧声，《易》曰：'孰饪。'"孰簠指盛熟食之簠。

图：《说文·囗部》："图，厕也。从囗，象豕在囗中也，会意。"《玉篇·囗部》："图，豕所居也。"在自名"图簠"中，"图"之义未详。

圅：字书未见。何琳仪先生释"鍞"，从"金""函"省声，为"函"字异体，言鍞簠之"鍞"为容器泛称[1]，可备一说。

皿：《说文·皿部》："皿，饭食之用器也。象形，与豆同意。"自名"皿尊簠"之"皿"乃饭食器的泛称，为一种小共名。

---

[1] 何琳仪：《晋侯断器考》，《晋侯墓地出土青铜器国际学术研讨会论文集》，上海：上海书画出版社，2002年，第293~294页。

第五章 专名修饰字词解释

曾大保庆盆自名"宝皿"（《铭图》6256）。

皇：《说文·王部》："皇，大也。"《广雅·释诂》："皇，美也。"该字所在青铜簠仅1件——穆公簠盖，饰垂冠大鸟纹，其自名"宝皇簠"，"皇"乃形容簠之精美。

盨：《说文·皿部》："盨，橀盨，负戴器也。从皿，须声。"自名"盨簠""旅盨簠""饙盨簠"的青铜礼器皆为青铜盨，青铜盨由青铜簠派生而来，时人偶尔也将盨视为簠的一种，故知前述自名中的"盨"乃形容所在簠的形制为盨。

𫞩、䜱、䤷、𥂖：未识。

（5）盨：彶。

彶：《说文·彳部》："彶，急行也。从彳，及声。"自名"彶盨"，表明其可用作行旅之器。

（6）盬：賔、筐。

賔：《龙龛手鉴·穴部》："賔，俗。音殒，正作賣。"字书中的"賔"字比较晚出，而且是"賣"的俗体，未详其与金文"賔"字有无关系。青铜盬自名"賔盬"之"賔"，其训释暂不可考。

筐：《说文·匚部》："匡，饭器，筥也。从匚，㞷声。筐，匡或从竹。""匡"也即"筐"字。"筐"可单独用作青铜盬的别名，"筐盬"与"筐"的关系类似"鑐鼎"与"鑐"、"升鼎"与"鼾"的关系，但从目前材料来看，筐盬并非指某类形制或功能特殊的青铜盬。

（7）敦/盏：鋷、适。

鋷：字书未见，据徐中舒先生考证，"曳"有坳坎、窊下之意，与所在陈侯午敦的形制相合[①]，可备一说。

---

① 徐中舒：《陈侯四器考释》，载《徐中舒历史论文选辑》，北京：中华书局，1998年，第408~409页。

适：字作"逜"，也即"适"字。《说文·辵部》："逜，疾也。从辵，昏声。读与括同。"《集韵·末韵》："逜，隶作适。"《正字通·辵部》："逜，适本字。"该字应读作"祮"。《说文·示部》："祮，祀也。从示，昏声。"自名"适器敦"指用于祭祀之敦，该自名见于十年陈侯午敦（《铭图》6079），十四年陈侯午敦（《铭图》6077）自名"祭器鍒敦"，可以旁证"适"应读作"祮"。

（8）豆：烝。

烝：《尔雅·释天》："冬祭曰烝。"金文中有"以烝以尝""用烝用尝"之辞，"烝"即冬祭之名。该字所在自名"烝尊豆"指用于冬祭之豆。

（9）铺：鈇。

鈇：《说文·金部》："鈇，莝斫刀也。从金，夫声。"该字所在自名为"鈇盍"，"鈇"的释义未详，待考。

（10）镐：晋。

晋：作为专名"镐"的修饰词，其义不详。

（11）壶：禋、楢、华、安、戎、田、佫、醴、饗、郁、重、金、络、旁、盍、肆、隋。

禋：《说文·示部》："禋，洁祀也。一曰精意以享为禋。从示，垔聲。"《周礼·春官·大宗伯》："以禋祀祀昊天上帝。"郑玄《注》："禋之言煙，周人尚臭，煙，气之臭闻者……三祀皆积柴实牲体焉，或有玉帛，燔燎而升煙，所以报阳也。""禋壶"指用于禋祭之壶。

楢：《说文·木部》："橀，积火燎之也。从木，从火，酉聲。《詩》曰：'薪之橀之。'《周禮》：'以橀燎祠司中、司命。'楢，柴祭天神，或从示。""楢"为"橀"字别体，"禋壶"指用于橀祭之壶，与禋壶使用的祭祀仪式有相似之处。

华：《尚书·顾命》："牖间南向，敷重篾席，黼纯，华玉，

第五章　专名修饰字词解释

仍几。"孔安国《传》:"华,彩色。"《汉书·司马相如传》:"华榱璧珰,辇道𦋺属。"颜师古《注》:"华,谓彫画之也。"华壶指装饰华丽之壶。

安:疑通"宴"。《管子·幼官》:"置大夫以为廷安入共受命焉。"《管子集校》引张佩纶曰:"安、宴通。""安壶"或指用于宴飨之壶。

戎:《说文·戈部》:"戎,兵也。从戈,从甲。"《宋书·礼志五》:"凡兵事,总谓之戎。"戎壶指用于战事征伐之壶。

田:《诗·郑风·叔于田》:"叔于田,巷无居人。"《毛传》:"田,取禽也。"即打猎之义。《周礼·春官·甸祝》:"甸祝掌四时之田。"郑玄《注》:"田者,习兵之礼。"《谷梁传·桓公四年》:"四时之田,皆宗庙之事也。春曰田,夏曰苗,秋曰蒐,冬曰狩。"即春季打猎和军事演练之礼。田壶指用于田猎之壶,或习兵之壶。

酉:字书所无。从"人","酉"声。出土文献中,"酉"字多与"酒"相同,故作为礼器专名修饰词的"酉"字也可能通"酒",酉壶指盛酒之壶。

醴:《说文·酉部》:"醴,酒一宿孰也。从酉,豊聲。"《周礼·天官·酒正》:"二曰醴齐。"郑玄《注》:"醴犹体也,成而汁滓相将,如今恬酒矣。"即今所谓甜酒。醴壶指盛甜酒之壶。壶的自名中又有"羞醴壶",其中,"羞醴"指美的甜酒,"羞"有美、善之义,可指酒食味道之美。

饗:《说文·食部》:"饗,乡人饮酒也。从食,从乡,乡亦声。"《诗·小雅·彤弓》:"钟鼓既设,一朝饗之。"郑玄《笺》:"大饮宾曰饗。"饗壶指用于宴饮之壶。

郁:繁体作"鬱""鬱"。《说文·鬯部》:"鬱,芳艸也。十叶为贯,百廿贯筑以煮之为鬱。从臼、冖、缶、鬯。彡,其饰也。一曰鬱鬯,百艸之华,远方鬱人所贡芳艸,合酿之以降神。"

"郁",即郁金香草;郁壶,指用于盛装郁金香所酿酒之壶。

络:《说文·糸部》:"络,絮也。一曰麻未沤也。从糸,各声。"《玉篇·糸部》:"络,绕也、缚也,所以转籆络车也。"《文选·西京赋》:"振天维,衍地络。"李善《注》引薛综曰:"络,网也。"作为礼器专名的修饰字词,仅见于陈璋壶(《铭图》12411),其自名为"重金络壶"。结合陈璋壶的装饰特征,"络"当指该壶肩部和腹部的错金银铜丝网套;"重金",有学者认为指较厚的铜①,此处乃形容壶上的铜丝网套比较厚重。

旁:《说文·上部》:"旁:溥也。从二,阙,方声。"作为礼器专名的修饰词,仅见于仲𫊸父壶(《新收》955),该壶横截面为圆角方形,故我们疑自名中的"旁"字当读作"方",则旁壶指方形壶。相似之例可见史速方鼎(《铭图》1641、1642)的自名,其自名为"宝方鼎"。

盦:未见于字书,光盘版《铭续》释为"弇",可备一说。《周礼·春官·典同》:"弇声郁。"郑玄《注》:"弇,谓中央宽也。"由于自名"盦壶"之滕大司马友壶(《铭续》822)上部残缺,故无法确定"盦"是否用于形容该壶的形制特征,由此不能进一步断定"盦"是否即"弇"字,姑且存疑。

肆:原字作"𥎊",当为"𩆉"字之繁体,读作"肆"。《说文·希部》:"𩆉,希属,从二希。𩆉,古文肆。《虞书》曰:'𩆉类于上帝。'"今文《尚书·舜典》作"肆类于上帝"。《诗·大雅·行苇》:"或肆之筵,或授之几。"《毛传》:"肆,陈也。"《玉篇·长部》:"肆,陈也,列也。"如此,"肆"与"𩆉"之义相近,皆有陈列之义,"肆壶"指用来陈列于某些礼仪场合的壶。也有学者认为"肆壶"为礼书记载的肆器之属,用于浴尸。②

---

① 吴蒙:《盱眙南窑铜壶小议》,《文物》1982 年第 11 期。
② 冯时:《叶家山曾国墓地札记三题》,《江汉考古》2014 年第 2 期。

《周礼·春官·郁人》:"大丧之渳,共其肆器。"郑玄《注》:"肆器,陈尸之器。《丧大记》曰:'君设大盘造冰焉,大夫设夷盘造冰焉,士并瓦盘,无冰,设床襌笫,有枕。'此之谓肆器。"孙诒让《周礼正义》:"《小宗伯》云:'王崩,大肆,以秬鬯渳。'注云:'大肆,始陈尸伸之。'案:大渳用郁鬯,《大祝》谓之肆鬯。其浴鬯之器,即谓之肆器。"《周礼·春官·大祝》:"大丧,始崩,以肆鬯渳尸。"郑玄《注》:"肆鬯,所谓陈尸设鬯也。郑司农云:'渳尸,以鬯浴尸。'"又《周礼·春官·肆师》:"大丧,大渳以鬯,则筑。"郑玄《注》:"筑香草,煮以为鬯,以浴尸。"孙诒让《周礼正义》:"大丧,谓王及后丧也。其世子及三夫人以下丧,亦当用鬯浴尸,但不得称大渳耳。"将"肆壶"解释为肆器之属,固为一家之言,但仍然存在较难讲通的地方。"肆壶"这一自名出自曾侯谏作媿壶(《铭续》0815),全铭为"曾侯谏作媿肆壶"。假设前述肆器之说成立,则壶铭记录了曾侯谏为其夫人媿氏专门制作了这件浴尸之壶。铸造一件相对精致的青铜礼器的是一件费工、费时的事情,作范、浇铸都需要在特定的季节完成,曾侯谏要在媿氏临死之时专门铸造一件浴尸的礼器必然存在很多困难。退一步而言,曾侯谏有可能在媿氏临死前相对较长的一段时间内预先制作了这件浴尸之壶,但是,专门为某人预制浴尸的青铜器现象在文献中没有直接或间接的线索可寻。再退一步讲,前述现象于文献失载,则专门为某人铸造浴尸之肆器理应是相对普遍的现象,但商周青铜器铭文中有明确记录的却只有曾侯谏作媿壶一例,证据太过单薄。要之,"肆壶"之"肆",我们倾向为陈列之义。

隋:未见于字书,不识。

(12) 盂:滥、寝小室、下寝、中寝。

滥:《说文·水部》:"滥,泛也。从水监声。一曰濡上及下也。《诗》曰:'觱沸滥泉。'一曰清也。""滥"或通"鉴",《庄子·则阳》："伯常蹇曰：'夫灵公有妻三人，同滥而浴……'"其中，"滥"即青铜鉴专名的一种字型。准此，自名"滥盂"为鉴、盂连名。

寝：《周礼·天官·宫人》："宫人掌王之六寝之修。"郑玄《注》："六寝者，路寝一，小寝五。《玉藻》曰：'朝辨色始入，君日出而视朝，退适路寝听政，使人视大夫，大夫退，然后适小寝释服。'是路寝以治事，小寝以时燕息焉。"《公羊传·庄公三十二年》："公薨于路寝。路寝者何？正寝也。"寝为高级贵族的宫室，寝内有室。中寝可能是文献记载的路寝，下寝可能为小寝之属。

（13）缶：䩉、卵、若。

䩉：读作"䩉"。《玉篇·面部》："䩉，洗面。"《礼记·内则》："其间面垢，煄潘请䩉。"陆德明《经典释文》："䩉，洗面。"自名"䩉缶"，表示该器为盛装洗脸水的缶。

卵：《说文·卵部》："凡物无乳者卵生。象形。"自名"卵缶"是指缶的形状像蛋卵[①]，这种自名目前仅有1例，形制属于酒器尊缶。

若：此字拓本字形模糊，《铭图》疑"若"字，姑且存疑。

（14）同（觚）：祼。

《说文·示部》："祼：灌祭也。从示，果声。"自名"祼同"指用于灌祭的觚形器。

（15）鍴（细高体觯）：祭。

《说文·示部》："祭，祀也。从示，以手持肉。"自名"祭鍴"指用于祭祀的觯形器。

[①] 田河：《出土战国遣策所记名物分类汇释》，吉林大学博士学位论文，2007年，第28页。

（16）鑵（粗矮体觯）：鬲。

鬲：未见于字书，释"瓒"之说目前在学界影响较大①，有学者进一步认为该字应读作"祼"，自名"瓒鑵"表示鑵（觯）用于祼礼②，可备一说。

（17）盃：遣。

遣：《说文·辵部》："遣，纵也。从辵，𠳋声。"《玉篇·辵部》："遣，送也。""遣"有送葬之义，《礼记·檀弓下》："有若曰：晏子一狐裘三十年，遣车一乘，及墓而反。"遣车即送殉葬品的专用车。③自名"遣盃"者，即为送葬所作之盃，铭文"用追孝"亦是证明。

（18）匜：㶕、㗊。

㶕：《说文·水部》："㶕，渌也。从水，𦤏声。"邵瑛《群经正字》："今经典作淳。"《类篇·水部》："湻，古作㶕。"《仪礼·士虞礼》："淳尸盥，宗人授巾。"郑玄《注》："淳，沃也。"即浇灌之义。淳匜表示洗手时，匜用来浇水于手上。

㗊：未识。

---

① 参见严志斌：《小臣玉崖柄形器诠释》，《江汉考古》2015 年第 4 期。
② 周忠兵：《释甲骨文中的"觯"》，载《古文字研究》（第 30 辑），北京：中华书局，2014 年，第 64 页。
③ 戴家祥：《金文大字典》，北京：学林出版社，1995 年，第 4670 页。

参考文献

一、历史文献

毛亨传，郑玄笺，孔颖达疏. 毛诗正义［M］. 清嘉庆二十一年（1816）刻本.

马瑞辰. 毛诗传笺通释［M］. 北京：中华书局，2012.

郭璞注，邢昺疏. 尔雅注疏［M］. 清嘉庆二十一年（1816）刻本.

郑玄注，贾公彦疏. 周礼注疏［M］. 清嘉庆二十一年（1816）刻本.

郑玄注，贾公彦疏. 仪礼注疏［M］. 清嘉庆二十一年（1816）刻本.

胡培翚. 仪礼正义［M］. 南京：江苏古籍出版社，1993.

郑玄注，孔颖达疏. 礼记正义［M］. 清嘉庆二十一年（1816）刻本.

左丘明传，杜预注，孔颖达疏. 春秋左传正义［M］. 清嘉庆二十一年（1816）刻本.

公羊寿传，何休解诂，徐彦疏. 春秋公羊传注疏［M］. 清嘉庆二十一年（1816）刻本.

孙星衍. 尚书今古文注疏［M］. 北京：中华书局，1986.

陆德明. 经典释文［M］. 北京：中华书局，1983.

刘文典. 淮南鸿烈集解 [M]. 北京：中华书局，1997.

刘向. 战国策 [M]. 上海：上海古籍出版社，1998.

刘向辑，王逸注. 楚辞 [M]. 上海：上海古籍出版社，2015.

班固著，颜师古注. 汉书 [M]. 北京：中华书局，1962.

萧统辑，李善注. 文选 [M]. 北京：中华书局，1977.

司马光. 太玄集注 [M]. 北京：中华书局，2013.

范成大. 骖鸾录 [M] //全宋笔记（第五编）. 郑州：大象出版社，2012.

朱彝尊. 日下旧闻 [M]. 清康熙间六峰阁刻本.

二、字书、辞书

扬雄. 方言 [M]. 上海：商务印书馆，1937.

许慎. 说文解字 [M]. 北京：中华书局，1963.

徐锴. 说文解字系传 [M]. 北京：中华书局，1987.

段玉裁. 说文解字注 [M]. 上海：上海古籍出版社，1988.

桂馥. 说文解字义证 [M]. 北京：中华书局，1987.

徐灏. 说文解字注笺 [M]. 《续修四库全书》本. 上海：上海古籍出版社，2002.

邵瑛. 说文解字群经正字 [M]. 《续修四库全书》本. 上海：上海古籍出版社，2002.

王念孙. 广雅疏证 [M]. 北京：中华书局，2004.

顾野王. 大广益会玉篇 [M]. 北京：中华书局，1987.

徐时仪. 一切经音义三种校本合刊索引 [M]. 修订本. 上海：上海古籍出版社，2012.

周祖谟. 广韵校本 [M]. 北京：中华书局，2011.

丁度，李淑，等. 集韵 [M]. 上海：上海古籍出版社，2017.

司马光. 类篇 [M]. 北京：中华书局，1984.

释行均. 龙龛手镜 [M]. 北京：中华书局，1985.

韩孝彦，韩道昭. 改并五音类聚四声篇海 [M].《续修四库全书》本. 上海：上海古籍出版社，2002.

吴任臣. 字汇补 [M].《续修四库全书》本. 上海：上海古籍出版社，2002.

张自烈. 正字通 [M].《续修四库全书》本. 上海：上海古籍出版社，2002.

方以智. 通雅 [M]. 北京：中国书店，1990.

阮元. 经籍籑诂 [M]. 北京：中华书局，1982.

宗福邦，陈世铙，萧海波. 故训汇纂 [M]. 北京：商务印书馆，2003.

《汉语大字典》编辑委员会. 汉语大字典 [M]. 第二版. 武汉：崇文书局；成都：四川辞书出版社，2010.

三、甲骨文、金文暨青铜器著录文献

中国社会科学院历史研究所. 甲骨文合集 [M]. 北京：中华书局，1978—1982.

吕大临. 考古图 [M]. 文渊阁《四库全书》影印本.

王黼，等. 重修宣和博古图 [M]. 文渊阁《四库全书》影印本.

赵九成. 续考古图 [M]. 文渊阁《四库全书》影印本.

钱坫. 十六长乐堂古器款识考 [M]. 上海：开明书店，1933.

山西省考古研究所，等. 呦呦鹿鸣——燕国公主眼里的霸国 [M]. 北京：科学出版社，2014.

吴镇烽. 商周青铜器铭文暨图像集成 [M]. 上海：上海古籍出版社，2012.

吴镇烽. 商周青铜器铭文暨图像集成续编 [M]. 上海：上海古籍出版社，2016.

张天恩. 陕西金文集成 [M]. 西安：三秦出版社，2016.

中国社会科学院考古研究所. 殷周金文集成 [M]. 修订增补本. 北京：中华书局，2007.

"中央研究院"历史语言研究所金文工作室. 殷周金文暨青铜器资料库 [EB/OL]. http：//www. ihp. sinica. edu. tw/~bronze/.

林巳奈夫. 殷周青铜器综览 [M]. 吉川：吉川弘文馆，1984.

四、考古报告、简报

河南省文物研究所. 信阳楚墓 [M]. 北京：文物出版社，1986.

河南省文物考古研究所，平顶山市文物管理局. 平顶山应国墓地Ⅰ [M]. 郑州：大象出版社，2012.

卢连成，胡智生. 宝鸡彊国墓地 [M]. 北京：文物出版社，1988.

景宏伟，曹建宁. 陕西凤翔小沙凹村发现春秋时期窖藏青铜器 [J]. 考古与文物，2016 (4).

李建生. 辉县琉璃阁与太原赵卿墓相关问题 [J]. 中国国家博物馆馆刊，2012 (2).

信阳地区文管会，潢川县文化馆. 河南潢川县发现黄国和蔡国铜器 [J]. 文物，1980 (1).

武汉大学历史学院，湖北省文物考古研究所，等. 湖北枣阳郭家庙墓地曹门湾墓区（2015）M43发掘简报[J]. 江汉考古, 2016（5）.

张恩贤, 魏兴兴. 周原遗址出土"丹叔番"盂[J]. 考古与文物, 2001（5）.

山东省文物考古研究所, 沂水县文物管理站. 山东沂水刘家店子春秋墓发掘简报[J]. 文物, 1984（9）.

五、研究专著

陈佩芬. 中国青铜器辞典[M]. 上海: 上海辞书出版社, 2013.

郭沫若. 金文丛考[M]. 北京: 人民出版社, 1954.

郭沫若. 卜辞通纂[M]. 北京: 科学出版社, 2002.

高鸿缙. 中国字例[M]. 台北: 三民书局, 2008.

胡平生, 李天虹. 长江流域出土简牍与研究[M]. 武汉: 湖北教育出版社, 2004.

罗振玉. 增订殷墟书契考释三种[M]. 北京: 中华书局, 2006.

马承源. 中国青铜器[M]. 修订本. 上海: 上海古籍出版社, 2003.

钱玄. 三礼通论[M]. 南京: 南京师范大学出版社, 1996.

容庚. 商周彝器通考[M]. 上海: 上海人民出版社, 2008.

唐兰. 殷墟文字记[M]. 上海: 上海古籍出版社, 2016.

王国维. 观堂集林[M]. 北京: 中华书局, 2004.

杨树达. 积微居小学述林[M]. 北京: 中华书局, 1983.

杨树达. 积微居金文说[M]. 北京: 科学出版社, 1959.

张翀. 中国古代青铜器整理与研究·青铜豆卷[M]. 北京: 科学出版社, 2015.

朱凤瀚. 中国青铜器综论 [M]. 上海：上海古籍出版社，2009.

六、研究论文

陈梦家. 寿县蔡侯墓铜器 [J]. 考古学报，1956（2）.

陈剑. 青铜器自名代称、连称研究//中国文字研究 [M]. 南宁：广西教育出版社，1999.

陈英杰. 谈金文中一种长期被误释的象形"甒"字——兼论"鬲""甒"的形体结构//简帛（第七辑）[M]. 上海：上海古籍出版社，2012.

陈英杰. 青铜盘自名考释三则 [J]. 中国文字研究，2014（1）.

陈昭容. 从古文字材料谈古代的盥洗用具及其相关问题——自淅川下寺春秋楚墓的青铜水器自名说起 [J]. "中央研究院"历史语言研究所集刊，2000，71（4）.

邓佩玲. 铜器自名前修饰语"鼄"字试释——兼谈"延钟、反钟"等辞//古文字研究（第 30 辑）[M]. 北京：中华书局，2014.

郭沫若. 长安县张家坡铜器群铭文汇释 [J]. 考古学报，1962（1）.

郭军涛. 商周时期青铜分裆鼎初探 [J]. 文物，2017（10）.

高明，俞伟超. 周代用鼎制度研究（上）[J]. 北京大学学报（哲学社会科学版），1978（1）.

高明. 盨、簠考辨 [J]. 文物，1982（6）.

何景成，王彦飞. 自名为"舟"的青铜器解说//古文字研究（第 30 辑）[M]. 北京：中华书局，2014.

何琳仪. 说"盘"[J]. 中国历史文物，2004（5）.

何琳仪. 晋侯断器考//晋侯墓地出土青铜器国际学术研讨会论文集［M］. 上海：上海书画出版社，2002.

黄绍箕. 说毁//翠墨园语［M］.《古学汇刊》本. 上海：国粹学报社，民国间铅印本.

黄盛璋. 释旅彝——铜器中"旅彝"问题的一个全面考察//历史地理与考古论丛［M］. 济南：齐鲁书社，1982.

黄凤春. 说方豆与宥坐之器［J］. 江汉考古，2011（1）.

黄益飞. 平顶山应国墓地出土"旡"鼎铭文研究［J］. 考古，2015（4）.

李家浩. 信阳楚简"浍"字及从关之字［J］. 中国语言学报，1982（1）.

李零，刘雨. 楚郏陵君三器［J］. 文物，1980（8）.

李学勤. 释东周器名卮及有关文字//文物中的古文明［M］. 北京：商务印书馆，2008.

李学勤. 论擂鼓墩尊盘的性质［J］. 江汉考古，1989（4）.

李学勤. 说裸玉//重写学术史［M］. 石家庄：河北教育出版社，2002.

刘翔. 说鉚［J］. 江汉考古，1986（2）.

裘锡圭. 说鈚、槛、椑榼//裘锡圭学术文集·杂著卷［M］. 上海：复旦大学出版社，2012.

容庚. 殷周礼乐器考略［J］. 燕京学报，1927（1）.

孙稚雏. 金文释读中一些问题的探讨（续）//古文字研究（第九辑）［M］. 北京：中华书局，1984.

苏建洲. 论新见楚君酓延尊以及相关的几个问题//出土文献（第6辑）［M］. 上海：中西书局，2015.

汤余惠. 略论战国文字形体研究中的几个问题//古文字研究（第15辑）［M］. 北京：中华书局，1986.

王国维. 释觯觛卮𨟔𧣪//观堂集林［M］. 北京：中华书

局，1959.

吴振武. 释䱷//文物研究（第六辑）[M]. 合肥：黄山书社，1990.

吴镇烽. 《异好簋铭文小考》补正[EB/OL]. http://www.gwz.fudan.edu.cn/SrcShow.asp?Src_ID=2691.

禤健聪. 释莲子受鬲的自名"䥶"[J]. 华夏考古，2018(1).

谢文明. 谈谈青铜酒器中所谓三足爵形器的一种别称//出土文献（第七辑）[M]. 上海：中西书局，2015.

徐中舒. 陈侯四器考释//徐中舒历史论文选辑[M]. 北京：中华书局，1998.

严志斌. 小臣玉戚柄形器诠释[J]. 江汉考古，2015(4).

张懋镕. 试论中国古代青铜器器类之间的关系//古文字与青铜器论集（第二辑）[M]. 北京：科学出版社，2006.

张懋镕. 再议青铜盆——从新发现的中市父盆谈起//古文字与青铜器论集（第三辑）[M]. 北京：科学出版社，2010.

张懋镕. 试论青铜器自名现象的另类价值//古文字与青铜器论集（第三辑）[M]. 北京：科学出版社，2010.

张懋镕. 两周青铜盨研究[J]. 考古学报，2003(3).

张懋镕. 苏公盘鉴赏[J]. 收藏界，2007(4).

张懋镕. 关于青铜器定名的几点思考——从伯湄父簋的定名谈起[J]. 文博，2008(5).

张长寿，张孝光. 西周时期的铜漆木器具——1983—1986年沣西发掘资料之六[J]. 考古，1992(6).

张光裕. 从🅰字的释读谈到盨、盆、盂诸器的定名问题[J]. 考古与文物，1982(3).

赵平安. 释昜与匜——兼释史丧尊[J]. 考古与文物，1991(3).

赵平安. 铭文中值得注意的几种用词现象 [J]. 古汉语研究, 1993 (2).

赵平安. 金文考释二篇 [J]. 语言研究, 1996 (2).

周晓陆. "郊陵君鉴"补 [J]. 江汉考古, 1987 (1).

周忠兵. 释甲骨文中的"觯"//古文字研究（第 30 辑）[M]. 北京：中华书局, 2014.

广濑薰雄. 释"卜缶"//古文字研究（第二十八辑）[M]. 北京：中华书局, 2010.

田河. 出土战国遣策所记名物分类汇释 [D]. 长春：吉林大学, 2007.

梁彦民. 商周青铜鼎研究 [D]. 西安：陕西师范大学, 2012.

任雪莉. 商周青铜簋整理与研究 [D]. 西安：陕西师范大学, 2014.

曹斌. 商周青铜觯研究 [D]. 西安：陕西师范大学, 2007.

谷朝旭. 东周青铜敦研究 [D]. 西安：陕西师范大学, 2010.

胡嘉麟. 两周时期青铜簠研究 [D]. 西安：陕西师范大学, 2007.

李娟利. 商周方彝的整理与研究 [D]. 西安：陕西师范大学, 2011.

李云朋. 商周青铜盉整理与研究 [D]. 西安：陕西师范大学, 2011.

马军霞. 出土商周青铜卣研究 [D]. 西安：西北大学, 2006.

齐耐心. 东周青铜匜的整理与研究 [D]. 西安：陕西师范大学, 2011.

乔美美. 商周青铜鬲研究 [D]. 西安：陕西师范大

学，2008.

孙妙华. 青铜瓿的整理与研究 [D]. 西安：陕西师范大学，2012.

王宏. 商周青铜罍研究 [D]. 西安：陕西师范大学，2010.

王文娟. 商周青铜觚研究 [D]. 西安：西北大学，2005.

吴伟. 铜罕研究 [D]. 西安：陕西师范大学，2009.

阴玲玲. 两周青铜匜研究 [D]. 西安：陕西师范大学，2008.

张翀. 商周时期青铜豆综合研究 [D]. 西安：西北大学，2006.

张静. 商周青铜甗初论 [D]. 西安：西北大学，2002.

张婷. 商周青铜盘的初步研究 [D]. 西安：西北大学，2004.

张小丽. 出土商周青铜尊研究 [D]. 西安：西北大学，2004.

刘莹莹. 商周青铜觥的整理与研究 [D]. 西安：陕西师范大学，2011.

海宁. 试论青铜盆、盂、敦的关系 [D]. 西安：西北大学，2005.

何頔. 先秦青铜酒器自名研究 [D]. 开封：河南大学，2013.

七、古文字工具书

李孝定. 甲骨文集释 [M]. 台北："中央研究院"历史语言研究所，1965.

于省吾. 甲骨文字诂林 [M]. 北京：中华书局，1996.

刘钊. 新甲骨文编 [M]. 增订本. 福州：福建人民出版

社，2014.

徐中舒. 甲骨文字典 [M]. 成都：四川辞书出版社，2006.

戴家祥. 金文大字典 [M]. 北京：学林出版社，1995.

高明，涂白奎. 古文字类编 [M]. 增订本. 上海：上海古籍出版社，2008.

何琳仪. 战国古文字典 [M]. 北京：中华书局，1998.

黄德宽. 古文字谱系疏证 [M]. 北京：商务印书馆，2007.

李圃. 古文字诂林 [M]. 上海：上海教育出版社，1999—2004.

容庚. 金文编（第四版）[M]. 北京：中华书局，1985.

王辉. 古文字通假字典 [M]. 北京：中华书局，2008.

徐正考. 汉代铜器铭文文字编 [M]. 长春：吉林大学出版社，2005.

张世超，孙凌安，金国泰，等. 金文形义通解 [M]. 东京：中文出版社，1996.

孙稚雏. 青铜器论文索引 [M]. 北京：中华书局，1986.

张亚初. 殷周金文集成引得 [M]. 北京：中华书局，2001.

张懋镕，张仲立. 青铜器论文索引（1983—2001）[M]. 香港：香港明石文化国际出版有限公司，2005.

张懋镕. 青铜器论文索引（2002—2006）[M]. 北京：线装书局，2008.

周法高. 金文诂林 [M]. 香港：香港中文大学出版社，1974.